AF141483

Fünf Jahre Deutsche Mark

Der Wiederaufbau der westdeutschen Wirtschaft seit der Währungsreform

Fünf Jahre Deutsche Mark

Der Wiederaufbau der westdeutschen Wirtschaft
seit der Währungsreform

Herausgegeben vom

IFO-INSTITUT FÜR WIRTSCHAFTSFORSCHUNG
München

DUNCKER & HUMBLOT / BERLIN · MÜNCHEN

Zweite Auflage

Wissenschaftliche Redaktion
Dr. Walter Sies, Dr. Karl Taupitz

Beiträge von
Dr. Gerhart Buchert, Dr. Herbert Hahn, Walter Hesse, Dr. Walter Huppert,
Ing. Hans Kresling, Dr. Elisabeth Linhart, Dr. Curt Puvogel,
Dr. Helmut Schlegel, Dr. Wilhelm L. Schneider, Dr. Walter Sies, Edgar Wolf

Alle Rechte vorbehalten
Copyright 1954 by Duncker & Humblot, Berlin-Lichterfelde
Gedruckt 1954 bei Berliner Buchdruckerei Union GmbH, Berlin SW 29

Vorwort

Wie sich dem Geschäftsmann erst in der Rückschau der Gang und Erfolg seines Unternehmens erschließen, so muß auch die wissenschaftliche Wirtschaftsbeobachtung durch retrospektive Betrachtung versuchen, die Grundlinien und Grundkräfte der volkswirtschaftlichen Entwicklung festzustellen. Daraus läßt sich nicht nur die Gegenwartslage deuten, sondern es lassen sich auch Anhaltspunkte der künftigen Entwicklung gewinnen.

Zum Unterschied von den vierteljährlichen Konjunkturberichten, mit denen das Ifo-Institut seit 1949 das jeweils letzte Entwicklungsstadium diagnostiziert, soll hier ein l ä n g e r e r Zeitabschnitt betrachtet werden. Strukturperspektiven ergeben sich nur auf Grund einer langfristigen Betrachtung. Die Wiederaufbau-Periode der deutschen Wirtschaft ist bisher noch kaum zusammenhängend in der vorliegenden Form dargestellt worden. Diese Arbeit glaubt deshalb eine wichtige Lücke auszufüllen.

Neben dem Umstand, daß seit der Geldreform ein Jahrfünft und damit ein ausreichender Zeitraum für die Darstellung einer Strukturentwicklung verstrichen ist, rechtfertigt sich diese Untersuchung dadurch, daß nach allen Anzeichen die Periode des dringlichsten Wiederaufbaues und damit die erste Phase des Wachstums mit ihrer besonderen Dynamik, die im Ausland gelegentlich als „Wirtschaftswunder" bezeichnet wurde, beendet ist; weiter durch den Auslauf der Marshallplanhilfe Mitte 1953. Gleichzeitig hat die westdeutsche Wirtschaft wieder weitgehend ein äußeres und inneres Gleichgewicht erlangt. Die westdeutsche Ausfuhr hat wieder einen Umfang erreicht, der gestattet, die notwendigen Einfuhren an Nahrungsmitteln und Rohstoffen und darüber hinaus noch Auslandsschulden zu begleichen. Im Inneren sind Bundes- und Länderhaushalte ausgeglichen, befinden sich Produktion und Verbrauch im Gleichgewicht und sind die früheren produktionsstörenden Engpässe überwunden. Dazu ist die Sparrate fast wieder auf den Stand der Vorkriegszeit gestiegen.

Wenn hier von dem Abschluß der ersten Wiederaufbau-Periode gesprochen wird, so soll keineswegs verkannt werden, wieviele restaurative Arbeit noch getan werden muß und wieviel ungestillter Nachholbedarf noch zu befriedigen ist. Das Wohnungsproblem, die Vertriebenenfrage und damit die noch nicht beseitigte strukturelle Arbeitslosigkeit, die allgemeine Übersteuerung und eine damit in Zusammenhang stehende Unergiebigkeit des Kapitalmarktes sind dringliche Aufgaben, die ungelöst blieben. Was in fünf Kriegsjahren zerstört wurde, läßt sich nicht in einem annähernd gleichen Zeitraum wieder aufbauen.

Zu diesen Problemen werden in der kommenden Phase, die mehr im Zeichen eines langsameren Wachstums stehen wird, neue hinzukommen. Sie werden aller Voraussicht nach auf dem Gebiet eines engeren internationalen Zusammenschlusses liegen. Durch Abbau dirigistischer und diskriminierender Einrichtungen gilt es, in den kommenden Jahren zu einer übernational besser integrierten und dadurch produktiveren Wirtschaft zu gelangen — Aufgaben, die zunächst Opfer erfordern und Reibungen erzeugen werden. Diese Erkenntnis sollte uns nicht hindern, die im Entwicklungstrend liegenden Zeitaufgaben mit gleicher Tatkraft und gleichem Elan wie den bisherigen Aufbau in Angriff zu nehmen.

München, Ende Mai 1953.

Dr. W a g n e r

Inhaltsverzeichnis

Gesamtüberblick

In der Geschichte der deutschen Währungs- und Wirtschaftspolitik der letzten Jahrzehnte ragen zwei Stichtage als jeweiliger Beginn einer neuen Phase der Wirtschaftsentwicklung hervor: der 15. November 1923, der Tag der Einführung der Rentenmark, und der 21. Juni 1948, der Tag der Einführung der Deutschen Mark. So verschieden auch im einzelnen die Umstände waren, die zu diesen wichtigen Schritten auf dem Währungsgebiet führten, in ihrer Ursache und ihrer Auswirkung sind sie einander sehr ähnlich. Beide stellten die monetäre Liquidation eines verlorenen Krieges dar. Die Einführung der Rentenmark beendete den Spuk der „offenen" und die der Deutschen Mark den der „preisgestoppten" Inflation. Beide Maßnahmen waren im großen und ganzen erfolgreich, d. h. in den Zeiträumen danach behielten die Währungsbehörden die Entwicklung in der Hand, so daß neue Reformmaßnahmen durch entschädigungslose Kürzung von Geldansprüchen nicht erforderlich wurden.

Aufgabe dieses Gesamtüberblicks soll es sein, in großen Zügen die wirtschaftlichen Voraussetzungen des Geldschnittes vom Juni 1948, die dann einsetzende Entwicklung und die heute erreichte Wirtschaftsstruktur zu umreißen.

I. Voraussetzungen für die Währungsreform und den weiteren wirtschaftlichen Verlauf

Die Jahre von 1945 bis zur Währungsreform gelten gemeinhin als „Hungerjahre" — und waren es auch. Der Blick richtet sich bei einer solchen Bewertung aber nur auf die in der Tat minimale und zum Teil sogar ständig schlechter werdende Versorgung mit Lebensmitteln und Verbrauchsgütern, kurz auf die Seite des Konsums. Was geschah aber eigentlich in jener Zeit auf dem Sektor der Investition? Diese Frage wird selten gestellt, legt aber eine der wesentlichen Voraussetzungen für den Wirtschaftsaufschwung nach der Währungsreform klar. Zwar sind die Zahlenangaben für jene Zeit spärlich, es gibt aber keinen Zweifel, daß bereits vor der Währungsreform die Wirtschaftsaktivität anstieg. Dies wird z. B. an dem Ertrag der Umsatzsteuer deutlich, der einen Schluß auf die gesamte Umsatztätigkeit ermöglicht. Betrachtet man die Entwicklung der Gesamtumsätze, so zeigt sich — wie aus untenstehender Tabelle hervorgeht —, daß diese bereits von 1946 auf 1947 um etwa 30 vH anstiegen und zum Zeitpunkt der Währungsreform gar nicht auf einem so tiefen Stand lagen wie häufig vermutet wird.

Entwicklung der Umsatztätigkeit

Rechnungs-jahr [1]	Gesamtumsätze in Mrd. RM/DM	Steigerung gegenüber dem Vorjahr in vH
1946	90	.
1947	117	30
1948	154	32
1949	206	34
1950	259	26
1951	309	19
1952	327	6

[1] April—März

Dies gilt um so mehr, als hier nur die von der Umsatzsteuer erfaßten Umsätze gezeigt werden können; es fehlen also die „schwarzen" Geschäfte im weitesten Sinne, die natürlich vor der Reform eine viel größere Bedeutung hatten als in den späteren Jahren. Ein weiteres Moment, das bei der Beurteilung der Umsatztätigkeit vor und nach der Währungsreform berücksichtigt werden muß, ist die Tatsache, daß die Preise in den Jahren nach der Reform höher lagen, der Zuwachs der abgesetzten Güter*mengen* folglich vergleichsweise niedriger war als die Zahlenangaben in der vorstehenden Tabelle.

Man kann also wohl sagen, daß die Wirtschaftstätigkeit an den Umsätzen gemessen in der Zeit vor dem Juni 1948 schon im Anstieg war. Diese Beobachtung schließt keineswegs aus, daß die Versorgung der Bevölkerung sehr gering war; die Umsatztätigkeit schlug sich eben nicht bis in den Einzelhandelsumsatz an den Verbraucher durch, sondern blieb — je näher die Währungsreform heranrückte — mehr und mehr in der „Lagerhortung" stecken. Möglicherweise war aber der Anteil der Verbrauchsgüterumsätze überhaupt verhältnismäßig klein. Es ist für jene Zeit bei einem allerdings im ganzen recht geringen Sozialprodukt eine hohe Investitionsquote und ein damit verbundener Ausbau von Kapazitäten zum Teil auf primitivste Weise, wie durch Ausgraben von Maschinen aus Trümmerschutt usw., zu vermuten.

Diese Behauptung, daß in der Reichsmarkzeit in beträchtlichem Umfang Produktionsanlagen wiederhergestellt wurden, findet ihre Bestätigung noch in einer anderen Überlegung. Bereits im November 1949, also knapp nach 1$^{1}/_{2}$ Jahren, überschritt der Produktionsausstoß der westdeutschen Industrie einschließlich der Bauwirtschaft den durchschnittlichen Stand des Jahres 1936, obwohl die Versorgung mit den Gütern, die für den Ersatz und den Ausbau von Kapazitäten verwendet werden, von der Währungsreform bis zu diesem Zeitpunkt im Schnitt nur $^{3}/_{4}$ der des Jahres 1936 betrug. Die industrielle Kapazität muß also schon zum

Zeitpunkt der Währungsreform eine beachtliche Höhe gehabt haben, die teils auf vorhandene Kapazitäten zu Kriegsende, aber auch auf Wiederherstellung in der Nachkriegszeit zurückzuführen war. Hierdurch war die Möglichkeit einer raschen Produktionsausweitung gegeben.

Eine wesentliche Voraussetzung für die Währungsreform war der Umschwung in den Absichten der Besatzungsmächte. Selbstverständlich hätte man bereits viel eher nach Kriegsschluß mit Hilfe eines Geldschnittes geordnete Währungsverhältnisse schaffen können, aber damals befand sich verständlicherweise die Besatzungspolitik noch in ihrer ersten Phase nach der Niederwerfung des Kriegsgegners und war somit mehr auf Demontage, Produktionseinschränkungen, Produktionsverbote usw. eingestellt als auf Wiederaufbau. Hier war die Durchführung einer Währungsreform — wenn auch freilich nach amerikanischen Vorstellungen — selbst schon Ausdruck einer veränderten Besatzungspolitik. Es wurde aber Westdeutschland nicht nur der Wiederaufbau „erlaubt", sondern er wurde auch mit ganz konkreten Maßnahmen unterstützt, wie sie sich in den GARIOA-Einfuhren und der Marshallplanhilfe äußerten. Diese Einfuhren betrugen 1948 und 1949 jeweils rund 1 Mrd. Dollar, 1950 etwa $1/2$ Mrd. Dollar und dienten in dieser sehr beachtlichen Größenordnung hauptsächlich zur Einfuhr von dringend benötigten Rohstoffen und Ernährungsgütern.

Wenn auch für das Gelingen der Reform zunächst eine Belastung, so war doch die außerordentlich starke Kauffreudigkeit nach den Jahren der Unterversorgung mit Lebensmitteln und Verbrauchsgütern eine der wesentlichsten, dynamischen Antriebskräfte für die dann eintretende wirtschaftliche Entwicklung. Man vergegenwärtige sich noch einmal, wie schlimm es für den Letztverbraucher damals war. Von Mitte 1946 bis Mitte 1947 erhielt z. B. nur jede siebente Person einen Teller, jede 150ste eine Waschschüssel; nur 450 Gramm Fleisch pro Person konnten im Monat verteilt werden. Der dadurch aufgestaute Nachholbedarf mußte dann notwendigerweise zu einer langdauernden Stütze der Konjunktur werden. Dies um so mehr, als die Millionenschar der Flüchtlinge fast nichts besaß.

Die Intensität der Verbrauchswünsche zeigt sich sehr deutlich darin, daß die Konsumenten nicht nur die bald nach der Währungsreform steigenden Preise beim Einkauf von Verbrauchsgütern bewilligten, womit sie dann, wenn auch unfreiwillig, zur Selbstfinanzierung der Betriebe beitrugen, sondern z. B. auch bereit waren, hohe Beträge in „guter D-Mark" für schwarze Lebensmittel zu bezahlen. Am 30. Oktober 1948 kostete die „schwarze" Butter noch 20—40 DM je Kilogramm, Margarine 17—20 DM je Kilogramm und ein Ei 0,75—1,10 DM.

Aber auch im Investitionsgüterbereich war ein ausgeprägter Nachholbedarf vorhanden, der durch den geschilderten Aufbau vor der Reform keineswegs befriedigt war. Vor allem muß man hier an die dringend notwendige Modernisierung des Maschinenparks denken, die natürlich bei einem Produktionsausstoß der Maschinenindustrie bis zu

höchstens 50 vH (1936 = 100) bis zur Währungsreform nur in beschränktem Umfang möglich war. Es konnte also eine langanhaltende Investitionsbereitschaft der Unternehmer vorausgesetzt werden. Innerhalb der Bauwirtschaft war auf Grund der Kriegszerstörungen und des ungeheuren Flüchtlingszustroms für viele Jahre mit einer starken Wohnbautätigkeit zu rechnen.

Ein besonders wichtiger Faktor für die weitere wirtschaftliche Entwicklung war die gleichzeitig mit der Währungsreform vorgenommene Einführung der „Marktwirtschaft", d. h. die Preise wurden freigegeben und die Bewirtschaftungsvorschriften außer Kraft gesetzt. Dies gilt hauptsächlich für industrielle Fertigwaren, während die Grundstoffe und Ernährungsgüter erst später in ähnliche Maßnahmen einbezogen wurden.

Es könnten an dieser Stelle freilich noch viele andere Momente erwähnt werden, die für die Währungsreform und den weiteren Ablauf von Bedeutung waren. Die genannten Voraussetzungen scheinen uns jedoch die wichtigsten zu sein. Am Stichtag des 21. Juni 1948 waren somit vorhanden: zunächst ausreichende Kapazitäten, Lagerbestände zum Abfangen des ersten Kaufkraftstoßes, die Aussicht steigender Rohstoffimporte, der Wille der Konsumenten zu verbrauchen, der der Unternehmer zu investieren und die Einführung der Marktwirtschaft in weiten Bereichen.

Die *Währungsreform* selbst wurde bekanntlich in außerordentlich scharfer Weise durch eine entschädigungslose Kürzung aller Geldansprüche um 90 vH, ja zum Teil um $93^1/2$ vH durchgeführt. Es wurde dabei sogar keine Rücksicht auf das Geldkapital wie Spurguthaben, Hypotheken usw. genommen, in der Annahme, daß in kurzer Zeit danach der Lastenausgleich den Sachbesitz in ähnlicher Weise erfassen würde. Dies stellte sich jedoch als undurchführbar heraus, so daß gegenüber den erheblich stärker betroffenen Geldkapitalbesitzern ein Gefühl der „einseitigen Belastung" bis heute erhalten blieb. Dies äußert sich in der nun verwirklichten Altspurerentschädigung.

Das neue Geld, das sich als Kopfquote auf den Markt drängte, wurde von großen Teilen der Bevölkerung mit unverhohlenem Mißtrauen als „doch bald wieder wertlos" angenommen. Schon kurze Zeit später tauchten Gedanken einer angeblich notwendigen „Nachreform" auf. Es zeigte sich aber, daß die Deutsche Mark stabil blieb. Der Grund dafür lag ebenso wie seinerzeit bei der Rentenmark hauptsächlich in der Knapphaltung des Geldes, die von der Bank deutscher Länder straff gehandhabt wurde.

Ein interessantes Detail ist dabei vielleicht noch, daß die Mark weder eine Bindung an ein Edelmetall noch an vorhandene Devisenbestände besitzt, sondern in die Hand des Zentralbankrates gelegt wurde. Die Notenbank war zunächst berechtigt, 10 Mrd. DM Banknoten auszugeben und gegebenenfalls in Beträgen von jeweils 1 Mrd. Mark jede zusätzlich genehmigte Menge.

II. Die wirtschaftliche Entwicklung seit 1948

Betrachtet man rückblickend die wirtschaftliche Entwicklung in Westdeutschland, so erscheint sie als ein außerordentlicher Anstieg, ja manchem als „Wirtschaftswunder". In der Tat erhöhte sich das Sozialprodukt vom 2. Halbjahr 1948 bis zum 2. Halbjahr 1952 von 35,5 Mrd. DM auf 65,4 Mrd. DM, also um über 80 vH! Freilich sind auch in dieser Zeit die Preise gestiegen, aber auch wenn man das berücksichtigt, bleibt ein realer Zuwachs von 67 vH. Das Sozialprodukt ist damit real gerechnet fast um die Hälfte größer als 1936, verteilt sich aber auf eine gewachsene Bevölkerung. Der Index der industriellen Produktion z. B. stieg insgesamt von 54 vH (1936 = 100) im Juni 1948 auf etwa 150 vH im März 1953, das ist mehr als dreimal so hoch.

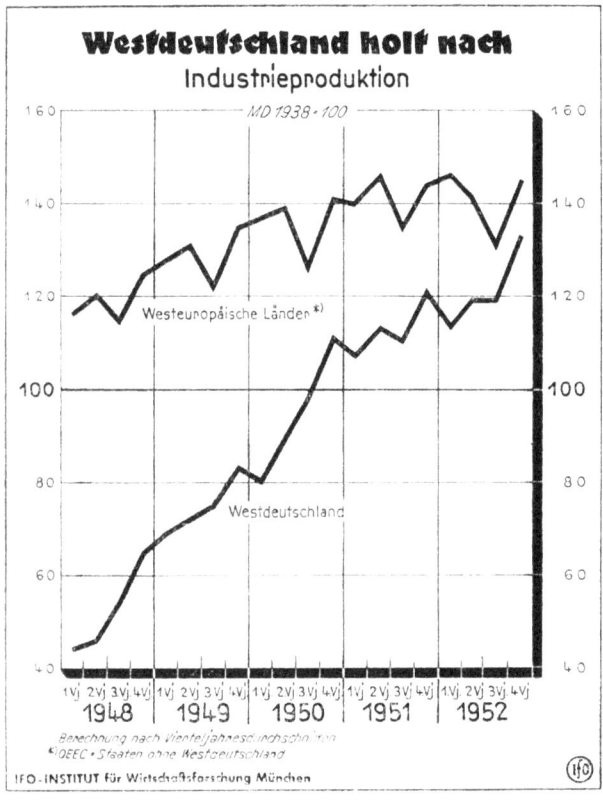

Gibt es überhaupt für solche Veränderungen in einem Zeitraum von vier Jahren ähnliche Entwicklungen oder waren sie einmalig? Nein, vor gut zwei Jahrzehnten spielte sich in Deutschland in ähnlichem Ausmaß ein allerdings umgekehrter Prozeß ab. Von Juni 1929 bis Juni 1932, also in drei Jahren, sank die industrielle Produktion in Deutschland auf die Hälfte ihres schon erreichten Standes. Das Tempo dieses Rückgangs pro Jahr war somit nicht viel anders als der Anstieg nach der Reform. Aber auch der nach der Weltwirtschaftskrise einsetzende Aufschwung hielt sich in ähnlichen Größenordnungen. So erhöhte sich z. B. im Deutschen Reich von 1933 bis 1937, also in vier Jahren, die gesamte Umsatztätigkeit unter Ausschaltung der Preisveränderung um

68 vH; in der gleichlangen Zeit von 1948 bis 1952 stieg die Umsatztätigkeit in der Bundesrepublik ebenfalls in konstanten Preisen gerechnet um 75 vH.

Der außerordentliche Produktionsanstieg seit 1948 über den Friedensstand hinaus ist allerdings, gemessen an anderen westlichen Ländern, ein Nachholen einer dort schon Jahre vorher eingetretenen Entwicklung. Aus nebenstehendem Bild wird deutlich ersichtlich, daß Westdeutschland heute, sieben Jahre nach der bedingungslosen Kapitulation, produktionsmäßig den Anschluß gefunden hat. Man sollte darüber aber nicht vergessen, daß im Deutschen Reich im Jahre 1943 immerhin schon einmal ein Stand von etwa 65 vH über dem des Jahres 1936 erzielt wurde, während er heute erst 50 vH darüber liegt.

Betrachtet man den Wirtschaftsaufschwung der letzten fünf Jahre an Hand der dem Konjunkturbeobachter zur Verfügung stehenden globalen Hilfsmittel, wie dem Bruttosozialprodukt, dem Gesamtumsatz, dem Gesamtindex der industriellen Produktion, der Einfuhr und der Ausfuhr, so zeigt sich in diesen Reihen eine für wirtschaftliche Größen erstaunliche Stetigkeit des Anstiegs, die lediglich von saisonalen Schwankungen überdeckt zu sein scheint. Dieser erste Eindruck ist an sich richtig, birgt aber doch die Gefahr falscher Interpretation des Geschehens in sich. Die Stetigkeit ergab sich nämlich einerseits *nicht von selber* und ist andererseits nur in der Gesamtentwicklung zu beobachten, nicht aber in der individuell sehr verschiedenen Entwicklung einzelner Wirtschaftszweige.

Es soll nun der wirtschaftliche Verlauf in der Bundesrepublik in den letzten fünf Jahren dargestellt werden. Hierbei wird bewußt auf Vollständigkeit verzichtet[1] und lediglich versucht, die Hauptmerkmale der einzelnen Phasen zu umreißen.

Die Phase erster Preisanpassungen

Die ersten Monate nach der Währungsreform standen im Zeichen des Ansturms der als Kopfquote und Geschäftsbeitrag verteilten Deutschen Mark. Zwar konnte mit Recht angenommen werden, daß die vorhandenen Lagerbestände diesen Nachfragestoß zumindest teilweise auffangen und die Produktion einen Auftrieb erfahren müsse, was auch tatsächlich geschah. Wie sich aber die Preise entwickeln würden, war zum Zeitpunkt der Währungsreform eine an sich völlig offene Frage. Man halte sich nur noch vor Augen, daß am 20. Juni ja keineswegs mehr — wie häufig angenommen wird — das Preisgefüge von 1936 bestand, das damals „organisch" gewesen sein mag, sondern daß im Laufe des Krieges und der Nachkriegszeit sich die Preise erheblich und sehr unterschiedlich erhöht hatten. Sie waren, wie auch aus nachstehender Tabelle ersichtlich, bis zum Zeitpunkt der Währungsreform

---

[1] Es darf hier auf die einzelnen Kapitel verwiesen werden.

stark gestiegen; eine Tatsache, die allerdings kaum in das öffentliche Bewußtsein drang, da es „nichts" gab.

Zur Preisentwicklung
1938 = 100

Preisindices	Juni 1948	Dez. 1948	Veränderung in vH
Grundstoffpreise	155	193	+ 25
Erzeugerpreise	168	192	+ 14
Einzelhandelspreise	187	211	+ 13
Lebenshaltungskosten .	152	175	+ 15

Die Preise hatten sich dabei in ganz unterschiedlicher Weise, je nach der Möglichkeit, wie es den einzelnen Wirtschaftsgruppen gelang, preisstopdurchbrechende Einzelgenehmigungen zu erhalten, entwickelt. In dieses ganz unorganische Gefüge hinein wurde für viele Güter besonders der Fertigwarenindustrie die Preisbindung aufgehoben und es erfolgte — in bezug auf die zu erwartende Preisentwicklung — mehr oder minder auf gut Glück der Geldschnitt auf 10 vH bzw. 6,5 vH. Es ist an dieser Stelle natürlich müßig, zu untersuchen, wie sich eine Reform unmittelbar auf die Preise ausgewirkt hätte, die eine noch schärfere Zusammenlegung des Geldes auf etwa 5 vH oder eine viel schwächere auf etwa 20 vH vorgesehen hätte. So viel muß aber doch gesagt werden, daß, bei der Schwierigkeit, die richtige Geldmenge zu bestimmen, die Preisveränderungen in den nächsten sechs Monaten nach der Währungsreform im Grunde verhältnismäßig gering waren, der „Schnitt" also recht gut lag.

Die folgende Mengenkonjunktur und ihre Gefahren

Zu Beginn des Jahres 1949 setzte eine Entwicklung ein, die man als eine Phase einer durchaus begrüßenswerten Mengenkonjunktur bezeichnen kann, die aber gegen ihr Ende hin konjunkturelle Gefahrenmomente in sich trug.

Bereits am Abschluß des Jahres 1948 setzte ein Umschwung im wirtschaftlichen Klima ein, dessen Gründe verhältnismäßig klar ersichtlich sind. Die hoheitliche Geldschöpfung durch Kopf- und Geschäftsbeträge war beendet, die Umwandlung früherer RM-Guthaben in DM-Guthaben und die damit verbundenen Auszahlungen liefen aus, und somit fehlte der Stimulus originär geschaffener Geldmengen. Ferner erhielten die öffentlichen Haushalte infolge des Wirtschaftsaufschwungs nunmehr reichlichere Mittel aus Steuererträgen und kamen somit aus der Zeit der Defizite, die sie mit ihren Erstausstattungen abgedeckt hatten, heraus. Die Löhne waren im übrigen — nicht zuletzt auf Grund des einsichtigen Verhaltens der Gewerkschaften — noch stabil geblieben, und so schwenkte der Verkäufermarkt allmählich in einen Käufermarkt um und es entwickelte sich eine Mengenkonjunktur, die für die nächste Zeit das hauptsächlichste Merkmal der wirtschaftlichen Entwicklung darstellte. Diese Mengenkonjunktur läßt sich bereits aus ganz wenigen Zahlen klar erkennen. So lag die gesamte industrielle Produktion im 1. Halbjahr 1950 um 20 vH über dem 1. Halbjahr 1949, während die Preise — mit Ausnahme der Grundstoffpreise — zurückgegangen waren. Die Umsatztätigkeit als Resultat von umgesetzter Menge mal Preis hatte sich um 11 vH erhöht.

Zur Mengenkonjunktur 1949—50

Sachangaben		1. Hj. 1949	1. Hj. 1950	Veränderung in vH
Gesamtindex der industriellen Produktion 1936 = 100		85	102	+ 20,0
Gesamtumsätze Mrd. DM		93,1	103,7	+ 11,4
Grundstoffpreise	1938 = 100	189	197	+ 4,2
Erzeugerpreise		188	180	— 4,3
Einzelhandelspreise		198	177	— 10,6
Lebenshaltungskosten		169	156	— 7,7

Dieser optimistische Vergleich der beiden Halbjahre täuscht aber über die Spannungen, die diese Entwicklung im Laufe der Zeit mit sich brachte, hinweg. Die Investitionslust der Unternehmer wurde bei der sinkenden Preistendenz allmählich geringer und die Konsumenten merkten, daß es in vielen Fällen besser war, noch „etwas zu warten" bis es billiger sei; die beginnende Liberalisierung brachte dabei ein zusätzliches Mengenangebot aus dem Ausland.

So bot zu Beginn des Jahres 1950 die westdeutsche Wirtschaft das Bild einer gewissen Stagnation, zumindest aber erschienen die Produktionsanlagen nicht in dem Maße ausgenutzt, wie es hätte sein können. Die Arbeitslosigkeit war in ihrem Saisonhöchstpunkt auf fast 2 Millionen gestiegen. In dieser Situation entschloß sich die Bundesregierung im Februar 1950 zu einem Arbeitsbeschaffungs- und Wohnbauprogramm, wobei sich der Zentralbankrat bereit erklärte, diesem Programm durch eine Vorfinanzierungsaktion zu einem rascheren Anlauf zu verhelfen. Auch eine Steuersenkung wurde beschlossen, um von dieser Seite her die Wirtschaft zu entlasten.

Die parlamentarische Behandlung und die Durchführung dieser Maßnahmen benötigte jedoch eine gewisse Zeit und so traf im ganzen gesehen der Ausbruch des Koreakonflikts in eine zwar ausweitungsfähige Wirtschaft, die aber gerade schon Maßnahmen zur Überwindung der geschilderten Flaute eingeleitet hatte.

Die Koreahausse und ihre Rückwirkung

Am 25. Juni 1950 brach der Koreakonflikt aus, der den Beginn einer neuen Wirtschaftsphase in der westlichen Welt darstellte. Für Westdeutschland lag dieser Tag, der eine allgemeine Kriegspsychose mit sich brachte, nur gerade zwei Jahre nach dem Zeitpunkt, an dem die Deutsche Mark eingeführt worden war, und der zeitliche Abstand zum Ende der letzten Bewirtschaftungsmaßnahmen von Konsumgütern betrug gerade ein Vierteljahr. Es war folglich mit einer starken Kaufpsychose zu rechnen, und in der Tat begann eine kräftige „Hamsterwelle", die sich auf Textilien, Seife, Zucker, Fett, Öl im Konsumgüterbereich erstreckte und sich in der Produktionssphäre ebenfalls in erhöhten Einkäufen äußerte. Durch die sprunghaft gestiegene Nachfrage wurde auch in Westdeutschland ein Preisauftrieb ausgelöst, der aber doch erheblich geringer war als im Ausland. Der Grund hierfür liegt wohl darin, daß in Westdeutschland, wie schon geschildert, zu Beginn des Koreakonflikts die Produktionskapazität nicht voll ausgenützt war und somit Raum für einen raschen Anstieg ließ. So konnte sich z. B. der Index der gesamten Produktion, der im Juni 1950 einen Stand von 110 (1936 == 100) erreichte, bis November auf 138, das sind 28 Indexpunkte mehr, erhöhen. Diese Zunahme war genau so stark wie der sprunghafte Anstieg kurz nach der Währungsreform von Juni bis November 1948, der 27 Indexpunkte betrug. Auf dem innerdeutschen Markt hat somit ohne Zweifel das Vorhandensein von Produktionsreserven zur Milderung der Probleme, die der Koreakonflikt aufwarf, beigetragen.

Trotzdem blieben noch genug Haussetendenzen übrig, die einzudämmen Ziel einer auf einen stabilen Geldwert ausgerichteten Währungspolitik sein mußte. So war im Bereich der Grundstoffindustrie keine entsprechende Produktionsausweitung möglich und es entstanden deshalb die bekannten Engpässe von Kohle und Stahl. Ungünstig war ebenfalls, daß die Lagerbestände durch die vorhergehende sinkende Preistendenz verhältnismäßig niedrig gehalten worden waren. Auch die Einfuhr war sprunghaft gestiegen und führte zur baldigen Ausschöpfung der Einfuhrquote bei der EZU.

Unglücklicherweise wirkten nun die im Frühjahr beschlossenen aktiven konjunkturpolitischen Maßnahmen, so daß im Herbst 1950 Steuerrückzahlungen erfolgten und das Arbeitsbeschaffungsprogramm in Gang kam. Der Zentralbankrat bemühte sich, in dieser Situation durch verschiedene Mittel wie Diskontheraufsetzung, Erhöhung der Mindestreserven, Kreditkontingentierung, Kreditrichtlinien, der Expansion Einhalt zu gebieten und hat sicher auf diese Weise zur Dämpfung der inflationistischen Gefahren beigetragen. Die Zahlungsbilanz ließ sich allerdings nicht „retten", und so mußte im Februar 1951 trotz eines noch gegebenen Sonderkredits die Liberalisierung des Außenhandels suspendiert werden.

Rückblickend mag freilich feststellbar sein, daß die Liberalisierung zu einem Zeitpunkt außer Kraft gesetzt wurde, in dem es fast nicht mehr notwendig gewesen wäre. Die Haussetendenzen brachen sich nämlich auf dem Weltmarkt im gleichen Moment! Moody's Index ging von seinem Höchststand im Februar 1951 innerhalb eines halben Jahres um 10 vH zurück. Auch im Inlandsmarkt ließ die Ausgabeneigung nach und das Sparen nahm wieder zu.

Unmittelbar auf die letzte Kaufwelle im Dezember 1949 / Januar 1950, die durch das Eingreifen Chinas in den Koreakonflikt ausgelöst wurde, be-

gann sich auch in der Produktionssphäre die Reaktion abzuzeichnen. Die Verbrauchsgütererzeugung, die nicht nur aus der vollen Verausgabung der Einkommen gespeist worden war, sondern auch aus Bargeldhorten finanziert wurde, ging zurück. Wie aus untenstehendem Bild ersichtlich, begann dadurch ab 1951 die bis zu diesem Zeitpunkt völlig gleichlaufende Entwicklung von Investitions- und Verbrauchsgüterproduktion auseinanderzustreben.

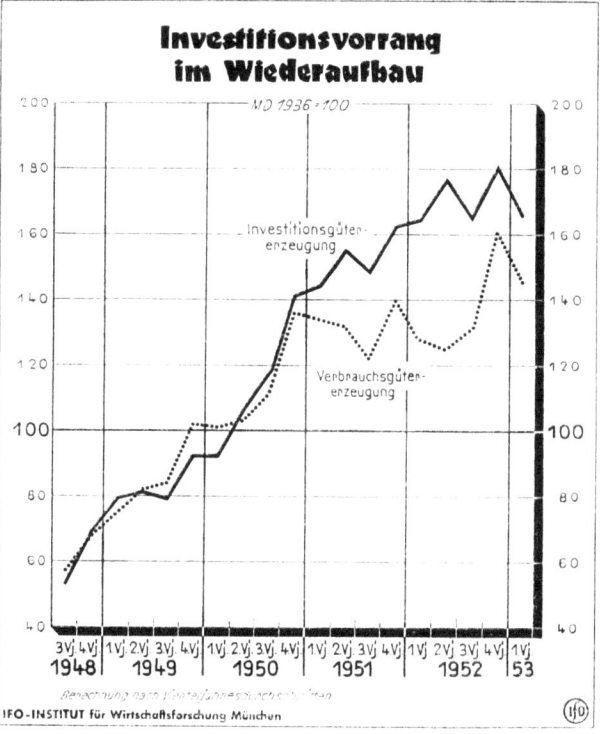

Während die Verbrauchsgüterproduktion auch durch das „Aufessen" privater Hamsterläger beeinflußt wurde, konnte die Investitionsgüterindustrie von ihren großen Aufträgen noch längere Zeit profitieren. Ja man kann sogar sagen, daß deren Konjunktur nie recht durch die Reaktion auf die Koreahausse unterbrochen wurde, da die Investitionsgütererzeugung stärker aus der weiterlaufenden Wiederaufbauphase und der Aufrüstung der westlichen Welt Nutzen zog.

Erneute Mengenkonjunktur und Konsolidierung

Wenn man das Jahr 1951 etwa als eine Zeit der Reaktion auf die Koreakrise bezeichnen darf, so kann 1952 als eine Periode der Konsolidierung betrachtet werden.

Das wichtigste Symptom dieser Zeit ist das außerordentlich stabile, zum Teil sogar ein wenig sinkende Preisniveau und der Beginn einer erneuten Mengenkonjunktur. Wie aus nachstehender Tabelle ersichtlich, änderten sich die Preise im ganzen wenig, ja wenn man statt des Vergleichs der Halbjahre die Preisveränderungen von Dezember 1951 bis Dezember 1952 in Betracht zieht, so ergibt sich sowohl für die Grundstoff-, die Erzeuger- und die Einzelhandelspreise als auch für den Preisindex der Lebenshaltungskosten ein Rückgang von 2 bis 4 vH. Die Produktion erhöhte sich hingegen um 9 vH, die Umsatztätigkeit um 7 vH. So zeigen sich also in diesem Jahr durchaus wieder die Symptome einer Mengenkonjunktur bei stabilen, respektive etwas sinkenden Preisen. Freilich ist diese Konjunktur schwächer ausgeprägt als die des Jahres 1949/50, aber man darf hier nicht unberücksichtigt lassen, daß bei der allgemeinen Erhöhung des Produktionsniveaus usw. gleiche absolute Zunahmen keine so respektablen Zuwachsraten ergeben können.

Zur Mengenkonjunktur 1952

Sachangaben	2. Hj. 1951	2. Hj. 1952	Veränderung in vH
Gesamtindex der industriellen Produktion 1936 = 100	139	152	+ 9,4
Gesamtumsätze Mrd. DM	160,4	172,1	+ 7,3
Grundstoffpreise	255	262	+ 2,7
Erzeugerpreise	224	225	+ 0,4
Einzelhandelspreise	192	185	— 3,6
Lebenshaltungskosten	171	171	± 0

(Grundstoffpreise, Erzeugerpreise, Einzelhandelspreise, Lebenshaltungskosten: 1938 = 100)

Aber im Verlauf des Jahres 1952 zeigte sich nicht nur eine beginnende Mengenkonjunktur, sondern überhaupt eine Konsolidierung des Gesamtstatus der westdeutschen Wirtschaft. Der Außenhandel konnte den weitgehenden Wegfall der Auslandshilfe überwinden, ja führte sogar zu einer Anreicherung der Devisenposition. Die Lohnwellen waren im wesentlichen ausgelaufen, die Verbrauchsgüterindustrien konnten in gewissem Umfang nachholen und die öffentlichen Haushalte entwickelten sich so günstig, daß eine Manövriermasse für eine Verbesserung der Steuergesetzgebung vorhanden war.

So zeigt sich zu Ende der fünf Jahre nach der Währungsreform ein relativ freundliches wirtschaftliches Bild — das Ausmaß dessen, was in dieser Zeit geleistet wurde bzw. noch zu leisten ist, bliebe jedoch in seiner ganzen Bedeutung nicht erfaßbar, wenn die geschilderte Entwicklung nicht durch einen Strukturvergleich ergänzt würde, der nun für einige besonders wichtige Gebiete versucht werden soll.

III. Strukturprobleme der westdeutschen Wirtschaft

Die Bedeutung der Zonentrennung

Der gravierendste Unterschied gegenüber der Vorkriegszeit liegt für die westdeutsche Volkswirtschaft darin, daß Westdeutschland früher als Teil des Deutschen Reiches in engster Verflechtung mit Mittel- und Ostdeutschland stand, während es heute als selbständiger Wirtschaftskörper mit eigener Währung nur einen „Außenhandel" mit den früheren Reichsteilen besitzt. Dieser sogenannte Interzonenhandel ist so verschwindend gering, daß man von einer geradezu hermetischen Abschließung des Bundesgebietes von seinen früheren natürlichen Wirtschaftspartnern sprechen kann. Der Interzonenhandel machte im Jahre 1952 nicht einmal 1 vH der Ein- und Ausfuhr der Bundesrepublik aus! Der früher organische Wirtschaftskörper wurde somit durch den verlorenen Krieg restlos auseinandergerissen.

Für den Bereich der *Landwirtschaft* bedeutete dies, daß Westdeutschland gerade mit den Teilen des früheren Deutschen Reiches nicht mehr in Verbindung steht, die als die „Kornkammern" bezeichnet wurden, womit seine eigene Ernährungsbasis erheblich geschmälert wurde. Dies geht deutlich aus der nebenstehenden Tabelle hervor, die die entsprechenden Anteile der landwirtschaftlichen Produktion in Westdeutschland an der Gesamterzeugung des ehemaligen Deutschen Reiches aufzeigt.

Die Tabelle zeigt, wie gering diese Anteile besonders bei den pflanzlichen Produkten, wie Roggen, Zuckerrüben usw. sind, was sich besonders folgenschwer im Hinblick darauf auswirkt, daß die Bevölkerung in Westdeutschland heute mit 48 Millionen Personen mehr als 70 vH der Reichsbevölkerung jener Jahre beträgt. Hinsichtlich der Lebensmittelversorgung wird die Bedeutung der Bevölkerungszunahme auch dadurch deutlich, wenn

man sich vor Augen führt, daß im Jahre 1937 im Deutschen Reich auf 236 Personen 100 ha landwirtschaftliche Nutzfläche entfielen, heute in der Bundesrepublik auf 358 Personen!

Anteil des Bundesgebiets an der gesamtdeutschen landwirtschaftlichen Produktion nach dem Stand von 1934—1938

Ausgewählte Produkte	auf das Bundesgebiet entfielen von der Gesamterzeugung im Reichsgebiet ...... vH
Zuckerrüben	32
Roggen	41
Kartoffeln	42
Weizen	52
Schweine	53
Milch	59
Rinder	62

Zwar hat sich in Westdeutschland auch die landwirtschaftliche Produktion gegenüber der Vorkriegszeit erhöht, die Erzeugung ernährungswirtschaftlicher Güter ist aber nicht in einem solchen Ausmaß vermehrbar, wie der Ausstoß industrieller Fertigwaren. Es bleibt somit als Fazit der Zonentrennung eine weit größere Einfuhrabhängigkeit der Bundesrepublik als die des früheren Deutschen Reiches.

Für den Bereich der *Industrie* bedeutete die Zonentrennung ebenfalls ein schweres Problem, jedoch verblieb hier im ganzen gesehen ein größerer Anteil der Erzeugungskapazität in Westdeutschland. Die Zerreißung des gesamtdeutschen Wirtschaftsgefüges führte aber zu einer starken Disproportionalität der vorhandenen Kapazitäten. So waren hauptsächlich in Mittel- und Ostdeutschland beheimatet die Braunkohlenerzeugung und -brikettierung, die Bekleidungsindustrie, die optische Industrie, die Elektroindustrie, die Papier- und Pappeindustrie, während umgekehrt der Bereich der Schwerindustrie, der Fahrzeugindustrie, der Werkzeugindustrie in Westdeutschland vorherrschte.

Das hervorgerufene Mißverhältnis der Kapazitäten zueinander bedeutete — so bedauerlich der gesamte Vorgang ist — für manche Industrien einen Vorteil, für andere einen Nachteil.

Wenn auch freilich bei der Betrachtung konkreter Einzelfälle noch viele andere Momente zu beachten sind, so läßt sich doch grundsätzlich sagen, daß all jene westdeutschen Wirtschaftszweige auf der „Sonnenseite" der Zonentrennung lagen, die mehr Konkurrenz als Markt verloren. Bei solchen Industrien setzten sich ab Juni 1948, sofern die Preise für ihre Erzeugnisse freigegeben waren, die Ausgleichskräfte einer Marktwirtschaft durch, d. h. die Preise zogen der relativen Knappheit der Güter entsprechend an und ermöglichten eine höhere Gewinnquote. Sie wurde dann hauptsächlich zur Selbstfinanzierung von Investitionen verwendet. Dieser der Marktwirtschaft eigene Mechanismus hat dann auch dazu geführt, daß ohne größere behördliche und planende Eingriffe die Disproportionalitäten weitgehend verschwunden sind, d. h. entsprechende Kapazitäten aufgebaut wurden. Dies zeigt sich besonders deutlich in gewissen Zweigen der Bekleidungsindustrie, wie z. B. in der Erzeugung gewirkter Strümpfe, die in Westdeutschland vor dem Kriege überhaupt nicht beheimatet war.

Umgekehrt lagen auf der „Schattenseite" all die westdeutschen Industriezweige, die die Zonentrennung mehr Markt als Konkurrenz verlieren ließ. Bei solchen Industrien machte sich der entgegengesetzte Vorgang bemerkbar, nämlich ein Druck auf die Preise und damit auf die Produktion infolge der vorhandenen Überkapazität. Dies zeigte sich im konkreten Fall in der Lederindustrie und der Eisen-, Stahl- und Metallwarenverarbeitung. Bei anderen Zweigen wurde die an sich durch die Zonentrennung vorhandene Tendenz einer „zu großen" Kapazität durch verschiedene Einflüsse wie z. B. die Bevölkerungszunahme überkompensiert; teils war auch die Kapazität durch Kriegszerstörungen bzw. Demontagen gar nicht mehr vorhanden, oder es machten sich die erhöhten Anforderungen der sich stark mechanisierenden und motorisierenden deutschen Wirtschaft im günstigen Sinn bemerkbar.

Die Zonentrennung wirkte sich aber natürlich auch auf alle anderen Wirtschaftszweige aus. Hier ist hauptsächlich noch daran zu erinnern, daß Gebiete, die früher „mitten" in Deutschland lagen, plötzlich zu *Grenzgebieten* wurden, was u. a. dazu führte, daß benötigte Rohstoffe jetzt aus weiterer Entfernung herangeholt werden müssen. Diese Landesteile waren „verkehrsfern" geworden. Besonders gilt dies für den Nordostteil Bayerns, der sowohl im Norden als auch im Osten an den „eisernen Vorhang" grenzt.

Auch für den hochentwickelten *Bankverkehr* brachte die Trennung schwere Verluste nicht nur auf Grund der Zerschlagung des alten Filialnetzes sondern auch dadurch, daß z. B. hypothekarische Rechte in Ostdeutschland für westdeutsche Firmen nicht mehr realisierbar sind. Aus diesen Gründen und u. a. wegen des Zugriffs der russischen Besatzungsmacht auf das Wertpapiersammeldepot in Berlin wurde z. B. das ganze Verfahren der Wertpapierbereinigung notwendig.

Das Vertriebenen- und Erwerbslosenproblem

Zu der geschilderten Zerreißung Deutschlands und der praktisch völligen Abschließung der früher in engster Verflechtung stehenden Landesteile kam das Problem hinzu, daß bis Ende 1952 8,3 Millionen Heimatvertriebene und rd. 1,9 Millionen sonstige Zuwanderer in das Bundesgebiet kamen. Dieser ungeheure Zustrom meist völlig besitzloser Menschen warf schwerste Probleme auf. Es mußte versucht werden, sie in Arbeit zu bringen und sie nicht in Flüchtlingslagern oder mit 4—6 Personen in einem Zimmer als Untermieter zu belassen. Ohne Zweifel ist hier vieles geschehen, doch ist die Wohndichte in Deutschland immer noch erheblich höher als vor dem Kriege. Im Jahre 1939 hatten nur 0,8 Millionen Haushaltungen (einschl. Ein-Personen-Haushaltungen) keine eigene Wohnung; 1948 waren es 6 Millionen Haushaltungen und 1952 immerhin noch 5,4 Millionen. Nach Schätzungen des Bundesministeriums für Wohnungsbau kommen hiervon etwa 4,3 Millionen als echte Wohnungsanwärter in Betracht. Auch die wirtschaftliche Eingliederung der Heimatvertriebenen hat erhebliche Fortschritte gemacht, was schon aus ihrem abnehmenden Anteil an der gesamten Arbeitslosigkeit aus untenstehender Tabelle deutlich wird.

Zur Arbeitslosigkeit
Jahresdurchschnitte

Jahr	Arbeitslose im Bundesgebiet in Tausend Personen	davon Heimatvertriebene in Tausend Personen	in vH
1950	1580	527	33,2
1951	1432	460	32,1
1952	1379	419	30,3

Trotzdem zeigt natürlich gerade diese Tabelle, daß der Anteil der Heimatvertriebenen an den Arbeitslosen mit heute 30 vH noch viel höher ist, als ihr Anteil an der gesamten Bevölkerung, der 17 vH beträgt. Hier liegen für die Zukunft noch erhebliche Aufgaben, die im engsten Zusammenhang mit der gesamten westdeutschen Arbeitslosigkeit stehen. Sie können keinesfalls allein durch das Lastenausgleichsgesetz gelöst werden.

Die Arbeitslosigkeit in Westdeutschland betrug im Jahre 1952 im Durchschnitt 1,4 Millionen Personen. Um einen Anhalt für einen Vorkriegsvergleich zu haben, sei gesagt, daß 1,4 Millionen Erwerbslose in der Bundesrepublik mit ihren 48 Millionen Einwohnern etwa 2 Millionen Arbeitslosen im Deutschen Reich mit seiner Bevölkerung von 66—67 Millionen in den 30er Jahren entsprochen hätten.

Die Ursachen dieser Erwerbslosigkeit beruhen einerseits auf der örtlichen Massierung der Flüchtlinge in den Grenzländern, wie Schleswig-Holstein, Niedersachsen und Bayern, und sind andererseits zum Teil ein Berufsproblem, wie z. B. bei den kaufmännischen Angestellten.

Die Lösung des ersten Problems hat bereits gewisse Fortschritte gemacht. Etwa 600 000 Menschen verzogen in Länder mit besseren Arbeits- und Wohngelegenheiten oder wurden mit staatlicher Hilfe umgesiedelt. Ein erheblicher Hemmschuh ist hier die leider nur im Grundgesetz, jedoch auf Grund der Wohnungsnot nicht in der Praxis bestehende Freizügigkeit.

Das Problem der „übersetzten" Berufe ist ebenfalls nur langsam zu lösen. Es zeigen sich jedoch hier gewisse Fortschritte allein durch die konjunkturelle Entwicklung. So schienen z. B. nach der enormen Förderung durch den Krieg und der dann zunächst ins Gegenteil umschlagenden Nachkriegsentwicklung die Gruppen der „Metall-Erzeuger und -verarbeiter" übersetzt. Sie stellen 1949 rund 12 vH aller Arbeitslosen. Die fortschreitende Industrialisierung hat jetzt aber dazu beigetragen, dieses Problem zu verringern. Der Anteil ging bei insgesamt sinkender Arbeitslosigkeit auf 7 vH zurück.

Man darf wohl annehmen, daß dieser Prozeß der Aufsaugung der strukturellen Arbeitslosigkeit weitere Fortschritte machen wird. Die letzten Zahlen der Arbeitslosenstatistik lassen diese Hoffnung nicht unbegründet erscheinen. So sind durch den lokal auftretenden Arbeitermangel besonders im Rheinland Firmen in zunehmendem Maße bereit, Unterkunft für benötigte Arbeitskräfte zu beschaffen und tragen so zur regionalen Auflockerung der Arbeitslosigkeit bei.

Der Industrialisierungsprozeß

Eine nicht zu übersehende Entwicklung hat sich in der westdeutschen Wirtschaft trotz der zunächst bestehenden Hemmungen in den letzten Jahren vollzogen. Die Wirtschaft wurde erheblich arbeitsteiliger, der Produktionsprozeß in zunehmendem Maße mechanisiert und motorisiert. Entscheidend hierzu beigetragen hat die technische Entwicklung und hier nicht zuletzt die Verbesserung der handlichen Elektromotoren und kleineren Benzinmotoren. Sie hat dazu geführt, daß vor allem das Handwerk in zunehmendem Maße mechanisiert wurde.

Zwar liegen Bestandszahlen für die Mechanisierung der Produktion nicht vor, aber die Entwick-

Zur Mechanisierung der westdeutschen Wirtschaft
1936 = 100

Sachangaben	1949	1950	1951	1952
Inlandsumsatz d. Maschinenindustrie (preisbereinigt) .	116	133	152	166
Elektrizitätsverbrauch	147	173	202	226
Mineralölverbrauch[1]	73	118	155	178

[1] Hauptsächlich Benzin und Dieselkraftstoff

lung des Maschinenbaues, der Elektrizitätsversorgung und des Mineralölverbrauchs geben deutliche Hinweise.

Der Zustrom an neuen Maschinen in den Produktionsprozeß war demnach 1952 um ²/₃ größer als 1936 und liegt bereits seit 3 Jahren um durchschnittlich die Hälfte darüber. Hier hat somit ohne Zweifel ein über den wirtschaftlichen Verschleiß hinausgehender Zuwachs stattgefunden. Die Elektrizitätsversorgung war 1952 mehr als doppelt so hoch wie 1936, der Mineralölverbrauch lag um fast 80 vH darüber.

Auch die Motorisierung des Verkehrswesens ist hier zu nennen. Die Zahl der Personenwagen, Lastkraftwagen, Omnibusse und Krafträder hat sich auf das 2¹/₂fache gegenüber der Vorkriegszeit erhöht. Das gerne als Ausdruck des Lebensstandards unterer Einkommenschichten zitierte „Motorrad" hat dabei in etwa ähnlicher Weise zugenommen wie die übrigen Kraftfahrzeuge insgesamt gesehen.

Die Motorisierung in Westdeutschland
Bestand an Fahrzeugen in Tausend

Fahrzeugarten	1. Juli 1936	1. Jan. 1953	Vervielfachung
Personenkraftwagen	530	1 010	1,9 ×
Lastkraftwagen	159	526	3,3 ×
Omnibusse	10	21	2,1 ×
Krafträder	646	1 743	2,7 ×
Zugmaschinen	23	283	12,3 ×

Allerdings ging diese starke Zunahme der Motorisierung des Straßenverkehrs zum Teil auf Kosten der Eisenbahn, deren Personenverkehr zurückging und deren Güterverkehr nur langsam zunahm und seit Herbst 1951 stagniert. Die Lösung des schwierigen Problems Schiene : Straße ist offensichtlich eine ebenso große Aufgabe wie die des rein quantitativen Verkehrsproblems in den Städten, das ebenfalls aus obenstehender Tabelle deutlich wird. Gemessen an anderen Ländern kann nämlich mit einer weiteren starken Zunahme des Straßenverkehrs gerechnet werden.

Aber auch in der Landwirtschaft ist die Technisierung fortgeschritten. Dies zeigt sich deutlich aus der enormen Vermehrung der Zugmaschinen[1] auf das 12fache der Vorkriegszeit. Ebenso wurde der Einsatz künstlichen Düngers erheblich vermehrt. Daß die Erzeugung der Landwirtschaft dennoch nicht in dem Maße anstieg wie die der Industrie, liegt in der landwirtschaftlichen Produktionsweise begründet.

Das Investitions- und Kapitalmarktproblem

Die westdeutsche Wirtschaft, die im Grundsatz nach 1948 auf das System einer Marktwirtschaft ausgerichtet wurde, weist auf dem Gebiet der Investitionen die meisten diesem System an sich fremden Erscheinungen auf. Warum? Der erste Grund liegt darin, daß es bis in die letzte Zeit hinein einen Kapitalmarkt im Sinne früherer Jahre nicht gab. Dies war allerdings kein Wunder, wenn man sich überlegt, daß Geldkapital in der Wäh-

[1] Es handelt sich hierbei zum größten Teil um landwirtschaftliche Zugmaschinen.

rungsreform genau so wie Geld behandelt wurde. So wissen z. B. viele Hypothekenbesitzer, deren Anspruch auf ein Zehntel zusammengelegt wurde, von der unversehrten Weiterexistenz der aus „ihrem" Geld miterstellten Bauwerke.

Dieses Nichtvorhandensein eines Kapitalmarktes war für gutverdienende Wirtschaftszweige, die ihren Ersatz- und Neuanlagebedarf selber finanzieren konnten, allerdings nicht von so großer Bedeutung wie für jene Bereiche, die eine solche Rentabilität nicht aufzuweisen hatten. Hier wären u. a. zu nennen der Bergbau, die eisenschaffende Industrie, die Elektrizitätswirtschaft, der Schiffbau und der soziale Wohnungsbau, bei dem die Mieten gebunden sind.

Wollte man diese Gebiete — die sich nicht auf den Kapitalmarkt stützen konnten, da es ihn nicht gab, und die, wenn es ihn gegeben hätte, wegen ihrer geringen Rentabilität nicht genügend Zins hätten bezahlen können — nicht von der Investitionstätigkeit ausschließen, so mußten besondere Maßnahmen getroffen werden. Hier boten sich glücklicherweise die aus der Marshall-Plan-Hilfe stammenden Gegenwertmittel an. Weiter sind hier zu nennen, staatliche Zuschüsse über die Haushalte und die „Investitionshilfe".

Die Finanzierung mit Gegenwertmitteln ist heute im großen und ganzen ausgelaufen. Auf diese Weise wurden jedoch in den letzten Jahren erhebliche Beträge für Investitionszwecke zur Verfügung gestellt, nämlich fast 4 Mrd. DM seit der Währungsreform. Die Finanzierung besonders des Wohnungsbaues ist demgegenüber in letzter Zeit fester Teil der Staatstätigkeit geworden und hat sich als „sozialer Wohnungsbau" gut bewährt. Es wäre aber die Frage, ob dieser Weg, nach dem der Kapitalmarkt in Gang gekommen ist, in Zukunft ständig weiter gegangen werden soll. Die dritte „nicht marktwirtschaftliche" Finanzierungsmethode ist die Investitionshilfe. Sie sollte die im Jahre 1951/52 auftauchenden Engpässe in der Grundstoffindustrie überwinden helfen und ging dabei von der Voraussetzung schlechter Rentabilität jener hilfsbedürftigen Wirtschaftszweige infolge von Preisbindungen aus. Nicht zuletzt wurde wohl auch von den helfenden Industrien anerkannt, daß sie während der letzten Jahre als Weiterverarbeiter der preisgebundenen, billigeren Grundprodukte und auf Grund der freien, sich auf den Markt einspielenden Preise ihrer eigenen Erzeugnisse einen höheren Gewinn hatten. Die Verzögerung der Investitionshilfe führte aber dazu, daß sie im gewissen Sinn ein Anachronismus geworden ist, weil nun, da die Mittel fließen, die Rentabilität der hilfsbedürftigen Industriezweige schon durch mehrfache Preisanhebungen gebessert wurde. So kostet heute Steinkohle mehr als dreimal soviel wie im Jahre 1938, Stabstahl etwa viermal soviel. Die Hilfe ist zeitlich begrenzt und dürfte keine Chancen haben sich zu wiederholen.

Die Stellung des Staates

Die Frage der Investitionsfinanzierung steht in engstem Zusammenhang mit der Stellung des Staates in der westdeutschen Wirtschaft überhaupt. Die Ausdehnung der staatlichen Tätigkeit wird

jedenfalls — und dies tritt bei Diskussionen über die Steuerbelastung hervor — häufig innerhalb eines Systems der Marktwirtschaft als zu weitgehend betrachtet. So wurden im Jahre 1952 an Bundes-, Länder- und Gemeindesteuern und Soforthilfezahlungen rund 31 Mrd. DM erhoben, bei einem Bruttosozialprodukt von 126 Mrd. DM. Eine Analyse der staatlichen Ausgaben zeigt in der Tat neben den von jeher vorhandenen und kaum umstrittenen Aufgabenbereichen, wie äußere Sicherheit, Rechtspflege, Polizei, Unterstützung von Rentnern usw. Ausgaben, die erst in den letzten Jahren hinzugekommen sind. Hier müssen neben den schon erwähnten Zuschüssen zum sozialen Wohnungsbau, die Mittel für den Schiffbau, die Erschließung des Emslandes usw. gerechnet werden. Es handelt sich hier um Unterstützung gewisser gewerblicher Produktionen, ohne daß der Staat sie selber durchführt. Selbstverständlich kann die Festlegung des staatlichen Bereichs nur von den Ausgabebeschlüssen des Parlaments — als der rechtmäßigen Vertretung der Willensbildung der öffentlichen Meinung — aus geschehen. Es ist aber immer wieder nötig, auf den zwingenden Zusammenhang zwischen der Steuerlast und der Ausgabentätigkeit hinzuweisen. Durch Vernachlässigung dieses Zusammenhangs gehen die von verschiedensten Seiten herangetragenen Ideen zur Steuerreform oft am Kern des „Übels" vorbei. Solange der Aufgabenbereich des Staates ein so außerordentlich großer ist, werden die Steuern ebenfalls sehr hoch sein müssen und unerwünschte Nebenfolgen in stärkerem Ausmaß zeigen. Zu große Erfolge sollte man sich deshalb von Steuerreformen nicht versprechen, wenn das Steuersystem den gleichen, hohen Ertrag erbringen muß.

In der öffentlichen Diskussion zeigt sich aber immer wieder, daß, wenn es sich um den konkreten Abbau staatlicher Funktionen handelt, man diese nicht zu missen bereit ist. Das Entscheidende wäre, zu sagen, wo die Staatstätigkeit in nennenswertem Ausmaß eingeschränkt werden soll — das Steuersystem dann von den akuten unerwünschten Nebenfolgen zu befreien, wäre ein leichter lösbares Problem. Für die Zukunft ist aber wohl kaum mit einer im ganzen gesehen verringerten Ausgabetätigkeit der öffentlichen Hand zu rechnen, da z. B. die Finanzierung des EVG-Truppenkontingents auf sie zukommt.

Die veränderte Sozialstruktur

Aus diesem Gesamtbericht und vor allem aus den einzelnen Kapiteln geht hervor, daß sich dieses oder jenes Phänomen „normalisiert" hat, sei es die Verbrauchsstruktur, die Produktions- und Umsatzstruktur oder andere. Diese Tendenzen sollten aber nicht den ungeheuren Prozeß der Verschiebung innerhalb der Sozialstruktur vergessen lassen.

Der Krieg und seine Folgen haben hier schon den Beginn gesetzt mit der Zerstörung privaten Eigentums durch Bomben und mit den 10 Millionen besitzlosen Heimatvertriebenen. Die Währungsreform hat ihn fortgeführt mit der Gleichstellung von Ersparnissen und Bargeld, und die Lohnentwicklung trug weiter dazu bei, die Sozialstruktur zu verändern. Es ist nicht möglich, diesen umfangreichen

Vorgang hier in Kürze darzustellen, jedoch lassen sich einige wenige Tendenzen umreißen.

Da die Bombenzerstörungen auf dem Land geringer waren als in der Stadt, blieb der Vermögensbesitz der Landwirtschaft besser erhalten als der der städtischen Bevölkerung.

Personen, die zum Zeitpunkt der Währungsreform auf Grund ihres Alters oder körperlicher Unfähigkeit nicht mehr in der Lage waren, im Produktionsprozeß zu bleiben, dürfte es — wenn sie durch Flucht oder Bomben Vermögensschaden erlitten — kaum mehr möglich sein, Eigentum in nennenswertem Umfang zu erwerben.

Der unbeschädigte Sachbesitz ist, wie schon erwähnt, besser davongekommen als der Geldbesitz. Zwar versucht man durch das Lastenausgleichgesetz auch diesen zu erfassen, der eminente Vorteil — besonders bei gewerblich nutzbarem Sachbesitz — lag aber darin, daß die Ertragsbildung über den Reformzeitpunkt hinaus in voller Höhe weiterlief.

Innerhalb der Lohn- und Gehaltsstruktur hat sich eine Nivellierungstendenz der realen Einkommen gezeigt, die von der Steuergestaltung noch unterstützt wurde. Hier ergeben sich allerdings jetzt durch die Änderungsvorschläge zum Einkommensteuergesetz und auch von der Lohnseite her wieder Rückbildungen.

Wenn am Schluß dieses Gesamtüberblicks auf die veränderte Sozialstruktur hingewiesen wurde, so sollte dies bezwecken, nicht über dem ohne Zweifel erfolgreichen Wiederaufbau das Problem derjenigen Millionen zu übersehen, die in dem letzten turbulenten Jahrzehnt des Krieges, der Ausweisung und der Währungsreform wirtschaftlich nicht Schritt halten konnten.

Die monetäre Seite des Wiederaufbaus

I. Der Geldüberhang und seine Liquidation

Im ersten und zweiten Weltkrieg war „das Geld" für die Steuerung der Wirtschaftskräfte nur von nebengeordneter Bedeutung. Wenn die kriegswirtschaftliche Zielsetzung nur auf rasche und höchstmögliche Produktion von Rüstungsbedarf unter Vernachlässigung aller wirtschaftlichen Erhaltungs- und Wachstumserfordernisse gerichtet ist, so tritt an die Stelle der geld- und marktwirtschaftlichen Ordnung ein plan- und güterwirtschaftliches Kontingentierungs-System. Je mehr die Geld- und Kreditschöpfung zur Anfachung eines bewußt geförderten Produktionsfiebers mißbraucht wird, desto mehr verliert es seinen Charakter als „Güterverteiler"; es wird neben den nun unvermeidlich gewordenen Warenbezugscheinen ein notwendig mitlaufender General-Bezugsschein. Deshalb pflegt im Kriege Geld kaum noch eine Rolle zu spielen. Zwar sind sich die für die Wirtschaftsführung Verantwortlichen der damit entstehenden Folgen und Gefahren einer Geldentwertung durchaus bewußt. Ihre Lösung wird aber im Interesse der Kriegsziele auf die Zeit nach Kriegsende hinausgeschoben.

Diese Umstellung im Ordnungsgefüge der Wirtschaft galt für Deutschland in besonderem Maße. Bereits in den Jahren vor Ausbruch des zweiten Weltkrieges war man nicht gerade kleinlich mit Geldvermehrung und Kreditausweitung gewesen. Bereits Ende 1936 sah man sich vor die Frage gestellt, ob man steigende Preise in Kauf nehmen wollte, oder ob das Tempo der Staatsausgaben abgebremst werden sollte. Man entschied sich für den „totalen Preisstopp" und legte damit die Grundlage zu jenem Geldüberhang, der sich im Laufe der Kriegsjahre gewaltig erhöhte und den es in dem schmerzhaften Prozeß der Währungsreform wieder zu beseitigen galt.

Da die Finanzierung der Rüstungs- und Kriegsausgaben nur teilweise aus Steuermitteln, darüber hinaus aber durch Kredit geschah, schwoll die Gesamtreichsschuld, die 1933 rund 12 Mrd. RM betrug, bis zum Jahre 1938 auf etwa 30 Mrd. RM und bis Kriegsende auf die Höhe von fast 400 Mrd. RM an. Als unvermeidliche Folge stieg die Geldmenge gewaltig.

Die großzügig gewährten Löhne, Prämien, Soldzahlungen und Rentengewährungen standen in keinem Verhältnis zu den für Verbrauchszwecke zur Verfügung stehenden Mitteln. Die privaten Einkommen wuchsen rascher als die mehr und mehr zurückgehende Konsumgüter-Produktion; da der Verbrauch kontingentiert werden mußte, ergab sich als Folge, daß die Sparguthaben von 15 Mrd. RM im Jahre 1936 auf 80 Mrd. RM im Jahre 1944 anwuchsen.

Das Geld verlor in den Wirren der ersten Nachkriegszeit immer mehr an Kaufkraft und wurde als Steuerungsinstrument noch bedeutungsloser. In den Fabriken erfolgte die Entlohnung z. T. in Materialien und die „Stange" amerikanischer Zigaretten erhielt als Rechnungseinheit den Vorrang vor der Reichsmark. Neben den Bezugscheinen, die allein den Zutritt zu den Gütern eröffneten, trug das Geld nur noch nebengeordneten Charakter.

Im Zuge der politischen Neuordnung, mit der die Zielsetzung des ehemaligen Morgenthau-Plans ihren Abschluß fand, wurde eine Regelung des inzwischen zum Chaos gewordenen Geldwesens unerläßlich. Die Besatzungsmächte befaßten sich ab 1947 mit dem Gedanken einer Währungsreform und trafen hierfür entsprechende Vorbereitungen. Zunächst wurden Landeszentralbanken gegründet und als zentrale Notenbank die Bank deutscher Länder (BdL) am 1. 3. 1948 ins Leben gerufen. Damit waren die ersten organisatorischen Vorbedingungen für eine Währungsreform geschaffen.

Als schwierigstes Problem erwies sich nun die Bestimmung der für die westdeutsche Volkswirtschaft notwendigen Geldmenge und damit die Wahl einer entsprechenden Zusammenlegungsquote. Eine Orientierung am Preisniveau war unmöglich und so entschloß man sich zu einem schrittweisen Vorgehen in der Art, daß der grundsätzliche Umwertungsschlüssel 10 vH betragen solle, jedoch sollte der sich daraus ergebende Betrag nicht sofort voll verfügbar sein. Die Hälfte der sich ergebenden Ansprüche sollte zunächst auf ein Festkonto geschrieben werden.

Am 21. Juni 1948 verlor die Reichsmark ihre Gültigkeit als gesetzliches Zahlungsmittel und die „Deutsche Mark" wurde in Kraft gesetzt. Jeder Bewohner der Bundesrepublik bekam am 20. Juni 40 DM „Kopfbetrag"; Gewerbetreibende, Angehörige freier Berufe und juristische Personen erhielten einen sogenannten „Geschäftsbetrag" von 60 DM je Arbeitnehmer, um überhaupt zu Zahlungen in der Lage zu sein.

Auf diese Weise waren in Stückgeld innerhalb der ersten Tage nach der Währungsreform mehr als 2 Mrd. DM unter die Bevölkerung verteilt worden. Es war dabei offensichtlich, daß mit der Möglichkeit, hierfür Güter zu kaufen, die Beurteilung des neuen Geldes stand und fiel. Die deutsche Mark hielt dem ersten Kaufkraftstoß stand, da die Ausstattung der Firmen mit den erwähnten Geschäftsbeträgen recht gering war und infolgedessen ein starker Wunsch bestand, sich durch Verkauf vorhandener Waren liquide Mittel zu verschaffen. Dieser Druck auf die Verkäufer führte sogar dazu, daß in den ersten Wochen nach der Reform die meist freigegebenen Preise gewerblicher Verbrauchsgüter zum Teil sanken.

Diese Phase war allerdings sehr kurz und machte einem raschen Preisanstieg vor allem industrieller Verbrauchsgüter Platz. Er trug dazu bei, daß die

Besatzungsbehörden die Kürzung der Festkonten um 70 vH anordneten, wenngleich auch außerökonomische Erwägungen vor allem der französischen Besatzungsmacht mitgespielt haben mögen.

Der endgültige Umrechnungsschlüssel für Reichsmark in Deutsche Mark war 6,5 vH, während er für Verbindlichkeiten allgemein 10 vH betrug. Die Zusammenlegung war also sehr scharf, dies um so mehr, da Sparguthaben ebenso wie Geld behandelt wurden: eine Härte, die der Spartätigkeit einen schweren Schlag versetzte.

Betrachtet man die RM/DM-Umwandlung im Bild der Statistik, so zeigt sich folgendes Ergebnis:

RM/DM-Umwandlung und Erstausstattungen
Stand Dezember 1948
in Mill. DM

Wirtschaft u. Private	9 418	Umwandlung und Kopf- bzw. Geschäftsbeträge
Länder u. Gemeinden	2 348	Nur Erstausstattung, da keine Umwandlung
Besatzungsmächte	772	
Bahn, Post	315	
	12 853	

Die Erstausstattung der öffentlichen Hand war ohne Zweifel relativ reichlich. Von den 9,4 Mrd. DM, die Wirtschaft und Private im Rahmen von Umwandlung sowie von Kopf- und Geschäftsbeträgen erhielten, dürfte der größte Teil auf Einzelpersonen entfallen sein, der Rest auf Firmen usw. Daraus wird ersichtlich, daß das Geldvolumen in der ersten Phase nach der Währungsreform vom „Konsumenten" her aufgebaut wurde.

II. Drei Etappen währungspolitischer Aktivität

Im Spätherbst 1948 war die gesetzliche Geldschöpfung weitgehend beendet. Die weitere Entwicklung auf dem Geldsektor ging deshalb im wesentlichen in die Verantwortung des Zentralbankrates und der Bank deutscher Länder über, die sich dann auch zu ihren ersten geldpolitischen Maßnahmen entschlossen.

Die erste Restriktion

Der Grund für die ersten Eingriffe, die restriktiver Natur waren, lag in der damaligen inflationistischen Wirtschaftsentwicklung. Die Preise hatten zu steigen begonnen, da die Produktion nicht so schnell ausgeweitet werden konnte, wie die hoheitliche Geldschöpfung Nachfrage nach Waren produzierte. Das Geld lief rasch um, und man begann, von der Notwendigkeit einer Nachreform zu sprechen. In dieser Situation griff der Zentralbankrat ein, indem eine verschärfte Wechselauslese angeordnet wurde und die meisten Bankakzepte nicht mehr rediskontiert werden durften. Außerdem legte der Zentralbankrat den Geschäftsbanken nahe, ihre Kundschaftskredite nur noch in volkswirtschaftlich dringenden Fällen über den Stand von Ende Oktober auszudehnen.

Zusätzlich wurde ein für Deutschland in der Anwendung neues kreditpolitisches Instrument be-

nutzt: die Mindestreservenpolitik, die bis dahin hauptsächlich in den Vereinigten Staaten gehandhabt wurde. Ihre Methode besteht darin, daß die Banken in einem gewissen Verhältnis zu den bei ihnen unterhaltenen Einlagen der Kundschaft Guthaben bei den Zentralbanken haben müssen. Wird diese Quote erhöht, dann müssen die Banken sich Zentralbankgeld beschaffen, indem sie z. B. Wechsel zum Rediskont geben, ohne über das dafür erhaltene Geld verfügen zu können. Sie sind dann illiquider geworden. Von diesem Mittel wurde Anfang Dezember erstmalig Gebrauch gemacht. Die Reservesätze wurden für Sichteinlagen von 10 auf 15 vH erhöht.

Fragt man sich nach der Wirkung der ergriffenen Maßnahmen, so muß man feststellen, daß kein völliger Stillstand der kurzfristigen Kreditgewährung der Geschäftsbanken an die Wirtschaft erreicht wurde, daß aber eine Verlangsamung des Ausdehnungstempos eintrat. Während diese Kredite im Oktober und November 1948 noch um jeweils 500 Mill. DM zugenommen hatten, betrug der Zuwachs im Dezember nur mehr 350 Mill. DM und im Januar, Februar und März 1949 nur mehr jeweils 280 Mill. DM.

Aber abgesehen von der rein zahlenmäßigen Wirkung ist eine Kreditbeschränkung der Noten-

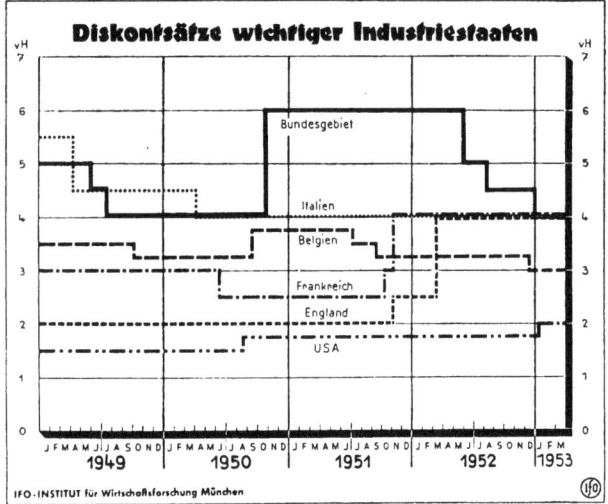

bank immer ein Warnungssignal für die Wirtschaft. Die Notenbank hatte gezeigt, daß sie ihre Aufgabe als „Hüterin der Währung" ernst nahm, was bei einer Bevölkerung, die innerhalb einer Generation zweimal den größten Teil ihrer Ersparnisse verloren hatte, von besonderem Gewicht war.

Die Inflationierung im Herbst 1948 stellte sich bald als ein Phänomen heraus, das auftrat, als hoheitliche und bankmäßige Geldschöpfung zusammentrafen. Als die erste zum Stillstand kam, brauchte die andere nicht mehr besonders zurückgehalten werden. Eine große Hilfe war es hier allerdings auch, daß die öffentlichen Haushalte bereits im 4. Vierteljahr 1948 keine Defizite mehr aufwiesen und daß Westdeutschland damals noch kein Devisenproblem kannte.

Erleichterte Kreditbedingungen und Arbeitsbeschaffungsprogramm

Von der Jahreswende 1948/49 an entstand ein Preisklima, das zwar keinen deflationistischen Schrumpfungsprozeß auslöste, aber doch zu Preissenkungen führte, so daß eine restriktive Kreditpolitik nicht mehr am Platze schien. Der Zentralbankrat hob im März 1949 die Beschränkungen des Kreditvolumens auf und lockerte die Eingriffe in die Liquidität der Banken. Er blieb aber nicht dabei stehen, kontraktiv wirkende Kräfte zu verringern; auch der Diskontsatz wurde gesenkt. Gut ein Jahr nach der Währungsreform betrug er 4 %. Da die Geldmarktzinsen mit dem Diskontsatz in Wechselwirkung steigen und fallen, verbilligte sich entsprechend der kurzfristige Kredit.

So wichtig aber auch immer die kurzfristige Kreditgewährung für die Geldversorgung sein mag, so ist sie doch nur eine ihrer Quellen. Andere Arten der Geldentstehung sind z. B. Überschüsse der Devisenbilanz oder Auszahlungssalden auf den Gegenwertkonten, die im Zusammenhang mit der Einfuhr von Waren im Rahmen der Marshall-Plan-Hilfe entstanden. Diese Faktoren sind über die Geldpolitik weniger zu beeinflussen. Das gleiche gilt für die Geldstillegung, z. B. durch Erhöhung von Kassenreserven. Derartige Momente beeinflussen aber ihrerseits die Geldversorgung, so daß aus der Nachfrage nach kurzfristigem Bankkredit

allein kein Schluß auf das Wirtschaftsklima gezogen werden kann.

So ist die Wirkung der ständig steigenden kurzfristigen Kreditgewährung auf die Geldmenge von Mitte 1949 an dadurch erheblich eingeschränkt worden, daß sich die Devisenüberschüsse in Defizite verwandelten. Dies war eine vorübergehende Folge der DM-Abwertung gegenüber dem Dollar um 20,6 vH am 19. September und der im Frühherbst einsetzenden, die westdeutsche Handelsbilanz zunächst belastenden Liberalisierung. Auch die Einzahlungen auf die Gegenwertkonten legten Geld still, da die Auszahlungen für Investitionszwecke noch gering waren.

Vergleicht man nun die Geldmenge, die sich aus der Gesamtheit der auf sie wirkenden Faktoren ergab, mit den Gesamtumsätzen, so zeigten sich im Laufe des Jahres 1949 keine wesentlichen Veränderungen des Verhältnisses. Die Umlaufgeschwindigkeit des Geldes blieb ziemlich konstant, was nichts anderes sagen will, als daß die Kassenreserven am Ende des Jahres relativ gleich groß waren wie an seinem Beginn.

Die allgemeine Wirtschaftslage hatte sich aber in den ersten Monaten des Jahres 1950 sichtbar verschlechtert, so daß die Zahl der Arbeitslosen die Zweimillionengrenze erreichte. Aus diesem Grunde stimmte der Zentralbankrat Anfang März der Finanzierung eines Arbeitsbeschaffungs- und Wohnbauprogramms zu, das die Regierung soeben beschlossen hatte. Das Wesen dieser Finanzierungsaktion bestand darin, Aktiva der Banken, wie Wechsel und Ausgleichsforderungen[1], ferner Gegenwertmittel, die erst in späterer Zeit freigegeben werden sollten, für die Investitionsfinanzierung verwendbar zu machen. Zusätzlich wurde geplant, Münzgewinne der Regierung zu bevorschussen. Insgesamt hätte so eine Geldschöpfung bis zu etwa 1,5 Mrd. DM zustande kommen können. Die Rückzahlung der tatsächlich in Anspruch genommenen Notenbankkredite mußte aus der späteren Geldkapitalbildung erfolgen.

Dieses Programm ist jedoch nie voll zur Durchführung gelangt, da im Beginn seiner Abwicklung die Korea-Krise ausbrach, die dann die Geldpolitik vor die schwierige Aufgabe stellte, einer neuen Inflationswelle und massiven Devisenabflüssen gleichzeitig entgegenzuwirken.

Bekämpfung der Koreahausse

Nach Ausbruch des Koreakonfliktes trat ein geldpolitisch interessantes Phänomen in Erscheinung. Die Nachfrage und die Umsätze schwollen an, während sich die Geldmenge viel langsamer und vom Herbst an nur noch unerheblich erhöhte. Die Kaufpsychose während des Koreabooms bediente sich brachliegender Geldmittel, die dann in rascher Zirkulation blieben. Sie hatten sich in der Flaute des 1. Halbjahres 1950 merklich erhöht. Die Angstkäufe wurden hauptsächlich mit Bargeld finanziert, während Bankguthaben offenbar nicht in gleichem Maße eingesetzt werden konnten.

---

1 Ausgleichsforderungen wurden den Banken als Ersatz für durch die Währungsreform wertlos gewordene Aktiva, z. B. Reichsanleihen, gegeben. Sie sind eine Schuldverpflichtung der Länder.

Der Kreditpolitik mußte es in dieser Situation besonders darauf ankommen, die Nachfrage nicht auch noch durch reichliche Kreditgewährung der Banken größer werden zu lassen, denn die industrielle Produktion war durch Kohle- und Stahlengpässe bereits unelastischer geworden. Außerdem reichten die Deviseneingänge trotz steigender Ausfuhr nicht mehr dazu aus, die stark zunehmenden Devisenverpflichtungen abzudecken. Der Einfuhrsog ließ sich selbst dadurch nicht verstopfen, daß Bardepots hinterlegt werden mußten, wenn Einfuhrlizenzen in Anspruch genommen werden wollten. Aber auch die üblichen kontraktiven Maßnahmen der Währungspolitik, nämlich die Erhöhung der Mindestreservesätze und diesmal auch des Diskontsatzes sowie die Begrenzung des Akzept-Rediskonts, hatten keinen genügenden Erfolg. Der Zentralbankrat forderte deshalb Mitte November 1950 die Landeszentralbanken auf, ihre den Geschäftsbanken gewährten kurzfristigen Kredite um 10 vH zu senken.

Die Devisenbilanz war aber dennoch nicht zu „retten" und die deutsche Abrechnung in der EZU verschlechterte sich weiterhin. Es wurde noch ein Sonderkredit beantragt, der auch gewährt wurde, aber auch er schmolz rasch dahin. Aus diesem Grunde mußten im Februar 1951 die Liberalisierung suspendiert und die Einfuhrausschreibungen eingeschränkt werden. Von der Befürchtung getragen, die inflationistischen Kräfte würden infolge des Ausfalls von Importen zunehmen, wurde den Geschäftsbanken nahegelegt, ihre kurzfristigen Wirtschaftskredite innerhalb von 3 Monaten um 1 Mrd. DM zurückzuführen. Dabei sollte aber die Finanzierung des Exports und der Ernte nicht behindert werden.

Das vorgesehene Ziel konnte dann auch mit einiger Verspätung erreicht werden. Ende Mai waren die rückführungspflichtigen Kredite um 840 Mill. DM gekürzt. Da sich mittlerweile die Koreahausse gebrochen hatte, waren weitere restriktive Maßnahmen nicht mehr erforderlich.

Seitdem ist die Währungspolitik vor Probleme schwerwiegender Art nicht mehr gestellt worden.

Im Laufe der Zeit wurden die Restriktionsmaßnahmen Schritt für Schritt rückgängig gemacht. Ende Mai 1952 wurden die hohen Kosten für kurzfristigen Kredit durch eine Herabsetzung des Diskontsatzes auf 5 % verbilligt. Seit Anfang Januar dieses Jahres liegt er mit 4 % wieder auf dem Vorkoreastand. Dies gilt auch für die Soll- und Habenzinsen des Geldmarktes. Die Spareinlagen verzinsen sich um $1/2$ %, bei einer Kündigungsfrist von einem Jahr und länger um $1/4$ % höher als damals.

Wenn man nach diesem kurzen Rückblick auf die Entwicklung der letzten 5 Jahre die Frage aufwirft, ob die DM stabil geblieben ist, so muß man sie wohl eindeutig mit ja beantworten, wenngleich zwischenzeitlich nicht unerhebliche Preisschwankungen eingetreten sind. Im ganzen gesehen, hat sie aber sowohl den Ansturm der Kopfbeträge, die Abwertungswelle der westlichen Währungen im Herbst 1949 als auch den Koreaboom und dessen Folgen gut überstanden.

Dies sei an einem kleinen — wenn auch etwas fiktiven — Beispiel gezeigt. Jemand, der sich am 20. Juni 1948 entschlossen hätte, seinen Kopfbetrag von 40 Mark aufzubewahren, würde, wenn er ihn heute für seine Lebenshaltung verwendet, zwar ein Zehntel weniger dafür kaufen können; es fragt sich aber sehr, ob man nicht gerechterweise die statistisch nicht erfaßbare Qualitätsverbesserung heutiger Waren gegenüber solchen im Juni 1948 mit mehr als 10 vH bewerten müßte.

Auch außenwirtschaftlich gesehen hat die Deutsche Mark die letzten 5 Jahre gut überstanden. Sie ist im Laufe der Zeit fast eine „harte" Währung geworden. Dies geht auch aus der Kursentwicklung der DM in Zürich hervor.

DM - Kurse in Zürich
sfrs je 100 DM

Kurse	20.8.48	31.12.48	31.12.49	31.12.50	31.12.51	31.12.52
Freier Banknotenkurs	27,—	22,50	74.50	77,75	85,—	91,25
Offizielle Parität ...	129,30	129,15	104,12	104,12	104,12	104,12

III. Wiederaufbau im Zeichen fehlender Kapitalmarktmittel

Ein Rückblick über das Geldwesen der Bundesrepublik wäre unvollständig, wenn er an dem immer wieder zitierten und bis heute nicht gelösten Problem der Geldkapitalbildung vorbeiginge. Es sollen deshalb nun die einzelnen Arten der Spartätigkeit dargestellt werden, wobei versucht werden soll, die Kapitalbildung der breiten Volksschichten und die im Unternehmerbereich einigermaßen zu trennen.

Das Sparen der breiten Volksschichten

Der Blick fällt dabei auf den — sieht man von den ersten Monaten nach der Reform ab — über Erwarten großen Konsumverzicht der breiten Volksschichten in den letzten Jahren, den der Gesetzgeber allerdings auch durch steuerliche Maßnahmen zu stärken versuchte. Er führte weit-

gehende Steuervergünstigungen für sogenannte Kapitalansammlungsverträge ein, die beim Kontensparen und Ersterwerb bestimmter festverzinslicher Wertpapiere, z. B. von Pfandbriefen, in Anspruch genommen werden können, falls der Sparer sein Geld drei Jahre lang festlegt. Obwohl von diesen Vergünstigungen erst seit einiger Zeit nennenswert Gebrauch gemacht wird, hat die Spartätigkeit schon Anfang 1949 wieder eingesetzt und bis zum Ausbruch des Koreakrieges kräftig zugenommen. Allein auf den Sparkonten, bei Bausparkassen und Lebensversicherungen kamen Sparkapitalbeträge zusammen, die im ersten Halbjahr 1950 reichlich 6 vH der Nettomasseneinkommen ausmachten. Diese Ersparnis stammte zum größten Teil aus den Einkommen von Nichtunternehmern und muß höher bewertet werden als die

Sparquote, die zwei Jahre nach der Geldwertstabilisierung von 1923 erreicht war, auch wenn sie damals größer gewesen sein sollte. Nach dem ersten Weltkrieg war die Sparfähigkeit nämlich längst nicht so herabgedrückt wie nach dem zweiten. Dieser brachte einen viel größeren Nachholbedarf mit sich. Hinzu kamen der rigorose Kapitalschnitt, die Nivellierung der Einkommen und die vielfach erheblichen Unterstützungen verarmter Angehöriger. Schließlich wird heute wahrscheinlich auch noch mit bedeutenden Einkommensteilen in Form der Baukostenzuschüsse gespart. Man wird sich deshalb nicht zu wundern brauchen, wenn die Masseneinkommen nicht auch noch zur Unterbringung von Wertpapieremissionen beigetragen haben. Dies wird auch aus der Größengliederung der Sparkonten erklärlich. Ende 1951 standen fast zwei Fünftel der gesamten Spareinlagen auf Konten, von denen keines 1000 DM groß war. Ein weiteres Viertel fiel auf Einlagen zwischen 1000 DM und 3000 DM. Nur 1 vH der Konteninhaber verfügte über größere Guthaben. Hieraus wird ersichtlich, wie wenig Kontensparer ihrer Kapitalkraft nach bisher für den Wertpapierkauf in Frage kamen.

Die Sparkapitalbildung aus Löhnen und Gehältern hatte während der Angstkäufe nach Ausbruch des Koreakrieges erklärlicherweise stark nachgelassen. Der Rückgang erstreckte sich aber fast nur auf das Kontensparen und machte sich auch hierbei erstaunlicherweise fast nur durch einen Rückgang der Einzahlungen und kaum durch erhöhte Auszahlungen bemerkbar. Nachdem im ersten Vierteljahr 1951 geringfügig Auszahlungsüberschüsse entstanden waren, setzte wieder eine Gegenbewegung ein, die von Mitte 1952 an so kräftig wurde, daß der pro-Kopf-Vergleich mit der Vorkriegszeit sich geradezu aufdrängt. Je Einwohner wurden z. B. im Jahre 1952 50 DM gespart, was dem gleichen Einkommensteil entspricht, wie ihn die Spartätigkeit im Jahre 1938 aufwies.

Spartätigkeit in der Unternehmersphäre

Die Einkommen-Verwendung der Unternehmer hat zum Teil einen anderen Charakter als die der Arbeiter und Angestellten. Sie erfolgt oft in Form der direkten Investition im eigenen Betrieb oder durch finanzielle Beteiligung.

Der Wille, die durch Krieg und Kriegsfolgen zerstörten Produktionsanlagen so rasch wie möglich wieder aufzubauen und sie dann in dem Maße zu vergrößern und zu verbessern, wie Bevölkerungsvermehrung, Aufnahmekapazität der Weltmärkte und technischer Fortschritt lohnend erscheinen ließen, war in Westdeutschland in nahezu allen Unternehmungen sehr intensiv. Solange die Erfolgschancen allenthalben anhielten oder auch nur als vorhanden angesehen wurden, konnte eine Geldkapitalbildung aus Gewinnen, das heißt ein Verzicht auf die eigene Erstellung von Produktionsanlagen, kaum eintreten.

Soweit in der Wirtschaft auch aus Gewinnen Geldkapital gebildet wurde, geschah es im wesentlichen in Formen, die steuerlich begünstigt sind. Dies gilt vor allem für die — nach §§ 7 c und d des Einkommensteuergesetzes — dem sozialen Woh-

nungsbau und dem Schiffbau gewährten *unverzinslichen Darlehen.* Über ihre Größe liegen lediglich Schätzungen vor. Die 7 c-Gelder sollen im Jahre 1952 etwa 1 Mrd. DM, die 7 d-Gelder 300 Mill. DM betragen haben. Auch die langfristigen Termindepositen der Banken sind, mit gewissen Vorbehalten, zur Geldkapitalbildung der Unternehmer zu rechnen. Schließlich ist auf die *Investitionshilfemittel* hinzuweisen. Sie verdanken ihre Entstehung einem Entschluß der Wirtschaft, die im Koreaboom in den Grundstoffbereichen entstandenen Engpässe durch Mitfinanzierung der dringlichsten Investitionen aufzubrechen. Diese Selbsthilfeaktion machte eine staatliche Umlenkung von Gewinnen unnötig, mußte jedoch ihrer weitreichenden Folgen wegen gesetzlich fundiert werden. Insgesamt sollten vom Frühjahr 1952 an in 4 Raten bis April dieses Jahres 1 Mrd. DM aufgebracht werden. Da erhebliche Beträge gestundet wurden, sind bis Anfang 1953 nur gut 500 Mill. DM beim Industriekreditbank-Sondervermögen eingegangen. Die Aufbringung ist in dem Maße schwerer und die Verteilung weniger dringlich geworden, wie sich die Gewinnbildung außerhalb der Grundstoffindustrie verringerte und die Rentabilität der Grundstoffproduktion durch Preiserhöhungen besser wurde.

Zu einer Investitionsfinanzierung besonderer Art verhalf die *Auslandshilfe.* Da diese Einfuhr keine unmittelbaren Devisenverpflichtungen mit sich brachte, waren die von den Importeuren zu zahlenden DM-Beträge zur Gutschrift auf Sonderkonten des Bundes verfügbar. Über die Bedeutung dieser Beträge, die hauptsächlich für Investitionen der Grundstoffindustrien verwendet wurden, unterrichtet das Schaubild. Obwohl die kommerzielle Auslandshilfe praktisch eingestellt worden ist, werden aus dem noch vorhandenen Bestand an Gegenwertmitteln in diesem Jahr Investitionen finanzierbar sein, die den Vorjahresumfang kaum unterschreiten dürften.

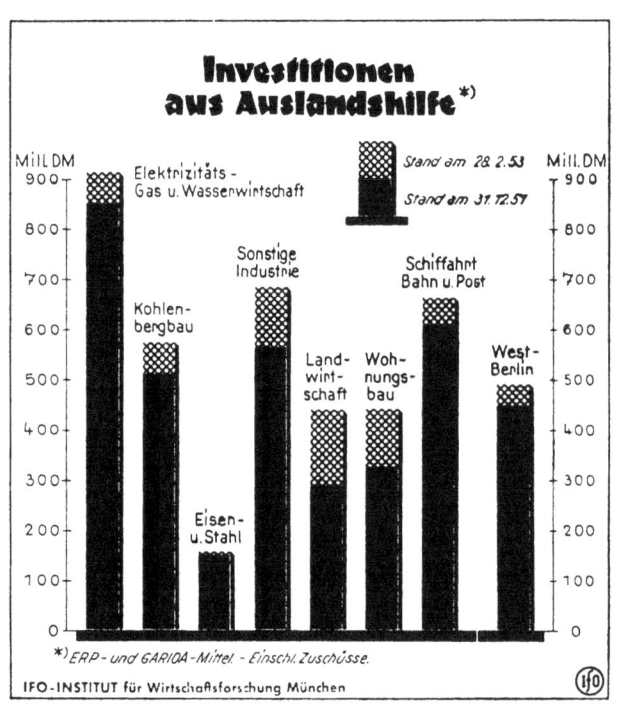

Die aus der Geldkapitalbildung fließenden Investitionsmittel haben im zweiten Halbjahr 1952 so zugenommen, daß ihr Anteil erstmals größer war als der der öffentlichen Haushaltsmittel. Dabei sind nur Beträge in der Übersicht vorgeführt, die — soweit erkennbar — in dieser Zeit wirklich verwendet wurden. Die Geldkapitalbildung war tatsächlich somit noch größer. Dies gilt u. a. für den Wertpapierabsatz. Hiervon wurden im zweiten Halbjahr 1952 937 Mill. DM, darunter 751 Mill. DM festverzinsliche, abgesetzt. In die Position „Wertpapiere" der Finanzierungstabelle wurden die von der öffentlichen Hand und den Versicherungen aufgenommenen Pfandbriefemissionen nicht aufgenommen, sondern der Investitionsfinanzierung dieser Stellen zugerechnet.

Obwohl der Wertpapierabsatz nicht mehr einen so geringen Platz innerhalb der Geldkapitalbildung einnimmt wie noch vor einem Jahr, ist ein eigentlicher Kapitalmarkt erst in Ansätzen vorhanden. Das im Dezember erlassene „Erste Gesetz zur Förderung des Kapitalmarktes" hat bisher im wesentlichen nur die Unterbringung öffentlicher Anleihen belebt. Die vom Bund aufgelegte Anleihe war Mitte Januar 1953 mit 500 Mill. DM voll abgesetzt, wobei das Bankenkonsortium die von ihm übernommene Quote (400 Mill. DM) zum Teil weitergeben konnte. Dieser Erfolg trat hauptsächlich deshalb ein, weil das Kapitalmarktförderungsgesetz öffentliche Anleihen mit besonderen steuerlichen Vorteilen ausstattete. Ihre Zinserträge sind wie die der „Sozial"-Pfandbriefe und Kommunalobligationen steuerfrei. Die Erträge von Industrieobligationen unterliegen einer Kapitalertragsteuer von 30 vH bzw. 60 vH. Was aber am schwersten wiegt, ist die Diffamierung der Aktienemissionen durch die den Ertrag belastende hohe Körperschaftsteuer und die unveränderte Besteuerung der Dividenden. Erleichterungen sind auch hier dadurch vorgesehen, daß die Körperschaftsteuer für den ausgeschütteten Gewinn von 60 auf 30 vH gesenkt werden soll.

Die Finanzierung der Netto-Anlageinvestitionen[1]

Finanzierungsquelle	Mill. DM				vH			
	1950	1951	1952 I	1952 II	1950	1951	1952 I.	1952 II.
1. Öffentl. Haushaltsmittel	2 910	4 280	2 355	2 800	24,7	27,9	31,2	30,8
2. Kapitalmarktmittel aus Inlandsquellen ..	2 593	3 246	1 331	2 984	22,0	21,1	17,7	32,8
a) aus Bankmitteln stammende langfristige Kredite	1 214	1 224	262	1 342	10,3	7,9	3,5	14,7
b) Kredite im Rahmen der Investitionshilfe	—	80	27	289	—	0,5	0,3	3,2
c) Ausleihung. bzw. Baugeldzuteilungen d. Bausparkassen	475	368	216	236	4,0	2,4	2,9	2,6
d) Wertpapierabsatz[2]	180	324	155	482	1,6	2,1	2,1	5,5
e) Kapitalanlag. der Lebens- und Sachversicherungen	414	568	311	360	3,5	3,7	4,1	4,0
f) Kapitalanlagen der Sozialversicherungen u. d. Arbeitslosenversicherungen	310	685	360	275	2,6	4,5	4,8	3,0
3. Weitergeleitete Gegenwertmitt.	1 771	820	252	296	15,0	5,3	3,3	3,2
Summe 1—3 ..	7 274	8 346	3 938	6 080	61,7	54,3	52,2	66,8
4. Vorfinanzierung d. Zentralbanksystems	586	144	—	—	4,9	0,9	—	—
5. Restposten (als Saldo errechnet)	3 940	6 885	3 612	3 020	33,4	44,8	47,8	33,2
Netto-Anlageinvestitionen ..	11 800	15 375	7 550	9 100	100,0	100,0	100,0	100,0

[1] Die einzelnen Finanzierungsströme sind den Stellen angerechnet, bei denen sie entstehen, und nicht jenen, die sie verteilen. Dies gilt insbesondere für die öffentlichen Mittel, die den Banken zweckgebunden zur Investitionsfinanzierung überstellt werden.

[2] Zur Vermeidung von Doppelzählungen ohne Unterbringung bei öffentlichen Haushalten und bei Versicherungen.

Deutschlands Rückkehr zu den Weltmärkten

Die beiden Weltkriege haben Probleme hinterlassen, die von der wirtschaftenden Menschheit einen weiten Horizont verlangen. Sie erfordern, daß über den nationalen Egoismus hinweg das gemeinschaftliche weltwirtschaftliche Interesse gesehen und in den Vordergrund gerückt wird. So stand nach dem Zusammenbruch die Beseitigung des Trümmerhaufens Mitteleuropa und der Neuaufbau des europäischen Handels als eine gewaltige Aufgabe da. Die andere Aufgabe war nicht minder dringend. Es handelte sich um das seit dem ersten Weltkrieg bereits überständige Problem des Festhaltens der Vereinigten Staaten von Amerika an ihrem Exportüberschuß trotz ihrer Stellung als Gläubigernation der Welt.

Die europäische Aufgabe konnte, so darf man heute rückblickend feststellen, weit vorangetrieben werden, weil die Vereinigten Staaten von Amerika durch das Mittel der Dollarhilfe auf die europäischen Länder im Sinne gemeinsamer Wirtschaft eingewirkt haben und weil andererseits auch bei den Ländern selbst — man denke nur an die Montanunion — ein gewisses Bedürfnis nach wirtschaftlichem Zusammenschluß bestand. Ungelöst dagegen ist bis heute das Dollarproblem geblieben, das nur durch strukturelle weltwirtschaftliche Wandlungen in Richtung auf ein Defizit in der amerikanischen Leistungsbilanz bewältigt werden könnte.

Die Wiedereingliederung seit 1948

Das Streben nach gemeinsamen Zielen, man könnte auch sagen, der Altruismus in der Wirtschaft, ist nicht eine moralische Angelegenheit, sondern eine Sache der wirtschaftlichen Vernunft. Vor dem Kriege war das Deutsche Reich für 23 europäische Länder, von denen inzwischen verschiedene ihre politische Selbständigkeit aufgeben mußten, der beste oder doch der zweitbeste Handelspartner gewesen, sowohl als Kunde als auch als Lieferant. Wenn man nach dem Kriege die außerdeutschen Länder Europas wieder aufbauen wollte, dann mußte es hiernach nützlich sein, die wirtschaftliche Potenz Deutschlands wiederherzustellen. Dieser Gedanke vertrug sich schlecht mit den Gefühlen, die die Völker nach dem soeben erst beendeten Kriege zueinander hegten. Und in der Tat hat es die wirtschaftliche Vernunft nicht immer leicht gehabt, sich gegenüber den politischen Animositäten durchzusetzen, bis ihr auch die politische Vernunft mehr und mehr zu Hilfe kam.

Die ersten Nachkriegsjahre Westdeutschlands sind in ein handelsstatistisches Dunkel gehüllt, das durch die Aufzeichnungen der Joint Export Import Agency (JEIA), die den westdeutschen Außenhandel besorgte, nur recht unvollkommen aufgeklärt wird. Immerhin, Größenordnungen lassen sich aus diesen Zahlen, so dubios sie sein mögen, doch erkennen. Im Jahre 1947 hatte danach die Einfuhr der britischen und amerikanischen Zone zusammen einen Wert von 726 Mill. $; das waren fast ausschließlich Nahrungsmittel und landwirtschaftliche Produkte. Wie gering dieses Einfuhrvolumen war, wird durch einen Vergleich mit den westdeutschen Importen des Jahres 1952 deutlich, die fünfmal so groß waren. Ausgeführt wurden im Jahre 1947 für 200 Mill. $, und das waren zu mehr als 80 vH Kohle, Holz und Schrott.

Wir brauchen uns bei diesen Daten nicht aufzuhalten. Sie stellen dar, was man damals in Deutschland Außenhandel nennen mußte, und sie können höchstens ein Schlaglicht von unserer beinahe hoffnungslosen Lage vermitteln. Aber sie lassen auch die Wende, die im folgenden Jahr 1948 mit dem Beginn des Marshall-Plans eintrat, in einem besonders grellen Licht erscheinen.

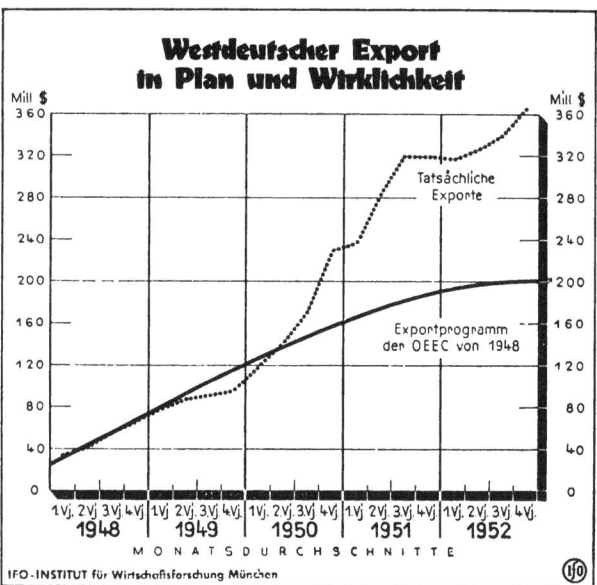

Westdeutscher Export in Plan und Wirklichkeit

Tatsächliche Exporte

Exportprogramm der OEEC von 1948

1Vj. 2Vj. 3Vj. 4Vj. 1948 1Vj. 2Vj. 3Vj. 4Vj. 1949 1Vj. 2Vj. 3Vj. 4Vj. 1950 1Vj. 2Vj. 3Vj. 4Vj. 1951 1Vj. 2Vj. 3Vj. 4Vj. 1952

MONATSDURCHSCHNITTE

IFO-INSTITUT für Wirtschaftsforschung München

Vier Etappen im Aufbau des westdeutschen Außenhandels, der mit der Sanierung des Handels der anderen europäischen Länder aufs engste verknüpft ist, lassen sich unterscheiden:

1. Die Einbeziehung in den Marshall-Plan und die Währungsreform im Jahre 1948.

2. Die Auflösung der JEIA, die Handelsabkommen der Bundesrepublik, sowie der Beginn der Liberalisierungspolitik im Jahre 1949.

3. Die Gründung der Europäischen Zahlungsunion und der Ausbruch des Korea-Konfliktes im Jahre 1950.

4. Das Abklingen der Korea-Konjunktur in den Jahren 1951/52.

Andere Ereignisse der letzten Jahre haben zwar weniger epochemachend gewirkt, aber ihr Einfluß auf die Stellung der Bundesrepublik im internationalen Wirtschaftsverkehr war darum doch nicht von geringerem Gewicht.

Hierzu zählt die Aufnahme der Bundesrepublik in verschiedene internationale Gremien. Im Jahre 1950 wurde sie in das Internationale Weizenabkommen eingeschlossen, das ihr den Genuß des ermäßigten Vertragspreises einbrachte. Im Jahre 1951 erfolgte nach der Teilnahme an der Konferenz von Torquay ihre Aufnahme in das General Agreement on Tariffs and Trade (GATT), das die Aufgabe hat, dem Abbau der Zollmauern und der internationalen Ein- und Ausfuhrbeschränkungen zu dienen. Dieses Abkommen, das im Jahre 1947 ursprünglich nur die Zeitspanne bis zur Aufnahme einer Welthandelscharta überbrücken sollte, hat, da die Charta nicht ratifiziert wurde, größere Bedeutung erlangt als geplant war. Schließlich ist die Bundesrepublik im Jahre 1952 Mitglied der Bretton-Woods-Organisationen geworden (Internationaler Währungsfonds und Weltbank), wodurch ihr Kreditmöglichkeiten zur Hebung des Außenhandels geöffnet worden sind und wodurch die D-Mark offiziell Anerkennung als internationale Währung erlangt hat.

Den stärksten Einschlag in der Nachkriegsentwicklung Westdeutschands hat das Jahr 1948 gebracht. Man wird die Wirkung des damals begonnenen Marshall-Plans so leicht nicht überschätzen können. Das muß betont werden, da diese Bedeutung, die wir hier meinen, gar nicht mit Zahlen gemessen werden kann. Das, was wir wirtschaftliches Verhalten zu nennen pflegen, spielt sich ausschließlich in einer gewissen Bandbreite ab, die nicht zu nahe an die physische Not einerseits und an den Überfluß andererseits grenzen darf. Erst wenn das physische Bedürfnis nicht mehr nach unmittelbarer Befriedigung drängt, ist die Masse der Verbraucherschaft imstande, sich im üblichen Sinne ökonomisch zu verhalten, sich nach Preisen zu richten, zu sparen und für die Zukunft zu sorgen. Die Lieferungen des Marshall-Plans haben die Not, die bis dahin so gut wie allgemein in Deutschland war, in ihrer ärgsten Form beseitigt und der eben gekennzeichneten wirtschaftlichen Basis die erforderliche Breite gegeben. Auf dem Zufluß von Nahrungsmitteln und Rohstoffen war eine Gesundung der Währung, eine Lockerung der staatlichen Bewirtschaftung, eine freiere Preisgestaltung überhaupt erst möglich. Vor allem aber war der Marshall-Plan der Ausdruck dafür, daß die Alliierten eine Aufwärtsentwicklung Deutschlands, eine bessere Versorgung mit Nahrungsmitteln und auch mit Rohstoffen überhaupt wieder zulassen wollten.

Das war gar nicht so selbstverständlich, denn einen beträchtlichen Teil der belebenden Wirkung des Marshall-Plans hat die Besatzungspolitik durch Festhalten an den Demontagen und an zahlreichen industriellen Produktionsverboten wieder aufgehoben. Auch die Politik der JEIA, die als Überwachungsorgan der amerikanischen und britischen Militärregierung für den deutschen Außenhandel gegründet worden war und ihre Tätigkeit am 1. Januar 1947 begonnen hatte, wirkte hemmend. Individualexporte, das sind Ausfuhrgeschäfte, die der deutsche Exporteur für eigene Rechnung mit dem ausländischen Importeur abschließt und bei denen er selbst Warenqualität und Preis bestimmen kann, blieben bis Ende November 1948 verboten. Die JEIA hatte auch die Dollarklausel vorgeschrieben, die Verpflichtung nämlich, Waren- und Dienstleistungen nur in Dollarwährung zu fakturieren. Auch das bedeutete im Verkehr mit Ländern „weicher" Währung eine Beeinträchtigung. Nur für Rohstoffe aus Deutschland bestand trotzdem sehr reges Interesse; noch im Jahre 1949 z. B. war der westdeutsche Export nach Großbritannien zu rund 40 vH Eisenschrott und Schnittholz und nach Frankreich zu 90 vH Steinkohle und Koks.

Im Herbst 1949 erhielt der westdeutsche Außenhandel Aufmunterungen von verschiedenen Seiten. Da war zunächst die Gründung der Bundesrepublik selbst, die ab 15. Oktober 1949 die Übertragung wichtiger Funktionen, die bisher von der JEIA wahrgenommen waren, auf Regierungsstellen zur Folge hatte. Dabei stand der Abschluß zahlreicher Handelsabkommen im Vordergrund, denen sich Verrechnungsabkommen im Zahlungsverkehr anschlossen. Die allgemeine Abwertung der europäischen Währungen gegenüber dem Dollar, die im September 1949 durch die Pfundabwertung in Gang kam, führte auch für Westdeutschland zu einem angemesseneren Kursverhältnis zum Dollar und mag im Dollarraum eine leichtere Verkäuflichkeit deutscher Waren ermöglicht haben. Bedeutungsvoll war außerdem die damals beginnende Liberalisierungspolitik der OEEC-Länder, die Westdeutschland durch Abschluß liberaler Handelsverträge noch unterstrich.

Die in den Wintermonaten 1949/50 folgende Ausweitung der westdeutschen Einfuhr, die sowohl im Inland als im Ausland lebhafte Kritik hervorrief, blieb aber nur von kurzer Dauer. Sie machte im weiteren Verlauf des ersten Halbjahrs 1950 einer Kontraktion Platz, die allerdings nur Nahrungsgüter, nicht aber Rohstoffe betraf. Ob auch der Export jener Zeit von der Liberalisierungspolitik profitiert hat, ist nicht ohne weiteres zu erkennen. Vielmehr war die westdeutsche Ausfuhrkurve mit einer Stetigkeit aufwärts gerichtet, die von Sondereinflüssen unbeirrt blieb. Sie stellt einfach die schrittweise und beharrliche Rückkehr dar zu den durch den Krieg und seine Folgen vorübergehend unterbrochenen Geschäftsbeziehungen.

Die Erschütterungen, in die die Weltwirtschaft durch den Krieg in Korea um die Jahresmitte 1950 geriet, waren im westdeutschen Außenhandel besonders intensiv wahrzunehmen. Sie wirkten auf dem allgemeinen Wege zur Konsolidierung zunächst überaus störend, wenngleich sie das Exportvolumen der Industrieländer bald stark erweitert haben. In Westdeutschland hatten die Einfuhren schon in den Herbstmonaten jenes Jahres sprunghaft zugenommen, als andere Länder wie Großbritannien und Frankreich den Einfuhrsog noch nicht zu spüren schienen und ihm erst zu Beginn des neuen Jahres verfielen. Die Bundesrepublik geriet in einen erhöhten Einfuhrüberschuß und war darauf angewiesen, ihre Kreditquote in der neugegründeten Europäischen Zahlungsunion dafür in Anspruch zu nehmen, die sich, wie vorauszusehen war, mit 320 Mill. Dollar bald als viel zu niedrig erwies. Die Exportsteigerung Westdeutschlands war zunächst nicht in demselben Umfang möglich wie die Zunahme der Einfuhren, die zum großen Teil auf die Preiserhöhungen zurückzuführen war. Nachdem auch ein Sonderkredit von 120 Mill. $ in sehr kurzer Zeit ausgegeben worden war, mußte die Bundesrepublik im Februar 1951 die Liberalisierung aussetzen, denn ein weiteres Abgleiten auf dieser abschüssigen Bahn war zu befürchten.

Es kam aber anders. Die Preise auf den Rohwarenmärkten hatten gerade damals nach der steilsten Hausse des Jahrhunderts den höchsten Stand überschritten, ein wichtiger Antrieb zur Lageranreicherung durch Einfuhr war fortgefallen. Andererseits hatten die Rohstoffländer infolge der ausgezeichneten Konjunkturlage für ihre Produkte eine stark gestiegene Kaufkraft gewonnen, die dem europäischen Industriewarenexport zugute kam. Wichtige westeuropäische Länder wie Frankreich, Großbritannien und Belgien mit ihrem überseeischen Anhang hatten hohe Aktivsalden in der Europäischen Zahlungsunion und blieben aufnahmefähig für westdeutsche Waren, zumal durch die Rüstungskonjunktur in der westlichen Welt die Einfuhr deutscher Maschinen, insbesondere von Werkzeugmaschinen, von gewalztem Stahl, von elektrotechnischen, feinmechanischen und anderen Produkten der Metallverarbeitung interessant blieb.

Die Exporterfolge

In den Jahren seit 1948 hat sich der Export der Bundesrepublik vervielfacht. Dieses ungewöhnliche Ergebnis ist den anderen Ländern versagt geblieben.

Ausfuhrvolumen Großbritanniens, Frankreichs und Westdeutschlands
1948 = 100

Jahr	Großbritannien	Frankreich	Westdeutschland
1949	109	147	188
1950	128	200	435
1951	131	237	622
1952	120	208	670

Quelle: Bulletins statistiques de l'OEEC, Serie I 1937 bis 1951, S. 20.

Wenn man sich allerdings vor Augen hält, von was für einem niedrigen Stande des westdeutschen Außenhandels bei diesem Vergleich ausgegangen wird, ist man davor geschützt, allzusehr der Suggestion der Zahl zu erliegen. Die beiden Vergleichsländer hatten ihren Außenhandel nämlich schon in den ersten Nachkriegsjahren und zwar unter bedeutenden Opfern wieder aufgebaut. Großbritannien exportierte bei starker Drosselung seiner Einfuhr, die um ein Viertel kleiner war als vor dem Kriege, auf Grund zielbewußter Austerity-Politik schon im Jahre 1948 um rund ein Viertel mehr als im Jahre 1938, ja es hatte damit beinahe den Stand des Rekordjahres 1929 schon erreicht. Frankreich lag mit seinem Export- und Importvolumen im Jahre 1948 auch schon auf dem Niveau der unmittelbaren Vorkriegszeit. Der Wiederaufbau des Außenhandels dieser beiden Länder war also bereits damals vollzogen, als Westdeutschland sozusagen erst wieder von vorn anfangen mußte. Darum gibt es ein ganz unzutreffendes Bild von der Wirklichkeit, wenn man immer nur die wenigen Jahre betrachtet, in denen der westdeutsche Außenhandel endlich zum Zuge kam. Selbstverständlich ging es mit der Zunahme des britischen und des französischen Exports jetzt langsamer. Aber der britische Export war dennoch im Jahre 1951 bereits um ungefähr zwei Drittel größer als im Jahre 1938 und um 10—20 vH höher als im Jahre 1929. Die französische Ausfuhr hatte sich gleichzeitig gegenüber 1938 verdoppelt und auch gegenüber 1929 nennenswert erweitert. Und die Bundesrepublik? Sie hatte im Jahre 1951 noch nicht einmal das Exportvolumen des Deutschen Reiches[1] von 1936 erreicht, von dessen weit höherer Ausfuhrleistung im Jahre 1929 ganz zu schweigen.

Das Nachlassen der Koreakonjunktur in den Jahren 1951 und 1952 hat den internationalen Handel im allgemeinen recht beachtlich gehemmt. Der Export der meisten Industrieländer ging im zweiten Halbjahr 1952 zurück, auch der britische und der französische, weit mehr allerdings der belgische (um 16 vH) und der schwedische (sogar um 26 vH gegenüber dem zweiten Halbjahr 1951). Der deutsche Export dagegen hat insgesamt bis zum Jahresende keine Einbußen gezeigt. Allerdings ist er längst nicht mehr in dem bisherigen Tempo gestiegen.

Westdeutscher Außenhandel nach Halbjahren
in Mrd. DM

Zeit	Einfuhr	Ausfuhr	Saldo
1950 1. Halbjahr	4,7	3,3	— 1,4
2. Halbjahr	6,7	5,1	— 1,6
1951 1. Halbjahr	6,9	6,5	— 0,4
2. Halbjahr	7,8	8,1	+ 0,3
1952 1. Halbjahr	7,9	8,1	+ 0,2
2. Halbjahr	8,3	8,9	+ 0,6

Deutschlands außenwirtschaftlicher Aufbau ist noch nicht abgeschlossen. Mit dieser Feststellung soll die deutsche Außenhandelsleistung der letzten Jahre selbstverständlich nicht geschmälert werden. Dazu ist sie wenige Jahre nach dem vollkommenen politischen Zusammenbruch viel zu eindrucksvoll. Was den westdeutschen Außenhandel auszeichnet, ist aber weniger seine absolute Höhe als der Ausfuhrüberschuß, mit dem Westdeutschland im Jahre 1952 unter den OEEC-Ländern allein stand und

---

[1] Zur Frage der Vergleichbarkeit des Außenhandels verschiedener Länder siehe die Ausführungen im letzten Abschnitt dieses Kapitels, S. 28 ff,

der doch — neben der Dollarhilfe und gewissen Aktivposten der Dienstleistungsbilanz — die Basis für die günstige Devisenbilanz bildet. Mitte April 1953 verfügte die Bank Deutscher Länder über einen Gold- und Devisenbestand von 5,3 Mrd. DM (1,3 Mrd. $). Mehr als die Hälfte dieses Betrages bestand aus Gold und freien Dollar. Die Anreicherung des Devisenbetrages erfolgte ausschließlich in den beiden letzten Jahren, nachdem die durch den Koreakrieg und die Rüstung ausgelöste hemmungslose Rohstoffkonjunktur ihren Kulminationspunkt überschritten hatte. Allein im Lauf des Jahres 1952 betrug die Netto-Devisenzahlung an die Bank Deutscher Länder 3,3 Mrd. DM (0,8 Mrd. $) und von diesen wiederum war reichlich 1 Mrd. DM (0,25 Mrd. $) Gold und freie Dollardevisen. Man hat das derzeitige Devisenpolster, wobei man nur die konvertierbaren Devisen rechnet, auch heute noch für viel zu niedrig angesehen, weil es nur ungefähr einer Zweimonats-Einfuhr entspricht. Das geschieht mit einem gewissen Recht, da die Devisenreserven in normalen Zeiten reichlicher zu sein pflegen und auch in anderen Ländern das Devisenpolster größer ist. Aber es ist doch die Tatsache zu beachten, daß zur Deckung der Einfuhr nur in geringem Maße Dollar benötigt werden und daß mindestens der der Europäischen Zahlungsunion gewährte Kredit als weitgehend konvertierbare Devise anzusprechen ist. Dieser belief sich Ende April 1953 auf 292 Mill. $ oder 1,2 Mrd. DM. Auch das ist eine stark ins Gewicht fallende Leistung der westdeutschen Außenwirtschaft, daß die Bundesrepublik unter allen Teilnehmern der Europäischen Zahlungsunion über den höchsten kumulativen Aktivsaldo verfügt, während gerade unsere beiden kräftigsten Handelspartner in der Europäischen Zahlungsunion Großbritannien und Frankreich die größten Schuldsalden aufweisen.

Kumulative Rechnungsposition wichtiger Länder in der EZU Ende April 1953
Mill. $

Bundesrepublik Deutschland	+ 484	Großbritannien ..	—788
Belgien-Luxemburg	+ 384	Frankreich	—674
Niederlande	+ 372	Türkei	—127
Schweiz	+ 232	Dänemark	— 41
Schweden	+ 190	Norwegen	— 39

Das Dollarproblem

In der Europäischen Zahlungsunion hat die Bundesrepublik von Anfang März 1952 bis Ende April 1953 rund 192 Mill. $ in Gold und freien Dollar erworben, nachdem sie im Laufe des Jahres 1951 rd. 174 Mill. $, die sie zur Abdeckung ihrer Verbindlichkeiten seinerzeit in die EZU hatte einzahlen müssen, zurückerwerben konnte. Diese recht beständig scheinenden Einkünfte an konvertierbaren Devisen zusammen mit der günstigen Entwicklung der Zahlungskonten im Dollarraum haben den Bestrebungen nach Übergang zu einem freieren Devisenverkehr durch Lockerung der Devisenzwangswirtschaft einen starken Impuls verliehen. Die Möglichkeit, zu einer Konvertierbarkeit der Währungen überzugehen, steht und fällt aber mit der Lösung des Dollarproblems. Das **Problem** verdankt seine

Entstehung der Zeit vor 40 Jahren. Damals hörten die Vereinigten Staaten von Amerika auf, Schuldnerland zu sein, das einen Ausfuhrüberschuß brauchte, um Schulden zu tilgen und Zinsen zu zahlen. Als Gläubigerland behielt es den Ausfuhrüberschuß bei und übernahm nicht die Tradition Großbritanniens, das als Gläubigerland durch Freihandel seinen Schuldnern die Chance ausreichenden Warenabsatzes gegeben hatte. England hatte dem Freihandel seine Landwirtschaft geopfert, die Vereinigten Staaten haben einen Wirtschaftszweig, den sie aufgeben könnten, nicht mit dieser Selbstverständlichkeit gefunden. Die Landwirtschaft kam dafür nicht in Betracht. Sie wurde vielmehr noch ausgebaut. Der Grund hierfür ist vom deutschen Standpunkt aus besonders deutlich zu erkennen, weil hier in Europa diese weltwirtschaftliche Strukturwandlung vor sich ging. Vor dem ersten Weltkrieg hatte Deutschland als Land der europäischen Mitte auch wirtschaftlich zwischen den beiden Großgebieten Rußland und USA in einem gewissen Sinne die Waage halten können. Beide Länder liefen sich als wichtigste Lieferanten Deutschlands den Rang ab. Deutschland bezog sein Getreide aus Rußland.

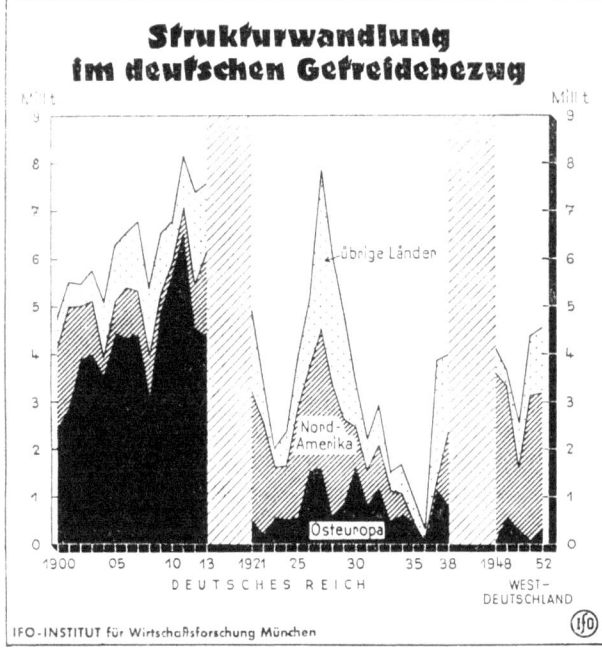

Strukturwandlung im deutschen Getreidebezug

IFO-INSTITUT für Wirtschaftsforschung München

Wie eng die Wirtschaftsbeziehungen zwischen Rußland und Deutschland waren, ergibt sich daraus, daß 30 vH der russischen Gesamtausfuhr nach Deutschland gingen und die Hälfte der russischen Einfuhr aus Deutschland kam. Nun hörte aber nach dem ersten Weltkrieg der russische Getreideexport fast völlig auf. Von der Ausfuhr der Sowjet-Union im Jahre 1929 beispielsweise entfielen nur noch 2 vH auf Getreide, während es im Jahre 1913 noch der dritte Teil der Gesamtausfuhr gewesen war. So ging auch die Bedeutung Rußlands als Warenlieferant Deutschlands sehr stark zurück. Im Jahre 1929 lieferte die Sowjet-Union nur 3 vH der deutschen Einfuhr gegenüber 13 vH vor dem ersten Weltkrieg. Die Vereinigten Staaten von Amerika übernahmen die Rolle Rußlands als Getreidelieferant Deutschlands. Diese Wandlung in unseren

Getreidebezügen im Laufe des letzten halben Jahrhunderts wird durch das Schaubild verdeutlicht.

Eine ähnliche Entwicklung vollzog sich auch in anderen europäischen Getreideimportländern, die sich mehr und mehr auf überseeisches Getreide angewiesen sahen. Dementsprechend weitete Nordamerika seine Getreideanbauflächen aus und erntete in den Jahren 1948—1951 ein Drittel Getreide mehr als in den Jahren 1909—1913, während in den übrigen Getreidegebieten der Welt[1] in derselben Zeit nur eine Steigerung um 7 vH eintrat. Dadurch wurde der Ausfuhrüberschuß der Vereinigten Staaten, der damals gerade abbaureif war, noch mehr gefestigt.

Zwangsläufig war diese Entwicklung nicht. Wie die deutschen Getreideimporte der dreißiger Jahre zeigen, stand für die zusätzliche Getreideversorgung Deutschlands vor allem der europäische Südosten (Rumänien, Ungarn) bis zu einem gewissen Grade zur Verfügung. Mit Ost- und Südosteuropa verband das Deutsche Reich vor dem Kriege ein recht intensiver Außenhandel, der ungefähr 15 vH des deutschen Gesamtaußenhandels ausmachte. Es darf auch daran erinnert werden, daß 1932 die Sowjetunion zu den Hauptabnehmern deutscher Exportwaren zählte und auch vor der Weltwirtschaftskrise jährlich 3 bis 4 vH der deutschen Ausfuhr abgenommen hatte. Die osteuropäische Exportdomäne ist somit für Deutschland doch erst mit dem Niedergehen des sogenannten Eisernen Vorhangs verloren gegangen. Bedeutungsvoll an der Umlagerung der Bezugsquellen Deutschlands aus Osteuropa nach Nordamerika war vor allem, daß für deutsche und andere ausländische Waren sich in den Vereinigten Staaten die Aufnahmebereitschaft nicht erhöhte. Die Vereinigten Staaten haben vielmehr nach dem Kriege (Juli 1945 bis Juni 1952) lieber 35 Mrd. $ an das Ausland für Hilfszwecke hergegeben (davon 25 Mrd. $ als Geschenke und 10 Mrd. $ als Anleihen), ehe sie sich dazu bereitgefunden haben, ihrer Industrie durch Aufnahme ausländischer Erzeugnisse Konkurrenz machen zu lassen. Längst sind einsichtige Wirtschaftspolitiker der USA von der Notwendigkeit des Zollabbaus überzeugt, wie aus vielen Kundgebungen der Regierung, aus Äußerungen von Wirtschaftsführern wie Ford und anderen oft bekundet worden ist. Dennoch ist wenig Aussicht vorhanden, daß in der nächsten Zeit in dieser Richtung ein Wandel eintreten wird. Besonderes Interesse beansprucht eine Empfehlung der internationalen Handelskammer, die sich im Mai dieses Jahres auf ihrer Tagung in Wien mit dem Problem der Konvertierbarkeit der Währungen beschäftigt hat. Der Vorschlag geht dahin, die internationalen Gläubigerländer sollten Zahlungen der Schuldnerstaaten in deren Landeswährung annehmen, und zwar mit der Zweckbestimmung, sie in anderen Ländern wieder zu investieren. Dieser Vorschlag könnte des Rätsels Lösung sein, wenn zu seiner Durchführung nicht auch ein Verständnis notwendig wäre, das bei den entscheidenden politischen Instanzen vorläufig eben doch noch nicht vorhanden ist.

---

[1] Ohne Sowjetunion und China.

Wenn man sich mit dem bisherigen Zustand, in dem der Handel mit dem Dollarraum sich nach der Menge der amtlich zugeteilten Devisen richtet, abfindet — und es wird vorerst kaum etwas anderes übrig bleiben — dann wird man freilich anerkennen müssen, daß vom westdeutschen Standpunkt aus die Dollarlücke nicht als besonders brennende Frage anzusehen ist. Die Dollarlücke hat ja die Eigentümlichkeit, überhaupt erst dadurch zu entstehen, daß sie überbrückt wird, es sei denn, daß man unter diesem Begriff jene Notlage der ersten Nachkriegsjahre versteht, in denen die vorhandene Nahrung in der Welt durch die Food and Agricultural Organisation (FAO) international verteilt werden mußte. Nach heutiger Auffassung aber entspricht sie doch etwa dem Betrage, der seitens der Vereinigten Staaten von Amerika den Partnerländern in Form von Krediten oder Geschenken zur Förderung des Außenhandels oder zur Erhöhung der Verteidigungsfähigkeit gewährt wird. Theoretisch wird ihr Vorhandensein überhaupt bestritten[1].

Zahlungsbilanz Westdeutschlands einschließlich Westberlins mit dem Dollarraum 1949 bis 1951
Mill. $

	1949	1950	1951
Saldo der Waren- und Dienstleistungsbilanz[1]	—948	—273	—310
Auslandshilfe	+923	+479	+428
Gold- und Dollarzahlungen	+ 25	—206	—118

[1] Einschl. privater unentgeltlicher Zuwendungen, nicht erfaßbarer Posten und statistischer Ermittlungsfehler. Quelle: BdL.

Die Zahlungsbilanz der Bundesrepublik gegenüber dem Dollarraum hat seit 1948 ihren Ausgleich vorwiegend durch Mittel der amerikanischen Dollarhilfe gefunden, ja in den Jahren 1950 und 1951 war die Dollarhilfe größer als das Defizit der Waren- und Dienstleistungsbilanz, so daß die Devisenbestände sich erhöhen konnten. Für das Jahr 1952 liegen zwar die Zahlungsbilanzergebnisse noch nicht vor, doch ergaben sich wiederum Überschüsse in der Devisenbilanz. Sie waren einer günstigeren Entwicklung im Waren- und Dienstleistungsverkehr zu verdanken, während die Dollarhilfe mehr und mehr an Bedeutung verloren hat. Es erhöhten sich die Exporte nach dem Dollarraum, die Einfuhren konnten zum Teil mit EZU-Währung bezahlt werden (über Großbritannien), zum Teil konnten sie gegen Kredite der amerikanischen Export-Importbank erfolgen, und schließlich wurden steigende Beträge durch den DM-Umtausch amerikanischer Dienststellen in Deutschland verdient.

Ist der Außenhandel angemessen?

Das Tempo im Wiederaufbau des westdeutschen Außenhandels ist vor allem in unseren Konkurrenzländern mit geteilten Empfindungen beobachtet worden. Dabei wurde nur zu leicht übersehen, daß die Erfolge im Außenhandel dadurch zustande kamen, daß alte Geschäftsbeziehungen wieder aufgenommen wurden, deren Unterbrechung nicht nur von den deutschen Kaufleuten, sondern auch von

[1] Siehe hierzu Prof. Dr. Friedrich Lutz, Trugschluß „Dollarknappheit" in Zeitschrift für das gesamte Kreditwesen, 4. Jg. 1951, Heft 19, S. 462—465.

den ausländischen Partnern Jahre hindurch als eine sehr unangenehme Lücke empfunden worden war. Aber es kam noch hinzu, daß ja nicht der Außenhandel des ehemaligen Deutschen Reiches, sondern der Außenhandel der viel auslandsabhängigeren Bundesrepublik aufzubauen war. Nachdem nun das Wachstum viel langsamer vor sich geht, teilweise sogar schon stockt, darf man fragen, ob jetzt der Außenhandelsstand erreicht ist, der der Bundesrepublik angemessen ist. Diese Frage ist, wenn überhaupt, so doch nur mit sehr viel Einschränkungen zu beantworten.

Wenn wir nach der absoluten Größe des Außenhandels eine Art Rangordnung unter den Handelsländern der Welt aufstellen, so finden wir Westdeutschland — am Wert seiner Einfuhr und seiner Ausfuhr gemessen — an der fünften Stelle.

Außenhandel der fünf wichtigsten Handelsländer im Jahre 1952
Mrd. $

Land	Einfuhr	Ausfuhr
Vereinigte Staaten von Amerika .	11,6[1]	15,2
Großbritannien	9,7	7,5
Kanada	4,1	4,4
Frankreich	4,5	4,0
Bundesrepublik Deutschland	3,9	4,0

[1] Von fob auf cif umgerechnet.

Vor zwei bis drei Jahrzehnten war das Deutsche Reich noch das drittgrößte Welthandelsland hinter Großbritannien und den Vereinigten Staaten. Bevor der erste Weltkrieg ausbrach, hatte es sogar mehr Güter eingeführt als die USA, die heute an der ersten Stelle stehen. Während die Bundesrepublik am Welthandelsumsatz jetzt mit 5 vH beteiligt ist, hatte das Deutsche Reich im Jahre 1929 mit nicht ganz 10 vH und im Jahre 1913 mit 13 vH am Welthandel teilgenommen. Das war aber damals das Deutsche Reich und wir sprechen heute von der Bundesrepublik. Ist bei einer Veränderung des Gebietsumfanges und der Bevölkerungszahl, wie sie durch den Zusammenbruch und die Konstituierung der Bundesrepublik eingetreten ist, ein Vergleich der Außenhandelsergebnisse so unterschiedlicher Länder überhaupt erlaubt?

In der Tat sind wir im Außenhandel auf einem Gebiet, das Vergleiche nur in geringem Maße zuläßt. Unbedenklich erscheint allein der Vergleich verschiedener Länder, soweit er den zeitlichen Verlauf des Außenhandels betrifft. Der Vergleich absoluter und relativer Größen ist dagegen bereits voller Problematik. Daß die Ausfuhr der Vereinigten Staaten von Amerika beispielsweise mehr als dreieinhalbmal so hoch ist wie der Export der Bundesrepublik, erscheint uns in Anbetracht der Größe dieses Gebietes, seiner hohen Bevölkerungszahl und seiner Wirtschaftskraft nicht verwunderlich. Wie aber soll man die Außenhandelszahlen verschieden großer Gebiete behandeln, damit sie vergleichbar werden, damit vor allem Vergleiche mit Überzeugungskraft zustande kommen?

Gebräuchlicherweise bringt man die Außenhandelszahlen dadurch auf eine gemeinsame Basis, daß man sie zur Bevölkerungszahl in Beziehung setzt, also den Außenhandel pro Kopf errechnet. Das Ergebnis dieser Berechnung ist ebenso verblüffend wie unbrauchbar. Es zeigt sich nämlich, daß gerade das Merkmal, das man glaubte ausgeschaltet zu haben, für das Ergebnis der einzelnen Länder bestimmend geblieben ist, nur daß es sich in umgekehrter Richtung zur Geltung bringt: Die Zahl der Bevölkerung. Die nachstehende Tabelle zeigt: Die Vereinigten Staaten, Japan, Frankreich, Italien und die anderen Industrieländer mit absolut großer Bevölkerungszahl haben je Kopf berechnet einen kleinen Außenhandel, während in den kleinen Ländern (unter 15 Mill. Einwohner) auf den Kopf der Bevölkerung viel größere Beträge entfallen.

Außenhandel der wichtigsten Industrieländer im Jahre 1952 je Kopf der Bevölkerung in $

Länder mit mehr als 40 Mill. Einwohnern	Ausfuhr	Einfuhr
Japan	15	24
Italien	29	49
BR Deutschland	80	76
Frankreich	95	107
Vereinigte Staaten von Amerika	97	68
Großbritannien	150	193

Länder mit weniger als 15 Mill. Einwohnern	Ausfuhr	Einfuhr
Kanada	308	285
Belgien-Luxemburg	270	271
Schweiz	228	250
Schweden	219	242
Niederlande	203	216
Dänemark	196	215

Eine einfache Überlegung läßt erkennen, daß dieses Ergebnis zwangsläufig ist. Im Außenhandel haben wir es im wahrsten Sinne des Wortes mit einem Sektor zu tun, also mit einem Ausschnitt aus dem Gesamthandel der Glieder eines Volkes. Freilich ist dieser Handel, der über die politischen Grenzen des Landes geht, von besonderer Art, aber er ist als ein zufälliger Ausschnitt in jedem Land verschieden. Um deutlich zu machen, warum in einem kleinen Land dieser Ausschnitt aus dem Gesamthandel in der Regel größer sein muß als in einem Großstaat, braucht man sich nur das Bild vorzustellen, das der Berechnung pro Kopf zugrunde liegt. Ein Einwohner eines Landes wolle mit 100 Mill. Menschen — wir nehmen an, er könne das — in Handelsbeziehungen treten. Lebt dieser Einwohner in den Vereinigten Staaten von Amerika, dann braucht er sich nur an Inländer zu wenden; lebt er aber in der Schweiz, dann kann er gar nicht anders, als mindestens 95 Mill. Handelspartner im Ausland zu suchen, denn in der Schweiz stehen ihm nur 5 Mill. Menschen dafür zur Verfügung. Ganz folgerichtig errechnet sich für die Gesamtheit der OEEC-Länder, die 280 Mill. Einwohner zählen, sogar eine geringere Einfuhr pro Kopf der Bevölkerung als für die Vereinigten Staaten von Amerika mit ihren 160 Millionen. Der auf den Kopf berechnete Außenhandel muß also zwangsläufig in einem kleineren Land eine größere Bedeutung haben, weil hier schon Außenhandel ist,

was in einem Großgebiet Binnenhandel heißt. Das Bild der beiden Ländergruppen wird nicht erheblich verändert, wenn man statt der Berechnung pro Kopf den Außenhandel zum Sozialprodukt in Beziehung setzt.

Da somit die Bevölkerungszahl eines Landes das entscheidende Wort bei der relativen — also auf den Kopf der Bevölkerung oder auf das Sozialprodukt bezogenen — Höhe des Außenhandels zu sprechen hat, kann ein sinnvoller Vergleich der Daten im Außenhandel — nicht etwa auch des zeitlichen Verlaufs — grundsätzlich nur unter Ländern erfolgen, die ungefähr gleiche Bevölkerungszahlen haben. Für die Bundesrepublik Deutschland kommen als derartige Vergleichsländer nur noch Großbritannien und allenfalls Frankreich und Italien in Betracht. Großbritannien und Frankreich sind uns, wie aus der vorangegangenen Tabelle ersichtlich, im Export weit überlegen. Daß Italien hinter Westdeutschland rangiert, hat einen anderen Grund. Denn die wirtschaftliche Struktur eines Landes ist für das Außenhandelsvolumen nicht weniger ausschlaggebend. Sie wirkt auf die Einfuhr, wenn z. B. die Bevölkerungsdichte die Deckung eines Teiles des Nahrungsbedarfs im Ausland erfordert, und sie beeinflußt die Ausfuhr, wenn die Wirtschaft des Landes sich in der Produktion spezialisiert hat und Abnehmer im Ausland suchen muß. Hinzu kommt, daß die Höhe der Einfuhr und der Ausfuhr bis zu einem gewissen Grade voneinander abhängig sind.

Unter den Ländern, die von der Nahrung her auf den Außenhandel angewiesen sind, steht die Bundesrepublik Deutschland hinter Großbritannien, Belgien, der Schweiz und Holland an der fünften Stelle, wie unser Schaubild, das den Zuschußbedarf an Brotgetreide darstellt, zum Ausdruck bringt.

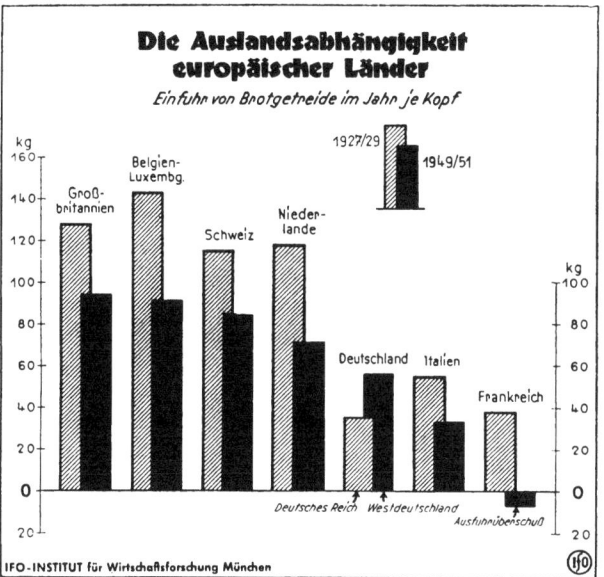

Dieses Diagramm läßt auch erkennen, wie die Länder Westeuropas in den letzten beiden Jahrzehnten ihre Nahrungsbasis verbessert haben müssen, während Deutschland durch den Verlust der Ostgebiete einfuhrabhängiger geworden ist.

Unter den Ländern, die vom Export her auslandsabhängig sind, steht die Bundesrepublik noch weiter vorn an. Die spezialisierte deutsche Industrie (vor allem der Maschinenbau und die übrigen Zweige der Stahlverarbeitung, Optik, Feinmechanik, Chemie) muß den Weltmarkt aufsuchen[1], ebenso wie die belgische und die englische Textilindustrie Not leiden, wenn der Export stockt. Aber wir denken auch an die Farmer der Vereinigten Staaten von Amerika, die jährlich 30 bis 40 vH ihrer Baumwollernte und ihrer Weizenernte sowie den vierten Teil ihrer Tabakernte im Ausland unterbringen müssen und daher selbst an freien Grenzen interessiert sind.

Schließlich ist auch die politische Struktur eines Landes für den Außenhandel ausschlaggebend. Hier hat Deutschland infolge seiner zentralen Lage in Europa zweifellos besondere völkerverbindende Aufgaben. Andererseits verdanken Großbritannien und auch Frankreich ihren hohen Außenhandel zu einem bedeutenden Teil den engen politischen Beziehungen zu ihren Dominien und ihren Kolonien. Dabei handelt es sich um stark ins Gewicht fallende Beträge.

Anteil (vH) der eigenen überseeischen Gebiete an der Einfuhr und an der Ausfuhr Großbritanniens und Frankreichs

Jahr	Großbritannien		Frankreich	
	Einfuhr aus	Ausfuhr nach	Einfuhr aus	Ausfuhr nach
	dem Commonwealth		den eigenen Kolonien	
1913	21	37	9	13
1929	27	45	12	19
1937	38	48	24	28
1952	47	47	22	42

Aus alledem ergibt sich, daß eine einleuchtende Norm für das einem Land angemessene Außenhandelsvolumen nicht gefunden werden kann und daß die internationalen Vergleiche in der Regel an den wesentlichen Punkten vorbeigehen.

Von Bedeutung sind diese Feststellungen vor allem für den Vergleich des Außenhandels der Bundesrepublik Deutschland mit dem Außenhandel des ehemaligen Deutschen Reiches. Die Bundesrepublik ist auslandsabhängiger als das Reich. Das zeigte bereits die größere Brotgetreideeinfuhr. Dennoch war das Reich in früheren Zeiten weit stärker durch den Handel mit der Welt verflochten als es heute die Bundesrepublik ist.

Gewiß wird ein Teil dieser Unterschiede darauf zurückzuführen sein, daß die Berechnungen des Sozialproduktes bzw. des Volkseinkommens größere Fehlergrenzen enthalten, die einen allzu genauen Vergleich von Jahr zu Jahr ausschließen. Unbestreitbar bleibt dennoch die Tatsache, daß das Ge-

---

[1] Über die westdeutschen Exportquoten siehe S. 35.

Deutsche Einfuhr und Ausfuhr in vH des Volkseinkommens

Jahr	Einfuhr insges.	dav. Ernährungsg.	Ausfuhr insges.	davon Fertigw.
1913	24	9	22	15
1929	18	7	18	13
1937	7	3	8	6
1952	16	6	17	13

Anm.: 1952 BR Deutschland, sonst Deutsches Reich.

biet der heutigen Bundesrepublik Deutschland vor dem Kriege einen weit größeren Handel gehabt haben muß. Es war damals selbstverständlich auf das innigste durch den wirtschaftlichen Austausch mit den Gebieten des Deutschen Reiches verbunden, die nicht zur Bundesrepublik gehören. Die Wirtschaftskommission für Europa in Genf[1] hat berechnet, daß dieser Handel Westdeutschlands und Berlins mit den übrigen Teilen Deutschlands im Jahr 1936 einen Wert von 4400 Mill. RM hatte, während der Export dieses Gebietes nach dem Ausland gleichzeitig nur 3400 Mill. RM betrug. Im Jahre 1952 haben Westdeutschland und West-Berlin nach der Sowjetzone für ganze 146 Mill. DM Waren geliefert und für 80 Mill. DM Güter von dort bezogen. Da die Bundesrepublik von der Sowjetzone heute so gut wie abgeschnürt ist, ist sie darauf angewiesen, im eigentlichen Ausland Ersatz für ihre Handelspartner in Mittel- und Ostdeutschland zu suchen. Das aber heißt, man wird den der Bundesrepublik zukommenden Außenhandel höher anzusetzen haben als den Außenhandel des Deutschen Reiches. Der Anteil von 5 vH am Welthandel, den die Bundesrepublik im Jahre 1952 erreicht hat, ist demnach offensichtlich zu niedrig.

Man könnte diesen Ausführungen entgegenhalten, daß die Bundesrepublik jetzt doch wohl das Einfuhrvolumen erreicht hat, das sie braucht; sonst hätte sie angesichts der z. B. in der Europäischen Zahlungsunion angesammelten Überschüsse mehr importieren können. Außerdem sei die Ausfuhr bereits jetzt höher als die Einfuhr. Dieser Einwand ist nicht haltbar, selbst wenn man einmal von der Notwendigkeit, Ausfuhrüberschüsse zu halten, um das Londoner Schuldenabkommen zu bedienen, absieht. So wie die deutsche Industrie für den Absatz ihrer Produkte den Auslandsmarkt braucht, so ist andererseits in einem erheblichen Teil der Welt, in den unterentwickelten Gebieten vor allem, ein echter Bedarf nach deutschen Anlagegütern vorhanden. Es ist gar nicht zu umgehen, daß der deutsche Export eine weitere Expansion erfahren muß und mindestens in die Größenordnung hineinwächst, die der Außenhandel des Deutschen Reiches gehabt hat.

---

[1] Economic Bulletin for Europe, Third Quarter 1949, Vol. 1, Nr. 3, Genf, Januar 1950.

Triebkräfte und Hemmungen im industriewirtschaftlichen Wiederaufbau

Die Gütererzeugung der westdeutschen Industrie erreichte im Jahre 1952 in stetigem Anstieg seit der Währungsreform einen Stand von 144 vH des Produktionsausstoßes von 1936. Die Produktionsergebnisse der einzelnen Industriegruppen schwanken zwischen 73 vH (Ledererzeugung) und 385 vH (Maschinen für die Bauwirtschaft).

Im Juni 1948 lag das Produktionsniveau der Gesamtindustrie erst bei 54 vH (1936 = 100), wobei der Produktionsausstoß der Investitions- und Verbrauchsgüterindustrie noch viel tiefer war (etwa 40 vH). Nur die lebenswichtige Nahrungsmittelerzeugung und die seit dem Zusammenbruch mit allen Mitteln geförderte Bergbauproduktion zeigten einen relativ hohen Stand (95 vH bzw. 80 vH).

Wirtschaftswunder?

Stellt man diese Tatsache in Rechnung, dann erscheint die imposant wirkende Ausweitung der Gesamtproduktion von der Währungsreform bis 1952 auf über das Zweieinhalbfache in einem anderen Licht: die westdeutsche Industrie konnte erst 1948 mit dem systematischen Wiederaufbau beginnen, während die Industrien der anderen europäischen Länder bereits drei Jahre Friedensaufbau hinter sich hatten.

Industrieproduktion einiger europäischer Länder 1948
1938 = 100

Luxemburg	146
Belgien	121
Großbritannien	116
Niederlande	113
Frankreich	110
Italien	99
Westdeutschland	52
1. Halbjahr	45
2. Halbjahr	60

Der industriewirtschaftliche Schwerpunkt Deutschlands lag vor dem Kriege im Westen. 1936 entfielen auf die der Bundesrepublik verbliebenen Industrieteile 61 vH des Gesamtabsatzes der Industrie und 67 vH des Auslandsabsatzes. Die Grundstoff- und

Investitionsgüterindustrie sowie der Bergbau waren in Westdeutschland stärker vertreten als in Mittel- und Ostdeutschland. Besonders starke Kapazitätsteile der chemischen Industrie, der Lederindustrie sowie der Nahrungs- und Genußmittelindustrie lagen im Gebiet der jetzigen Bundesrepublik.

In Westdeutschland verbliebene Industrieteile
nach dem Stand von 1936

Industriegruppen	Auf das jetzige Bundesgebiet entfielen vom Gesamtabsatz der einzelnen Industriegruppen ... vH.
Grundstoff- und Produktionsgüterindustrie	66
Bergbau (ohne Erdölgewinnung)	65
Eisen- u. Stahlerzeugung, Gießerei	77
NE-Metallindustrie	63
Kraftstoffindustrie (mit Erdölgew.)	65
Steine und Erden	62
Chemie[1]	65
Kautschuk und Asbest	77
Papiererzeugung	48
Holzbearbeitung	57
Investitionsgüterindustrie	61
Maschinenbau	58
Fahrzeugbau	68
Eisen-, Stahl- und Metallwaren	70
Stahl- und Eisenbau, Schiffbau	77
Elektroindustrie	38
Feinmechanik und Optik	50
Konsumgüterindustrie	53
Glas, Keramik	48
Holzverarbeitung	60
Papierverarbeitung, Druck	50
Lederindustrie[2]	72
Textilindustrie	55
Bekleidungsindustrie	39
Alle Gruppen[3]	61

[1] Einschließlich chemisch-technische Erzeugnisse und Chemiefasererzeugung, Kunststoffverarbeitung.
[2] Einschließlich Schuhe und Lederverarbeitung.
[3] Ohne Nahrungs- und Genußmittel, Energie, Bau, Öle und Fette, Futtermittel, tierische Leime.

Quelle: Statistisches Handbuch von Deutschland 1928—1944.

Neben Industriegruppen mit verhältnismäßig zufriedenstellendem Kapazitätenanteil gab es jedoch auch Zweige, bei denen relativ hohe Anteile an die Ostzone verlorengegangen sind. Doch selbst ein Vergleich der Industriegruppen zeigt nicht die Schwere des 1945 durchgeführten Schnittes auf. Gibt es doch innerhalb der Gruppen Fertigungen, die fast gänzlich durch die Abtrennung verlorengingen. Wie unterschiedlich innerhalb einer Industriegruppe die Zonentrennung gewirkt hat, ist an dem Beispiel Textilindustrie dargestellt (siehe Schaubild). Da die Produktionsleistung der Industrie dem Gesetze des Minimums unterliegt, d. h. ihre Gesamtleistung dem Engpaß angeglichen wird, mußte sich die Zertrennung des eingespielten Produktionsapparates der deutschen Industrie noch stärker auswirken als die Übersicht erkennen läßt.

Bedeutung der Zonentrennung 1945
für die Textilindustrie

Von den Beschäftigten im Deutschen Reich 1939 entfielen auf die einzelnen Zonen in den

Seidenweberei
Baumwollspinnerei
Baumwollweberei
Wollwäscherei- u. kämmerei
Juteindustrie
Trikotagenwirkerei
Leinenweberei
Streichgarnspinnerei
Textilveredlung
Möbelstoffweberei
Teppichweberei
Kammgarnspinnerei
Wollweberei
Flachsspinnerei
Stickerei
Gardinen- u.Tüllweberei
Strumpfwirkerei

Zellwollproduktion
Reyonproduktion

BUNDESGEBIET
SOWJETZONE

WESTDEUTSCHLAND (Bundesrepublik) MITTELDEUTSCHLAND (Sowjet. Besatzungszone und Berlin) OSTDTSCHLD (Gebiete östl. Oder-Neisse)

IFO-INSTITUT für Wirtschaftsforschung München

I. Die Lage vor der Währungsreform

Die Mangeljahre 1945 bis 1948

Neben den Folgen des auseinandergebrochenen industriellen Gefüges brachten Kriegszerstörungen, Demontagen, Produktionsverbote und -beschränkungen, Konfiskationen der Patente, Gebrauchsmuster und Warenzeichen, Beschlagnahme des Auslandsvermögens, Abzug hochqualifizierter Fachkräfte einen Rückschlag auf Jahre hinaus.

Durch Kriegsschäden waren bis 1945 etwa 12 vH der Industriekapazitäten ausgefallen. Durch Demontagen gingen insgesamt weitere 8 vH verloren, die sich vor allem auf die eisenschaffende Industrie, den Stahl- und Schiffbau und die Uhren- und Kraftstoffindustrie konzentrierten. Während des Krieges wurde außerdem die Leistungskraft der dem Friedensbedarf dienenden Industriezweige dadurch geschwächt, daß diese übermäßig ausgenutzt wurden und Ersatzinvestitionen kaum möglich waren. Die Zwangsexporte (Holz, Schrott, Kohle) nach dem Kriege entzogen der westdeutschen Wirtschaft dringend benötigte Rohstoffe. Dieser Mangel lähmte die gesamte Wirtschaftätigkeit, obwohl die Kohlen- und Stahlproduktion mit allen Mitteln gefördert wurde. In den beiden Jahren 1946 und 1947 wurden zusammen erst 5,6 Mill. t Rohstahl erzeugt (1952: 15,8 Mill. t); Steinkohle wurde im Laufe dieser zwei Jahre nur etwa soviel gefördert, wie allein im Jahre 1952 (rund 125 Mill. t). Die Industrie setzte einen Teil ihrer Arbeiterschaft zur Ausbesserung und zum Aufbau ihrer zerstörten Arbeitsstätten sowie zur Reparatur von Maschinen, Einrichtungen usw. ein. Sie schuf damit — wenigstens zum Teil — die Voraussetzung für den raschen Produktionsanstieg nach der Währungsreform.

Die Versorgung der Bevölkerung mit Industriegütern war auf einen minimalen Stand abgesunken. So wurden z. B. in der britischen Zone an Konsumgütern im Jahre 1946 nur ein Fünftel und 1947 nur rund ein Viertel der im Jahre 1936 erzeugten Mengen produziert. Aber auch nicht einmal diese geringen Mengen kamen bis zu den Endkonsumenten. Eine stattliche Reihe von Verbrauchsgütern gab es auch Ende 1947 noch nicht zu kaufen. Wie groß der Mangel war, sei nur an einigen Beispielen gezeigt. Je Kopf und Jahr (1. 7. 1946 bis 30. 6. 1947) wurden zugeteilt:

Textilien .... 340 g
Stopfgarn .... 20 g
Seifen u. Waschmittel (Fettsäuregehalt) .... 265 g
Rasierklingen (je Mann) .... 20 Stück

Zum Vergleich sei angeführt, daß im Jahre 1952 z. B. der Textilverbrauch je Kopf der Bevölkerung (Garnverbrauch) rund 10 kg betrug. Seifen und Waschmittel (in Fettsäuregehalt) wurden 1952 über 2 kg je Kopf verbraucht.

Der Mangel führte in den drei Jahren nach der Kapitulation zu Kompensationsgeschäften, Güterhortungen usw. Ein nicht unbedeutender Teil der Erzeugung ging in die Kanäle des „schwarzen Marktes". Die Versorgung der Bevölkerung mit Industriegütern war also im Zeitpunkt der Währungsreform kaum besser als in den Jahren 1945/46.

Startschuß Währungsreform

Durch die Neuordnung der Währungsverhältnisse erhielt die Industrie starke Impulse. Während vorher offensichtlich das Bestreben bestand, Industriewaren nicht gegen „schlechte" Reichsmark zu verkaufen, sondern die Währungsreform mit einem Höchstmaß von gehorteten Warenbeständen zu überstehen, brachte nun das „knappe" Geld diese Bestände plötzlich auf den Markt. Vor der Währungsreform angesammelte Rohstoffe wurden in den Produktionsprozeß eingesetzt und ermöglichten u. a. das plötzliche Ansteigen der Industrieproduktion. Der Schwarzmarkt verlor seine Bedeutung.

Der Anstoß durch die Währungsreform allein hätte jedoch nicht genügt, um das stetige Wachsen der Wirtschaftätigkeit zu gewährleisten. Andere Maßnahmen kamen hinzu. Mit dem Anlaufen des Marshallplanes (April 1948) und der allmählichen Beseitigung der Handelsbeschränkungen standen der westdeutschen Industrie in zunehmendem Maße wieder wichtige ausländische Rohstoffe (z. B. Baumwolle, Öle und Fette, Häute und Felle) und Fertigwaren (z. B. Spezialmaschinen) zur Verfügung. Die Rohstoffzwangsexporte wurden langsam abgebaut. Die später erfolgte Freigabe von Marshallplangeldern ermöglichte dann die Finanzierung vordringlicher Investitionen (Energieerzeugung, Kohlenbergbau, Eisen und Stahl, Exportindustrie, Betriebe von Vertriebenen). Die wachsende Gewinnbildung gestattete darüber hinaus, in zunehmendem Maße Eigenmittel der Industrien für Investitionen einzusetzen.

II. Die Entwicklung seit 1948

Die Industrieproduktion stieg sprunghaft von etwa 50 vH des Standes von 1936 vor der Währungsreform auf über 80 vH im November 1948. Diesem stürmischen Aufschwung folgte im Jahre 1949 und im 1. Halbjahr 1950 eine ruhigere, aber stetige Aufwärtsentwicklung, die vor allem durch den Mangel an Finanzierungsmitteln der Unternehmungen begrenzt blieb. Die Industrie war bestrebt, ihre Kapazitäten auszubauen und in erster Linie die durch die Zonentrennung entstandenen Lücken im Produktionsprogramm zu schließen.

Durch Rationalisierung des Produktionsablaufs, Ersatz- und Neuinvestitionen wurde die Produktivität erhöht. Der Ausbau und die Förderung exportwichtiger Industrien wurde vorangetrieben.

Um die Jahreswende 1949/1950 wurde der Vorkriegsstand der Produktion (1936) erstmalig wieder erreicht. Der Koreakonflikt um die Jahresmitte 1950 leitete einen neuen Entwicklungsabschnitt ein. Die dadurch bedingte Nachfragehausse beschleunigte das Tempo der Produktionssteigerung wieder. Im 2. Quartal 1951 erreichte auch die Produktion je Kopf der Bevölkerung den Stand von 1936. Seit Mitte 1951 schwächte sich das Wachstum der Industrieproduktion ab, was eine natürliche Re-

Wachstum der industriellen Produktion

Entwicklungs-zeitraum	Industrie ins-gesamt	Bergbau	Grund-stoffe	Investi-tions-güter	Ver-brauchs-güter	Nah-rungs- u. Genuß-mittel
	Zunahme der Produktion in vH					
1948 auf 1949	43	19	49	61	60	24
1949 auf 1950	27	11	28	38	32	14
1950 auf 1951	20	11	18	33	17	6
1951 auf 1952	7	5	3	13	3	6
Gesamtwachstum						
1948 auf 1952	129	54	130	233	150	59

aktion auf die Koreahausse darstellte. Gegen Ende 1952 lag die Industrieproduktion um mehr als die Hälfte über dem Niveau von 1936.

Die Beschäftigung in der Industrie stieg von 1949 bis 1952 um 1,1 Mill. Personen, das sind 25 vH; seit 1949 erhöhte sich der Güterausstoß um rund 60 vH, die Umsätze um über 80 vH, der Export vervierfachte sich. Gleichzeitig trat eine Produktivitätssteigerung (Leistung je Arbeitsstunde) um über 30 vH ein. An der Wertschöpfung der westdeutschen Wirtschaft war die Industrie 1952 mit 43,8 Mrd. DM, das sind rund 44 vH, beteiligt, während ihr Anteil im Jahre 1949 erst 39 vH betragen hatte.

Beschäftigte, Umsätze und Wertschöpfung der Industrie
in der Bundesrepublik

Bezeichnung	Einheit	1949	1950	1951	1952
Beschäftigte [1]	Tsd. Pers.	4 414	4 797	5 332	5 514
	1949 = 100	100	109	121	125
Umsatz (Monats-durchschnitte)	Mill. DM	5 775[2]	6 700	9 159	9 923
	1949 = 100	100	124	169	183
Auslandsumsatz (Monats-durchschnitte)	Mill. DM	288[2]	555	976	1 142
	1949 = 100	100	193	339	396
	in vH des Gesamtums.	5,0	8,3	10,7	11,5
Wertschöpfung [3]	Mrd. DM	24,4	29,3	40,5	43,8
	in vH des Volks-einkommens	39	41	45	44

[1] Betriebe mit 10 und mehr Beschäftigten, Jahresdurchschnitt. — [2] Monatsdurchschnitt 2. Halbjahr. — [3] Ohne Bau.

Diese Erfolge dürfen aber nicht darüber hinwegtäuschen, daß Westdeutschland den Anschluß an die Entwicklung der übrigen westeuropäischen Länder immer noch nicht ganz gefunden hat. Das Produktionsvolumen je Kopf der Bevölkerung lag im Jahre 1952 in Westdeutschland um etwa 20 vH unter dem in Schweden erreichten Stand und blieb immer noch um 12 vH hinter Frankreich und um 3 vH hinter Großbritannien zurück. Wenn auch bereits im Frühjahr 1951 je Einwohner die gleiche Menge Industriegüter erzeugt wurde wie 1936, so bedeutete dies noch nicht den gleichen Lebensstandard wie vor dem Kriege. Man darf nicht vergessen, daß neben dem laufenden Bedarf noch ein erheblicher Nachholbedarf offen blieb. Die in den

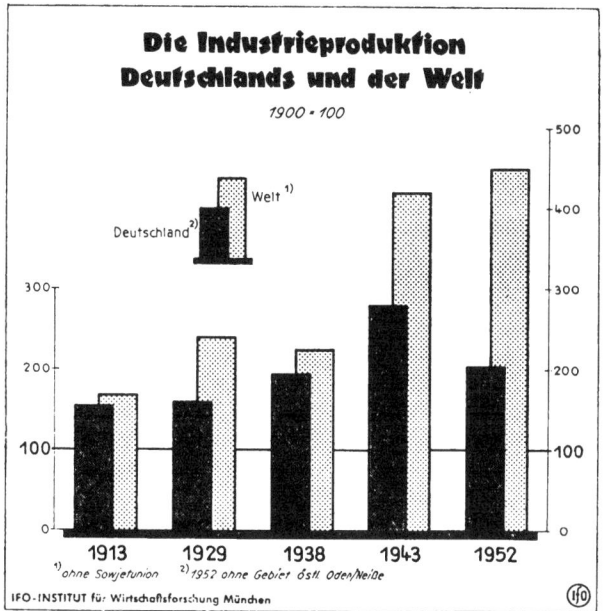

Die Industrieproduktion Deutschlands und der Welt

1900 = 100

Welt [1]
Deutschland [2]

1913   1929   1938   1943   1952
[1] ohne Sowjetunion   [2] 1952 ohne Gebiet östl. Oder/Neiße

IFO-INSTITUT für Wirtschaftsforschung München

Zahlen zum Ausdruck kommenden beachtlichen Steigerungen zeigen nur, daß sich Westdeutschland in diesen Jahren in einem Gesundungs- und Aufbauprozeß befand, der aus einem amputierten Wirtschaftskörper wieder ein lebensfähiges Gebilde schuf.

Konjunkturelle Schwankungen

In der konjunkturellen Entwicklung in den letzten Jahren zeichnen sich deutlich verschiedene Phasen ab.

2. Halbjahr 1948

Der lange zurückgestaute Bedarf nach industriellen Gütern äußerte sich in einer starken Kaufwelle. Die durch die Währungsreform geschaffene zusätzliche, produktionswirtschaftlich nicht gedeckte Kaufkraft verursachte eine kräftige Preissteigerung. Die rasch zunehmende Produktion und die wachsenden Rohstoffeinfuhren brachten diese am Jahresende zum Stillstand.

Jahr 1949

Durch die Beendigung der hoheitlichen Geldschöpfung trat nun an Stelle des Kaufkraftüberhangs ein gewisser Güterüberhang, der zu einer Senkung der industriellen Fertigwarenpreise führte. Erst im Herbst erfolgte unter dem Einfluß des vermehrten Verbrauchereinkommens und der Erwartung nicht mehr weiter sinkender Preise nach erfolgter Abwertung der DM eine neuerliche Belebung im Verbrauchsgüterbereich. Die Grundstoffindustrien, die in den ersten Jahren nach der Kapitulation ihre Produktion relativ kräftiger ausweiten konnten als die verarbeitende Industrie, setzten ihren langsamen Produktionsanstieg fort. Die noch zu Beginn 1949 knappe Versorgung mit Rohstoffen wurde reichlicher. Im Stahlsektor zeigten sich sogar Absatzschwierigkeiten, da die Abnehmer noch Lagerbestände an Walzmaterial aus der Zeit vor der Währungsreform hatten.

1. Halbjahr 1950

Die Nachfrage nach industriellen Konsumgütern ließ deutlich nach. Der Handel hatte seine Warenlager in gewissem Umfang wieder aufgefüllt. Die Verbrauchsgüterproduktion stagnierte. Die Nachfrage nach Investitionsgütern aus dem Inland und aus dem Ausland stieg und führte zu einer beachtlichen Ausweitung der Investitionsgüterproduktion. Rohstoffschwierigkeiten gab es in diesem Zeitabschnitt kaum.

2. Halbjahr 1950

Die Nachfrage aus dem In- und Ausland stieg mit dem Ausbruch des Koreakonfliktes sprunghaft an. Gleichzeitig begann sich auch das Anfang 1950 beschlossene Investitionsprogramm der Bundesregierung auszuwirken. Die Folgen zeigten sich in der gesamten Industrie. Der Verbrauchsgüterbereich konnte die stürmische Nachfrage mit seiner Produktion bald abdecken. Die Investitionsgüterindustrie dagegen nicht. In diesem Halbjahr wurde hier der Grundstock für beachtlich große Auftragsreserven gelegt, die als Konjunkturpuffer auch noch Ende 1952 ihre Wirkung zeigten. In Teilen der Grundstoffindustrie machten sich wieder die ungenügenden Kapazitäten — hauptsächlich eine Folge der Demontagen, Produktionsverbote und -beschränkungen — bemerkbar. Der Kohlen- und Stahlmangel setzte der Produktionsausweitung Grenzen. Die Fertigwarenpreise, die in Westdeutschland relativ später als in den anderen Ländern auf die scharf anziehenden Weltrohstoffpreise reagierten, stiegen kräftig an. Dadurch kamen auch Löhne und Gehälter stärker in Bewegung.

Der Auftragseingang in der Industrie der Bundesrepublik

Bereich	Auftragseingang[1] MD 1949 = 100			Auftragseingang gegenüber Umsatz in v H		
	1950	1951	1952	1950	1951	1952
Ges. Industrie[2]	150	155	156	113	100	98
Grundstoff- u. und allgem. Produktionsgüterindustrie	160	160	149	121	100	97
Investitionsgüterindustrie	154	196	189	114	114	101
Verbrauchsgüterindustrie	136	112	128	104	86	97

[1] Volumen. — [2] Ohne Bergbau, Bau, Energie, Nahrungs- u. Genußmittelind.

Jahr 1951 und 1. Halbjahr 1952

Dieser Zeitabschnitt ist gekennzeichnet durch die divergierende Entwicklung der Investitionsgütererzeugung und der Konsumgüterproduktion. Vom Höhepunkt des Koreabooms (Anfang 1951) bis etwa zur Jahresmitte 1952 erhöhte sich der Investitionsgüterausstoß um rund 23 vH, die Verbrauchsgütererzeugung sank dagegen um etwa 8 vH. Der Investitionsgüterbereich stand bis Mitte 1952 anhaltend im Zeichen eines Aufschwungs. Durch die sich verstärkenden Spannungen zwischen der ungenügenden Produktion der Grundstoffindustrie und den verarbeitenden Industriezweigen konnte die Investitionsgütererzeugung aber nicht in dem Maße

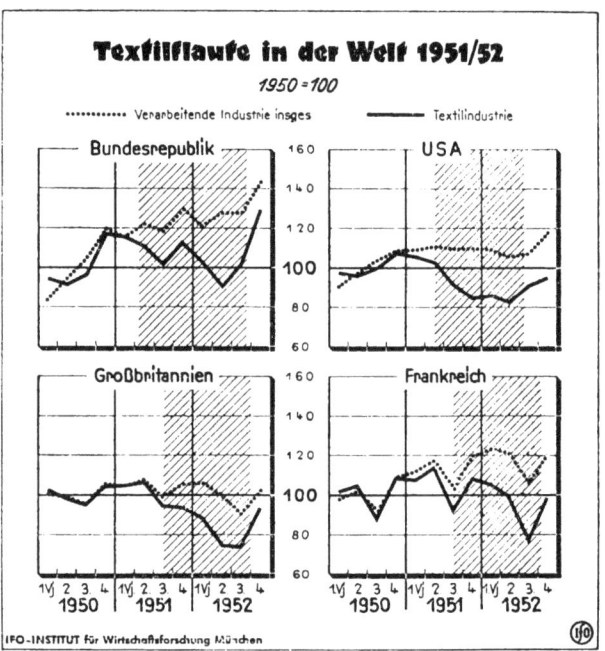

gesteigert werden, wie es der Auftragslage entsprochen hätte. Im Verbrauchsgüterbereich zeichnete sich jedoch schon 1951 eine Flaute ab, die nur vorübergehend zum Jahresende 1951 von saisonalen Belebungen unterbrochen wurde und bis zum Sommer 1952 anhielt. Die Konsumentennachfrage war nach der Koreahausse wieder auf ein „normales" Maß zurückgegangen. Der Einzelhandel war bestrebt, seine zu hohen Lager abzubauen. Die Produktion von Verbrauchsgütern war während des Koreabooms zu stark ausgeweitet worden und mußte sich nun der geringeren Nachfrage anpassen.

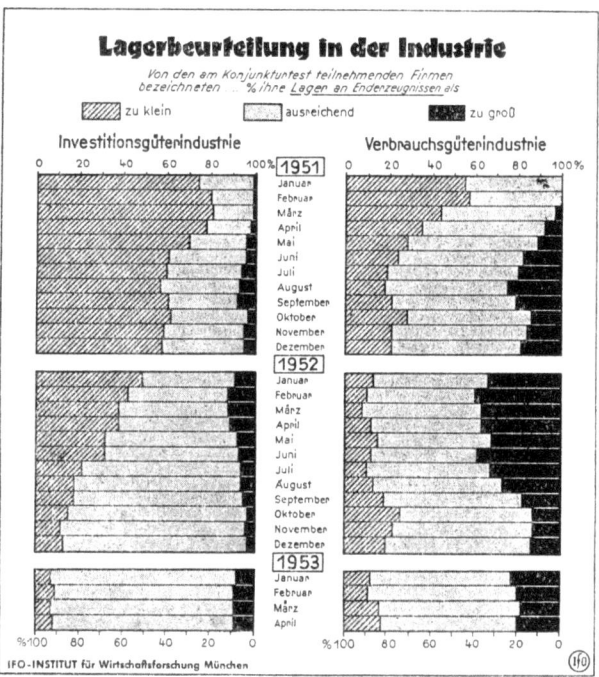

2. Halbjahr 1952

Das konjunkturelle Bild änderte sich zur Jahresmitte abermals. Die seit 2 Jahren bestehende Sonderkonjunktur der Investitionsgüter flaute ab. Der Auftragseingang in der Investitionsgüterindustrie lag schon seit Beginn 1952 nur noch knapp über den getätigten Umsätzen; er sank im zweiten Halbjahr im Durchschnitt leicht unter den Umsatz, wobei sich dieses Verhältnis in einzelnen Industriezweigen noch weit ungünstiger gestaltete. Die Auftragsbestände waren weitgehend aufgearbeitet, die Produktion stagnierte, fiel sogar in wichtigen Bereichen leicht ab. Nicht mehr das Problem der Kohle- und Materialversorgung stand im Vordergrund, sondern in vielen Sparten die Sorge um die Auftragsentwicklung. Die Fertigwarenlagerbestände, die noch im Oktober 1951 in vielen Zweigen zu klein waren, wuchsen und waren nun im allgemeinen ausreichend. Dagegen hatte seit Mitte 1952 nun die Verbrauchsgüterindustrie infolge starker Nachfrage des Handels eine neue Belebung aufzuweisen. Die Verbrauchsgütererzeugung trug nun — ähnlich wie bisher die Investitionsgüterproduktion — den weiteren Gesamtanstieg. Nicht zuletzt wurde die Belebung im Verbrauchsgüterbereich durch einen sinkenden Preistrend unterstützt.

Der industrielle Export

Der industrielle Export konnte sich erst nach der Schaffung eines breiten Inlandsmarktes und dem Abbau der Außenhandels- und Zollbeschränkungen stärker entwickeln (etwa seit Herbst 1949). Hatten 1946 als Folge der Rohstoffzwangsexporte die Fertigwaren nur knapp 15 vH der Ausfuhr der amerikanischen und britischen Zone betragen, so normalisierte sich nun die Struktur wieder. 1952 war der Anteil der Fertigwarenausfuhr an der gewerblichen Güterausfuhr auf rund 76 vH gestiegen (1936: 80 vH). Die Exportquote der westdeutschen Industrie liegt aus diesen Gründen erst seit 1951 wieder über dem Stand von 1936. Allerdings ist dieses Ergebnis noch keineswegs als befriedigend anzusehen, da der deutsche Export im Jahre 1936 nur etwa ein Drittel seines Höchststandes vom Jahre 1929 erreicht hatte. Die Verbrauchsgüterindustrien, die bis 1950 einen stark aufnahmefähigen Inlandsmarkt hatten, blieben im Vergleich zur Vorkriegszeit zurück. Erst 1951 konnten sich auch einige Zweige der Konsumgüterindustrie stärker in den Export einschalten, so die Textilindustrie, die nun auch qualitätsmäßig mit dem Ausland konkurrieren konnte.

Einen besonders hohen Anteil an der westdeutschen Industrieausfuhr hatten die Erzeugnisse der Investitionsgüterindustrien, deren Auslandsumsatz 1952 rund die Hälfte dessen der Gesamtindustrie darstellte. Für den Maschinenbau, die Fahrzeugindustrie, den Stahl- und Schiffbau sowie für die feinmechanische und optische Industrie hat der Export größere Bedeutung erlangt als 1936. Zu den exportintensivsten Industriegruppen gehören:

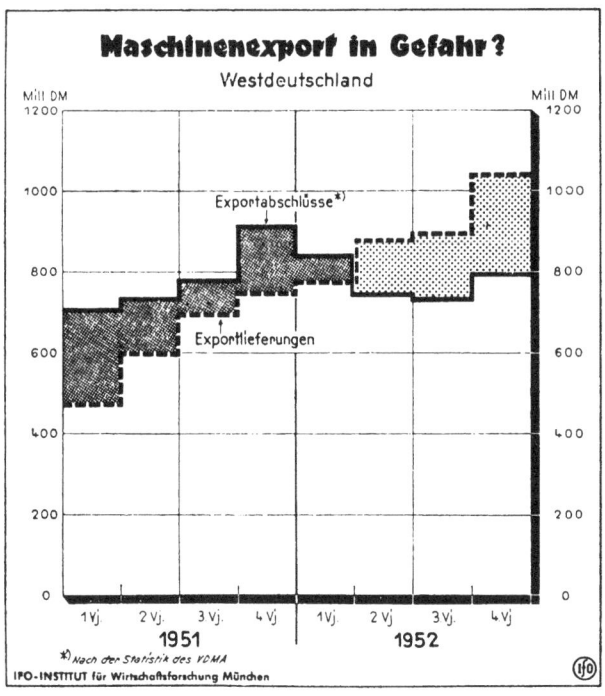

Maschinenexport in Gefahr?
Westdeutschland

*) Nach der Statistik des VDMA
IFO-INSTITUT für Wirtschaftsforschung München

Exportquote

Anteil des Auslandsumsatzes am Gesamtumsatz in vH.

	1952	1936
Schiffbau	39	16
Feinmechanik und Optik	35	28
Musikinstrumente und Spielwaren	33	34
Maschinenbau	31	17
Kali- und Steinsalzbergbau	29	31
Kohlenbergbau	24	12

Trotz dieser Erfolge hat der deutsche Export mit der allgemeinen Aufwärtsbewegung der Weltausfuhr nicht Schritt gehalten. Es darf nicht vergessen werden, daß die Konkurrenzländer seit 1945 die früheren deutschen Auslandsmärkte mit Waren belieferten und dort Fuß faßten. Zum Teil haben auch ehemalige Importländer eigene Industrien aufgebaut, fallen daher als Abnehmer mehr oder minder aus oder treten sogar als Konkurrenten auf.

III. Probleme der Rohstoff- und Energieversorgung

In dem Auf und Ab der Konjunktur spielten die Rohstoffengpässe eine wichtige Rolle. Vor der Währungsreform hemmte der Kohlen- und Stahlmangel fast jeden Fortschritt. Er machte sich auch in den ersten Monaten nach der Währungsumstellung mit dem plötzlichen Emporschnellen der Produktion der verarbeitenden Zweige stark bemerkbar. Doch von Mitte 1949 ab waren die Schwierigkeiten in der Versorgung der Industrie mit inländischen Grundstoffen abgeklungen. Seit Anfang 1950 standen im allgemeinen auch genügend ausländische Rohstoffe zur Verfügung, so daß die Rohstofflager der Verarbeiter aufgefüllt werden konnten. Die beachtliche Produktionssteigerung seit Herbst 1950 brachte aber starke Anforderungen nach Energie und auch Rohstoffen, die durch den allgemeinen Run auf den Weltrohstoffmärkten starke Preissteigerungen aufwiesen. Schwieriger war die Ausweitung der Engpässe im Grundstoff- und Energiesektor.

Fremdkapital für Investionen im Grundstoffbereich aufzunehmen war — abgesehen von ECA-Mitteln — schon wegen der Unergiebigkeit des

Kapitalmarktes aber auch wegen der unsicheren Rechtslage (alliierte Kontrolle, Entflechtung) zum Teil auch infolge der Preisbindungen und der damit zusammenhängenden ungenügenden Rentabilität nicht möglich. Solange Preisbindungen bestanden, blieb auch die Selbstfinanzierungskraft gering. Eigenmittel partizipierten z. B. 1950 nur mit etwa einem Viertel an den Gesamtinvestitionen in den Grundstoffindustrien. Die im Kohlenbergbau (einschließlich Bergarbeiterwohnungsbau) 1948 bis Ende 1951 vorgesehenen Investitionen im Werte von 2,64 Mrd. DM konnten nur zu 74 vH realisiert werden.

Es darf nicht vergessen werden, daß die wirtschaftspolitische Handlungsfreiheit der Bundesrepublik eingeengt war (Produktionsbeschränkungen für Eisen und Stahl, chemische Grundstoffe und Leichtmetalle, Exportquote für Kohle), daß daher dem Ausgleich der Disproportionalitäten zwi-

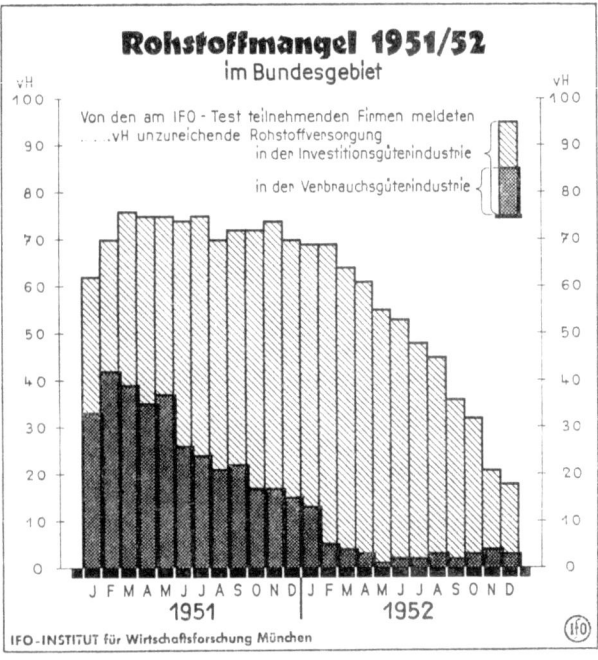

schen Grundstoffindustrie und verarbeitender Industrie beträchtliche Schwierigkeiten entgegen standen. Die aus dem ECA-Fonds freigegebenen Mittel flossen zwar in der Hauptsache in die Engpaßbereiche, reichten jedoch nicht aus, um den aufgestauten Kapitalbedarf zu decken. Von den bis Mitte 1952 insgesamt in Anspruch genommenen Gegenwertmitteln erhielten die Grundstoffindustrien und die Energieerzeugung 1,25 Mrd. DM, das sind 44 vH, die übrige Industrie 466 Mill. DM, das sind 17 vH.

Die Industrie, an einer reibungslosen Belieferung mit Grundstoffen interessiert, schritt zur Selbsthilfe. Sie erklärte sich bereit, für Investitionen in den Grundstoffindustrien 1 Mrd. DM innerhalb eines Jahres freiwillig aufzubringen (Gesetz über die Investitionshilfe der gewerblichen Wirtschaft vom 7. 1. 1952). Ende Dezember 1952 wies das Kuratorium für das Sondervermögen Investitionshilfe die Verwendung dieser Mittel wie folgt aus:

Verwendung der Investitionsmittel
aus der Selbsthilfe-Aktion der westdeutschen Industrie nach dem Stand von Ende Dezember 1952

| Sparte | Projektauswahl | | Abwicklung | |
| | | | Zusagen | Abrufe |
	Anzahl	Mill. DM	Mill. DM	
Kohlenbergbau	43	222,5	171,4	106,3
Eisen und Stahl	26	264,0	222,3	76,1
Elektrizität	49	241,6	159,1	118,6
Gas und Wasser	106	179,9	31,7	11,6
Waggonbau (Bundesbahn)	1	50,0	—	—
zusammen	225	958,0	584,5	312,6

Das Kuratorium rechnet damit, daß die Selbstfinanzierungskräfte in den begünstigten Unternehmen wachsen, so daß dieselben bis Ende 1954 bei gebesserter Ertragslage (gehobene Preise, bzw. Preisfreigabe) und besonders auch durch Ausnutzung der ihnen eingeräumten erhöhten Abschreibungsmöglichkeiten ein Mehrfaches der gegebenen Kredite aus eigener Kraft werden beisteuern können. Der Einsatz dieser Mittel sollte bis Ende 1954 gegenüber Anfang 1952 nachstehende Steigerungen ermöglichen:
Steinkohlenförderung um 16 vH = 19 Mill. t.
Rohstahlerzeugung um 11 vH = 1,43 Mill. t.
Elektrizitätserzeugung um 17 vH = 9,86 Mrd. kWh.
Gaserzeugung um 30 vH = 3,45 Mrd. cbm.
Seit dem zweiten Halbjahr 1951 hat sich die angespannte Versorgungslage zunehmend aufgelockert, wobei die Mangellage bei Walzwerksprodukten am längsten andauerte. Die Nachfrage aus dem In- und Ausland ging zurück, die Märkte und Preise beruhigten sich. Die durchgeführten Investitionen in der Grundstoffindustrie wirkten sich nach und nach aus. Der Produktionsausstoß wuchs ständig, so daß Anfang 1953 die Rohstoffversorgung friedensmäßig war.

1952 trat eine wichtige Änderung im Grundstoffbereich ein. Die Kohle- und Stahlindustrien Westdeutschlands, Frankreichs, Belgiens, Luxemburgs, der Niederlande und Italiens wurden zur „Europäischen Gemeinschaft für Kohle und Stahl" zusammengeschlossen. Die „Gemeinsamen Märkte" für Kohle, Stahl, Erze und Schrott traten am 10. Februar, bzw. 1. Mai 1953 in Kraft.

Kohle

Im 1. Halbjahr 1950 war die Kohlenversorgung der Wirtschaft so reichlich, daß sich sogar Absatzschwierigkeiten im Kohlenbergbau bemerkbar machten. Die Haldenbestände stiegen erstmals seit der Währungsreform an und erreichten fast 2 Mill. t. Der Koreaboom brachte jedoch kurzfristig so hohe Anforderungen, daß diese Bestände innerhab von 3 Monaten abgezogen waren und der alte Kohlenengpaß wieder in aller Schärfe in Erscheinung trat. Bis Anfang 1952 blieb die Belieferung der Industrie mit inländischer Kohle unzureichend. Die Steinkohlenförderung übertraf zwar 1951 mit 119 Mill. t zum erstenmal nach Kriegsende den Stand des Jahres 1936 (117 Mill. t) und erhöhte sich 1952 weiter auf 123 Mill. t. Das dem Kohlenbergbau eigene langsame Wachstum hielt jedoch nicht Schritt mit den Anforderungen. Schwierigkeiten hatten vor allem die kohleintensiven Industrien (Eisen und Stahl, Chemie, Zellstoff, Steine und Erden).

Die Kohlenvorräte der Verbraucher schrumpften zusammen. Größere Produktionsausfälle konnten trotzdem vermieden werden, in erster Linie dank umfangreicher Kohleneinfuhren aus den USA, die im Frühjahr 1951 einsetzten. In jenem Jahr wurden 5,8 Mill. t Kohle aus den USA eingeführt, 1952 sogar 7,4 Mill. t. Auch das Kohlenangebot außerhalb der amtlichen Zuteilungen von Kleinzechen und Stollenbetrieben nahm zu. Die Industrie bemühte sich außerdem, den Schwierigkeiten durch Ausweichen auf minderwertige Kohlensorten und andere Heiz- und Kraftquellen (Heizöl, Elektrizität) zu begegnen. Nur allmählich gelang es, eine Verringerung der hohen Exportverpflichtungen im Laufe des Jahres 1951 um 0,8 Mill. t auf 6,0 Mill. t je Quartal zu erreichen.

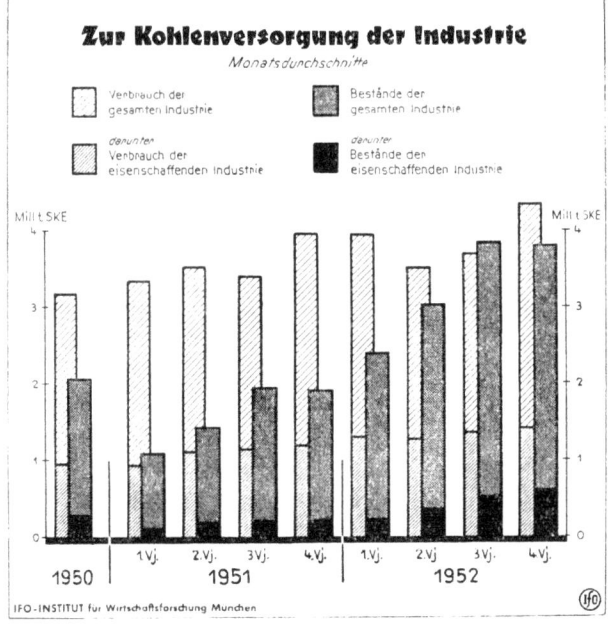

Zur Kohlenversorgung der Industrie
Monatsdurchschnitte

Seit dem Herbst 1951 entspannte sich die Kohlenversorgungslage zunehmend, im März 1952 waren die Schwierigkeiten im wesentlichen vorüber. Die Bereitstellung von genügenden Koksmengen für die eisenschaffende Industrie bereitete bis Jahresende 1952 trotz Ausbau der Kokereikapazitäten Schwierigkeiten. Die Steigerung der Kokserzeugung gibt ein eindrucksvolles Bild: 1946 = 9,0 Mill. t; 1948 = 18,9 Mill. t; 1952 = 34,1 Mill. t. Seit Beginn des Jahres 1953 scheint sich auch hier die Lage entspannt zu haben.

Die Produktivität blieb im Steinkohlenbergbau weit unter dem Durchschnitt der gesamten Industrie. Die Schichtleistung unter Tage lag 1952 immer noch rund 30 vH unter der Friedensleistung (1936). Wenn sie auch im Laufe der Jahre langsam anstieg, wurde doch die Erhöhung der Kohlenförderung in erster Linie durch zusätzliche Arbeitskräfte (70 vH mehr als 1936) und — hauptsächlich 1951 — durch Sonderschichten erzielt. Nach den Plänen der OEEC soll bis 1956 die Steinkohlenförderung in Westdeutschland 150 Mill. t jährlich erreichen, wobei Investitionen im Werte von 3,8 Mrd. DM durchgeführt werden müßten. Der Bergbau hofft 1,45 Mrd. DM selbst finanzieren zu können.

Eisen und Stahl

Mit dem stürmischen Produktionsanstieg der verarbeitenden Industrie seit Mitte 1950 konnte auch die Eisen- und Stahlerzeugung nicht Schritt halten. Die Begrenzung der Rohstahlproduktion auf 11,1 Mill. t im Jahr wurde offiziell erst am 25. Juli 1952 aufgehoben. Zu der unzureichenden Rohstahlproduktion kam hinzu, daß auch die Walzkapazitäten zu gering waren

Rohstahlproduktion
in der Bundesrepublik

Jahr	Insgesamt	produktionstägliche Leistung[1]
	in 1 000 Tonnen	
1946	2 551	8
1947	3 060	10
1948	5 561	18
1949	9 156	30
1950	12 121	40
1951	13 506	44
1952	15 806	51

[1] Produktionstage auf Grund der tatsächlich geleisteten Schichten ermittelt.

Quelle: Eisen- und Stahlstatistik.

(Demontagen!). Die Walzstahllieferungen an inländische Verbraucher blieben erheblich hinter der Produktion von Investitionsgüter-Fertigwaren zurück, die über zwei Drittel aller Walzstahllieferungen beansprucht. Die Vormateriallager der Eisenverarbeiter schrumpften im Laufe dieser zwei Jahre stark zusammen.

Etwa um die Jahresmitte 1952 bahnte sich, wenn auch zunächst nur rein mengenmäßig und global gesehen, eine entscheidende Wendung an. Die Investitionsgüterproduktion und die Belieferung mit Walzstahlerzeugnissen standen im 3. Quartal 1952 etwa im Gleichklang. Wenn sich hier bereits Auswirkungen der in den vergangenen Jahren durchgeführten Investitionen bemerkbar machten, so darf doch nicht vergessen werden, daß die höhere Eisen- und Stahlerzeugung nur durch Einsatz amerikanischer Kohlen möglich wurde. Auch zusätzliche Erzimporte mußten getätigt werden. Bei dem strukturell sinkenden Schrottaufkommen werden in Zukunft auch Einfuhren von Schrott durchgeführt werden müssen, so daß sich für die westdeutsche Devisenbilanz von dieser Seite her eine zunehmende Belastung ergeben wird.

Infolge der rückläufigen Auslandsnachfrage nach Walzstahlerzeugnissen ging die Stahlausfuhr seit der Jahresmitte 1952 zurück. Die im Laufe des Jahres 1952 sich wandelnde Situation auf dem westdeutschen und dem Weltstahlmarkt zeigt sich noch deutlicher in der Entwicklung der Importe.

Außenhandel der Bundesrepublik mit Walzstahl
Monatsdurchschnitte in 1000 t

Zeit	Einfuhr[1]	Ausfuhr
1950	17	136
1951	9	157
1952 1. Halbjahr	18	145
3. Vierteljahr	78	125
4. Vierteljahr	166	108

[1] Einschließlich Material zur Lohnveredlung.

Bis Mitte 1952 war die Einfuhr von Walzstahl unerheblich. Stahl war auch auf dem Weltmarkt zeitweise knapp, die ausländischen Preise waren so hoch, daß sie für die westdeutschen Eisenverarbeiter nur in Ausnahmefällen tragbar waren. Noch zu Beginn des Jahres 1952 kam z. B. importierter Stabstahl (einschl. Zoll) etwa doppelt so teuer wie inländischer. Die starke Diskrepanz verschwand jedoch im Laufe des Jahres 1952 fast vollständig. Durch die Erhöhung der

Inlandspreise am 10. April 1952 und die Freigabe der Eisenpreise im August hob sich das inländische Preisniveau, während die Walzstahlpreise auf dem Weltmarkt bei sinkender Nachfrage und größerem Stahlangebot ständig nachgaben. Die Walzstahlimporte wuchsen gegen Jahresende 1952 sprunghaft an; im letzten Quartal stellten die Einfuhren etwa 15 vH der Inlandslieferungen dar. Der inländischen Wirtschaft standen damit monatlich 950 000 bis 1 Mill. t Walzstahl zur Verfügung, d. h. mehr als im gesamten Reichsgebiet im Jahre 1937 (946 000 t). Diese reichliche Versorgung schloß nicht nur die Sortimentslücke, sondern ermöglichte den Eisenverarbeitern gleichzeitig eine Auffüllung ihrer Lagerbestände. Der Stahlmarkt zeigte zu Beginn des Jahres 1953 ein fast ausgeglichenes Bild.

Sonstige inländische Grundstoffe

Vorübergehend brachte der Koreaboom im Jahre 1951 auch Versorgungsschwierigkeiten bei zahlreichen Grund- und Zwischenprodukten der chemischen Industrie. Besonders knapp waren zeitweilig Kalziumcarbid (Strommangel), Chlor und Ätznatron (Produktionsbeschränkungen), Schwefelsäure (Mangel an Schwefelkies), Salzsäure (Mangel an Chlor), Formaldehyd, Weichmacher u. a. m. Auch Zellstoff stand nicht in genügenden Mengen zur Verfügung, wodurch der Papier- und Pappenindustrie Schwierigkeiten erwuchsen. Die Lieferfristen für Chemiefasern stiegen damals auf 6 Monate und darüber. Die Gummireifenindustrie hatte Schwierigkeiten bei der Beschaffung genügend großer Mengen technischen Reyons.

Bereits um die Jahreswende 1951/52 besserte sich die Versorgungslage. Mit Beginn 1952 standen inländische Grundstoffe wieder ausreichend zur Verfügung.

Ausländische Rohstoffe

Der Rohstoffbedarf der westdeutschen Industrie muß für weite Bereiche fast ganz im Ausland gedeckt werden. Dies gilt vor allem für Textilfasern, Kautschuk, Kupfer und weitgehend für andere NE-Metalle und Erze, Erdöl sowie Häute und Felle. Der Anteil dieser Gruppen an der Rohstoffeinfuhr (ohne Kohle) hat sich in den letzten Jahren nicht unbeträchtlich verschoben. Obwohl hier die unterschiedliche Preisentwicklung eine Rolle spielt, ist doch deutlich zu erkennen, daß Erz- und Erdöleinfuhren stärker gewachsen sind als die Rohstoffeinfuhren für die Verbrauchsgüterindustrien.

Rohstoffeinfuhr

Bereich	Einheit	1950	1951	1952
Rohstoffeinfuhr insgesamt (ohne Kohle)	Mill. DM	3 200	4 531	4 798
darunter: Textilrohstoffe . . .	v H	55	47	37
Erze	„	9	13	20
Kautschuk	„	7	9	7
Erdöl	„	5	8	9
Häute und Felle	„	7	6	7

Gegenüber der Vorkriegszeit sind die Einfuhranteile für Kautschuk und Erdöl unverhältnismäßig hoch; dies ist eine Folge der an die Ostzone verlorengegangenen Kapazitäten bzw. der Produktionsverbote für Buna und synthetische Treibstoffe. Anfang 1950 war die Versorgung mit ausländischen Rohstoffen im wesentlichen ausreichend und die Lager aufgefüllt.

Die Koreahausse löste auch auf diesem Gebiet in der 2. Jahreshälfte 1950 Schwierigkeiten aus. Insbesondere zeigten sich Versorgungsengpässe bei NE-

Metallen, Rohschwefel, Textilrohstoffen und Zucker (als Rohstoff für die verarbeitende Industrie). Sie verschärften sich 1951 und führten dann zu Verbrauchsbeschränkungen und Kontingentierungen. Knapp wurden auch gewisse Ledersortimente, zeitweise auch Kaolin (Ausfuhrsperre der Tschechoslowakei). Mit dem Abklingen der Nachfrage auf den Rohstoffweltmärkten und sinkenden Preisen normalisierte sich die Versorgung im Laufe des Jahres 1952 wieder.

Elektrizität und Gas

Die Versorgung mit Elektrizität und Gas war bis 1948 vollkommen ungenügend. Aber auch danach mußten häufig Stromabschaltungen vorgenommen werden. Die jeweils vorhandene Kraftwerksleistung konnte den Energiebedarf der Industrie, insbesondere in Zeiten geringer Wasserdarbietung, nicht immer voll decken. So kam es zu einer Stromkrise im Winter 1950/51, die besonders die chemische Industrie (Karbid, Düngemittel) und die Aluminiumproduktion hart traf. Im Winter 1951/52 standen zwar genügende Kraftwerkskapazitäten zur Verfügung, die unzureichende Versorgung der Dampfkraftwerke mit Kohle führte jedoch abermals zu Stromkürzungen. Erst ab 1952 gab es keine Schwierigkeiten in der Stromversorgung mehr.

Die öffentlichen Kraftwerke liefern etwa 60 vH des benötigten Stromes. Der Leistungszuwachs dieser Werke ist seit 1948 beachtlich. Er betrug (netto):

1948	. . . .	197 Mill. W
1949	. . . .	327 „ „
1950	. . . .	618 „ „
1951	. . . .	921 „ „
1952	. . . .	860 „ „

Der stärkste Ausbau erfolgte im Jahre 1951. Er verzögerte sich vorübergehend mit dem Auslaufen der ERP-Mittel. Ende des Jahres 1952 betrug die Gesamtkapazität etwa 13,4 Mrd. W.

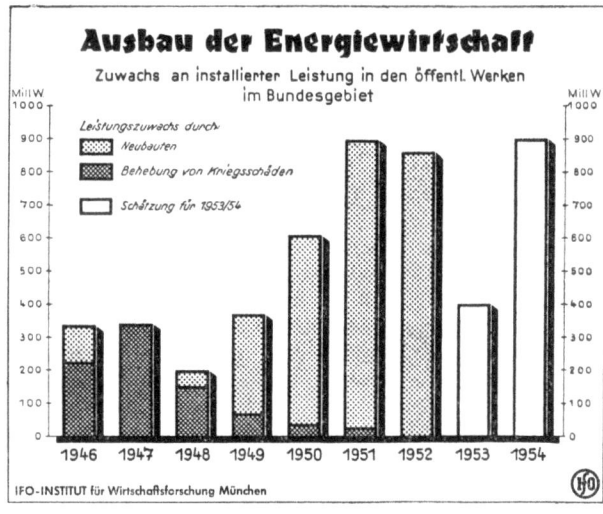

Ausbau der Energiewirtschaft
Zuwachs an installierter Leistung in den öffentl. Werken im Bundesgebiet

Leistungszuwachs durch
▨ Neubauten
▨ Behebung von Kriegsschäden
☐ Schätzung für 1953/54

1946 1947 1948 1949 1950 1951 1952 1953 1954

IFO-INSTITUT für Wirtschaftsforschung München

Da der Stromverbrauch im Jahre 1951 nicht ganz so stark wuchs wie der Ausbau der Kapazitäten und außerdem die Stromaustauschbilanz mit dem Auslande günstiger wurde, ging die monatliche Ausnutzungsdauer der öffentlichen Kraftwerke zurück, so daß die Anlagen seit etwa 1952 nicht mehr überlastet werden.

Die zeitweilig schwierige Kohlenlage hatte oft auch eine Unterversorgung mit Gas zur Folge, besonders im süddeutschen Raum, so daß auch hier vorübergehend im Winter 1950/51 Kürzungen der Industriegaskontingente erforderlich wurden.

IV. Steigende Beschäftigung und Produktivität

Der rasche Produktionsanstieg seit der Währungsreform brachte auch eine beachtliche Erhöhung der Beschäftigtenzahl mit sich. Es ist selbstverständlich, daß diese nicht in demselben Ausmaß wuchs, wie die Produktion, denn auch die erhöhte Arbeitszeit und die durchgeführte Rationalisierung zusammen mit der besseren physischen Leistung der Menschen machte sich in einem höheren Produktionsausstoß bemerkbar. Die Gütererzeugung stieg von 1949 auf 1952 um rund 50 vH, die Zahl der Beschäftigten in der Industrie dagegen nur um rund 25 vH. Immerhin hat die Industrie in diesem Zeitraum relativ mehr Menschen Arbeit gegeben (+ 25 vH), als die gesamte Beschäftigung Westdeutschlands anstieg (+ 14 vH). Ein großer Teil der Flüchtlinge konnte in der Industrie untergebracht werden.

**Entwicklung der industriellen Beschäftigung
in der Bundesrepublik**
September-Stand (Die in Klammern gesetzten Zahlen beziehen sich auf das Bundesgebiet ohne französische Zone)
in Tsd. Pers.

Nr.	Bezeichnung	1948	1949	1950	1951	1952	Veränderung 1949—1952
1	Beschäftigte insgesamt[1]	13 463	13 604	14 296	14 885	15 456	+ 13,6 vH
2	Beschäftigte in d. Industrie[2]	(3 359)	4 488	5 004	5 407	5 631	+ 25,5 vH
	vH von 1	.	33,0	35,0	36,3	36,4	.
3	darunt. Frauen	(695)	1 095	1 308	1 424	1 492	+ 36,3 vH
	vH von 2	20,1	24,4	26,1	26,3	26,5	.
4	Industriearbeiter[3]	(2 854)	3 793	4 246	4 571	4 735	+ 24,8 vH
5	Angestellte in der Industrie[4]	(505)	695	758	836	896	+ 28,9 vH
	vH von 2	15,0	15,5	15,1	15,5	15,9	.

[1] Arbeiter, Angestellte und Beamte. — [2] Inhaber, Angestellte, Arbeiter, gewerbliche und kaufmännische Lehrlinge. — [3] Einschließlich gewerbliche Lehrlinge. — [4] Einschließlich Inhaber und kaufmännische Lehrlinge.

Besonders aufnahmefähig für Arbeitskräfte waren in den letzten Jahren der Maschinenbau, die Textil- und Bekleidungsindustrie, die elektrotechnische Industrie und der Fahrzeugbau. Ein Facharbeitermangel machte sich nur vorübergehend und in einzelnen Sparten seit 1950 insbesondere in verschiedenen Metallberufen bemerkbar. Die Produktion wurde aus diesem Grunde jedoch nicht beeinträchtigt.

Die durchschnittlichen Bruttostundenverdienste der Industriearbeiter waren 1949 um rund die Hälfte höher als 1938, wobei die Löhne der Arbeiterinnen stärker gestiegen waren als die der Arbeiter. Im Herbst 1950 begann eine stärkere Bewegung der Tariflöhne und Gehaltssätze nach oben. Diese Lohnbewegung beruhigte sich um die Jahreswende 1951/52. Im Herbst 1952 deutete sich eine neue Lohnwelle durch Kündigung von Tarifverträgen an.

Eine Erhöhung der Wochenverdienste wurde auch durch die Verlängerung der durchschnittlichen Wochenarbeitszeit bewirkt. Diese überschritt im Juni 1950 erstmals wieder den 48-Stunden-Durchschnitt. Die erhöhten Produktionsanforderungen während des Koreabooms wurden zum Teil durch Überstunden vorübergehend bewältigt (Wochen-

arbeitszeit im Herbst 1950 teilweise 50 und mehr Stunden). Im Kohlenbergbau wurden in dieser Zeit Sonderschichten eingelegt, die dann im Laufe des Jahres 1952 wieder langsam abgebaut wurden.

Durchschnittliche Wochenarbeitszeit in der Industrie
(ohne Bergbau)

	1946	1947	1948	1949	1950	1951	1952
In Stunden	39,5	38,9	42,2	46,3	48,0	47,4	47,5
1938 = 100	80	78	85	93	97	96	96

Im Jahre 1950 zahlte die Industrie im Monatsdurchschnitt 984 Mill. DM Bruttolöhne aus. Bis 1952 war die Bruttosumme der Löhne auf 1 382 Mill. DM monatlich gestiegen. Die Bruttosumme der Gehälter erhöhte sich im entsprechenden Zeitraum von 280 Mill. DM im Monatsdurchschnitt auf 408 Mill. DM.

Produktivität

Ende 1948 war die Leistung je Arbeiterstunde in der Industrie noch um etwa ein Viertel geringer als im Jahre 1936. War in der ersten Zeit nach der Währungsreform die Erhöhung der Arbeitsproduktivität vor allem auf bessere physische Leistungen der Arbeiter als Folge der günstigeren Lebensbedingungen zurückzuführen, so machte sich ab 1949 nach und nach die Rationalisierung des Arbeitsprozesses, die Modernisierung der Anlagen und die höhere Kapazitätsausnutzung in einer stetigen Steigerung des Produktionsausstoßes je Arbeiterstunde bemerkbar. Die Produktivität erreichte — global gesehen — im 1. Quartal 1951 wieder den Stand von 1936, also etwa ein Jahr später als die gesamte industrielle Gütererzeugung. Sie verbesserte sich auch im Jahre 1952 weiter um rund 5 vH. Nicht zuletzt dürfte diese Steigerung der Produktivität darauf zurückzuführen sein, daß im Laufe der Jahre die Folgen der Zerreißung des harmonischen Wirtschaftsgefüges beseitigt werden konnten. Die Struktur der Industrie dürfte sich wieder auf ein normales Verhältnis eingespielt haben.

Entwicklung der industriellen Produktivität in der Bundesrepublik
Produktionsergebnis je Arbeiterstunde

Bereich	1949	1950	1951	1952	1949	1950	1951	1952
	1936 = 100				1949 = 100			
Gesamte Industrie[1]	82	93	103	108	100	113	125	132
Bergbau	66	71	75	79	100	107	114	120
Grundstoff- und Produktionsgüterindustrie	87	100	108	111	100	114	124	126
Investitionsgüterindustrie	79	94	110	118	100	119	139	149
Verbrauchsgüterindustrie	82	91	99	103	100	110	121	126
Nahrungs- und Genußmittelindustrie	118	130	136	143	100	110	115	120

[1] Ohne Energie und Bau.

In den einzelnen Industriegruppen ergaben sich — an dem Produktivitätsindex je Arbeiterstunde gemessen — große Unterschiede sowohl im Niveau als auch im Steigerungsgrad. Neben den meist nur in Betracht gezogenen physischen und maschinellen Leistungen beeinflussen Kapazitätsauslastung,

Produktivität, Produktion und geleistete Arbeiterstunden
nach Industriegruppen

Industriegruppen	Industrielle Produktivität je Arbeiterstunde 1936 = 100		Veränderungen 1952 gegenüber 1949 in vH		
	MD 1949	MD 1952	Produktivität	Produktion	geleistete Arbeiterstd.[1]
Erdölgewinnung und Mineralölverarbeitung	55	131	+ 138	+ 158	+ 41
Fahrzeugbau	59	119	+ 102	+ 162	+ 31
Feinmechanik und Optik	71	104	+ 47	+ 113	+ 56
Eisenerzbergbau	81	116	+ 43	+ 75	+ 31
Elektrotechnik	84	118	+ 41	+ 92	+ 38
Eisen und Stahl	76	105	+ 38	+ 68	+ 37
Maschinenbau	87	118	+ 36	+ 94	+ 71
Chemie einschl. Kohlewertstoffe ...	92	125	+ 36	+ 55	+ 10
NE-Metalle (ohne Gießerei)	87	112	+ 29	+ 86	+ 41
Brauerei und Mälzerei	71	91	+ 28	+ 93	+ 34
Nahrungsmittel	120	151	+ 26	+ 14	− 2
Eisen-, Stahl- und Tempergießerei ...	71	89	+ 25	+ 74	+ 41
Kali- und Steinsalzbergbau	76	94	+ 24	+ 64	+ 38
Textil	90	106	+ 18	+ 40	+ 19
Gummi und Asbest	88	103	+ 17	+ 38	+ 24
Ledererzeugung......	77	90	+ 17	+ 17	+ 5
Feinkeramik	68	78	+ 15	+ 46	+ 32
Steine und Erden ...	92	105	+ 14	+ 36	+ 26
Kohlenbergbau	62	70	+ 13	+ 21	+ 6
Zellstoff- und Papiererzeugung	74	82	+ 11	+ 35	+ 17
Schuhe	72	78	+ 8	+ 27	+ 25
Sägewerke und Holzbearbeitung	74	77	+ 4	+ 2	+ 3
Glas	121	102	− 16	+ 22	+ 50

[1] Nur jeweils 2. Halbjahr.

Strukturveränderungen, Neuauflage von Produktionsprogrammen, Aufnahme neuer Produktionen (Anlaufzeit!) u. a. m. in starkem Maße die Arbeitsproduktivität.

Als Beispiel für hohe Auslastung der Kapazitäten und straff durchgeführte Rationalisierungsmaßnahmen sei der Fahrzeugbau genannt (Sonderkonjunktur im ersten Halbjahr 1952; Serienproduktion am Montageband). Typisch für die Steigerung der Arbeitsproduktivität aus rein technischen Gründen ohne Vermehrung der menschlichen Arbeitskraft ist die Nahrungsmittelindustrie. Ihre Produktivität lag bereits vor der Währungsreform höher als 1936, was einerseits auf die genügende Kapazitätsauslastung (lebenswichtige Erzeugung!), andererseits darauf zurückzuführen ist, daß die Erzeugung schon damals zu einem großen Teil auf maschinelle Fertigung umgestellt war. Die Erfolge seit 1949 wurden durch weitere Mechanisierung gewisser Produktionsprozesse (z. B. Gemüse- und Fischkonservenindustrie) erzielt. Wie stark Strukturveränderungen die Produktivität beeinflussen können, ist an der Glasindustrie zu erkennen. Durch die Zonentrennung verlor Westdeutschland fast die gesamten Hohlglaskapazitäten, während der Umfang der Flachglaserzeugung in den westdeutschen Gebieten befriedigend war. Im Laufe der Jahre mußten neue Hohlglaskapazitäten erstellt werden, die — obwohl moderner aufgebaut — bedeutend arbeitsintensiver sind, als die maschinell produzierende Flachglasindustrie. Hohlglas wurde 1952 um rund 41 vH mehr erzeugt als 1949, Flachglas nur um 6 vH. Der Anteil der Hohlglasindustrie an der gesamten Industriegruppe Glas wuchs daher und mußte dadurch — allerdings nur rein rechnerisch — die Produktivität der gesamten Industriegruppe drücken. So erklärt sich der auf den ersten Blick unverständlich erscheinende Produktivitätsrückgang von 1949 auf 1952 um 16 vH.

Im allgemeinen zeigten die Investitionsgüterindustrien die stärksten Leistungsfortschritte, die geringsten der Bergbau, der im Schnitt selbst 1952 noch um etwa 20 vH unter dem Produktivitätsstand von 1936 lag. In der Gruppe Bergbau wird die Leistung vor allem durch den Steinkohlenbergbau gedrückt. Hier spielen aber wieder technische Faktoren eine Rolle, so größere Teufe, forcierter Streckenausbau und Neuerschließungen, die erst nach Jahren Förderergebnisse bringen werden. Dadurch ist die Gesamtleistung unter Tage um kaum 9 vH gestiegen, obwohl sich die Leistung vor Ort von 1949 bis 1952 um etwa 20 vH erhöhte.

Schon an diesen wenigen Beispielen wird deutlich, daß aus der unterschiedlichen Entwicklung der Produktivität in den Industriezweigen ohne genaue Analyse leicht voreilige Schlüsse gezogen werden können.

Einflüsse auf das Kosten-Erlösverhältnis

Die nach der Währungsreform einsetzende erhebliche Kostendegression als Folge der nun bedeutend besser ausgenutzten Kapazitäten, gesteigerter Arbeitsproduktivität und zunehmender technischer Rationalisierung ermöglichte trotz Lohnerhöhungen beachtliche Gewinne. Ohne sie wäre der rasche

Wiederaufbau und Ausbau der industriellen Kapazitäten und ihre Modernisierung gar nicht möglich gewesen, denn der Kapitalmarkt im eigentlichen Sinne blieb unergiebig. In erster Linie kam diese Kostendegression den verbrauchsnahen Industriezweigen zugute. Seit 1950 kamen auch die Investitionsgüterindustrien stärker zum Zuge. Auf der Schattenseite lagen jene Bereiche, die durch Preisbindungen und Produktionsbeschränkungen die Marktlage nicht nutzen konnten, also vor allem die Grundstoffindustrien.

Im Laufe des Jahres 1951 und im ersten Halbjahr 1952 veränderte sich das Bild. Die Verbrauchsgüterindustrie kam in eine Flaute. Dagegen ergaben sich seit 1951 für die Grund- und Produktionsmittelindustrien durch Preiserhöhungen, bzw. durch Fortfall von Preisbindungen und Produktionsbeschränkungen bessere Ertragsmöglichkeiten. Die Preiserhöhungen für Grundstoffe wie Holz, Schrott, Energie, Eisen und Stahl (1952 z. B. um 29 vH für Stabstahl) sowie Kohle (24 vH im Jahre 1952) erreichten aber den Investitionsgütersektor zu einem Zeitpunkt, in dem sich die Konjunktur abzuschwächen begann. Das Kosten-Ertrags-Verhältnis verschlechterte sich nun in diesem Bereich.

Für die gesamte Industrie ergaben sich im Durchschnitt für das Jahr 1952 keine nennenswerten Erhöhungen der Rohstoffkosten mehr, da bei anziehenden inländischen Grundstoffpreisen die Weltmarktpreise sanken. Der Index der Grundstoffpreise stieg nur noch um etwa 5 vH, nachdem er sich hauptsächlich durch die Preishausse für Weltrohstoffe von 1949 auf 1950 um rund 15 vH und von 1950 auf 1951 um fast 25 vH erhöht hatte. Damit hatten sich damals vor allem die Rohstoffkosten der Verbrauchsgüterindustrien erhöht, was sich zusammen mit der Nachfrageerhöhung in starken Steigerungen der industriellen Fertigwarenpreise für Konsumgüter im Gefolge des Koreabooms niederschlug. Mit sinkenden Weltrohstoffpreisen und zunehmenden Absatzschwierigkeiten gaben auch die Konsumgüterpreise 1952 wieder nach. Da in diesem Jahr auch die Marktlage des Investitionsgütersektors eine Weitergabe der erhöhten Kosten für inländische Rohstoffe in den Fertigwarenpreisen für Investitionsgüter kaum ge-

stattete, beruhigte sich die gesamte Preisbewegung in der Industrie wieder.

Entwicklung der Preise industrieller Produkte in der Bundesrepublik

1938 = 100

Bereich	1949	1950	1951	1952
Grundstoffpreise				
Industriestoffe insgesamt	204	230	284	295
Erzeugerpreise				
Industrie insgesamt	185	183	221	225
vorwiegend:				
Grundstoffe	191	196	245	250
Investitionsgüter	185	171	189	201
Verbrauchsgüter	175	170	203	204

Die nominellen Arbeitnehmereinkommen sind infolge verschiedener Erhöhungen der Lohn- und Gehaltstarife seit 1949 gestiegen. Die Lohnquote in der Industrie (Anteil der Löhne und Gehälter am Umsatz) liegt trotzdem seit dem zweiten Halbjahr 1950 etwas tiefer als zuvor (rund 18 vH gegenüber etwa 20 vH). 1952 ist sie wieder leicht gestiegen. Bei der Deutung dieser Entwicklung sind u. a. die Erhöhung der Rohstoffkosten, der Umsatzsteuer und der Produktivität in Betracht zu ziehen.

Zur Entwicklung der Lohnkosten in der Industrie der Bundesrepublik

Zeit	Löhne je geleistete Arbeiterstunde	Anteil der Löhne und Gehälter am Umsatz	Umsatz je Beschäftigten	Umsatz je geleistete Arbeiterstunde
	DM	vH	DM	DM
1949 3. Quart.	1,24	20,0	3 678	7,99
4. Quart.	1,22	19,1	4 009	8,28
1950 1. Quart.	1,22	20,2	3 699	7,87
2. Quart.	1,27	19,9	3 801	8,25
3. Quart.	1,28	17,9	4 342	9,12
4. Quart.	1,33	18,1	4 711	9,40
1951 1. Quart.	1,36	17,2	4 829	10,18
2. Quart.	1,47	17,8	5 048	10,58
3. Quart.	1,52	18,0	5 064	10,80
4. Quart.	1,55	17,4	5 638	11,43
1952 1. Quart.	1,53	17,8	5 321	11,15
2. Quart.	1,60	18,6	5 138	11,15
3. Quart.	1,59	17,9	5 427	11,47
4. Quart.	1,60	17,9	5 684	11,55

V. Die strukturellen Verschiebungen

Bei Kriegsende entsprachen die industriellen Kapazitäten nur in den wenigsten Fällen der Bedarfsstruktur. Verlagerungen aus Mitteldeutschland und Berlin fanden in der Folge statt. Für fehlende Erzeugnisse mußten Produktionsstätten errichtet werden. Von den Vertriebenen wurden für Westdeutschland völlig neue Produktionen aufgenommen (Gablonzer Erzeugnisse, gewirkte Strümpfe). Bestehende Kapazitäten wurden erweitert. Die „neuen Industrien" (z. B. vollsynthetische Fasern, Kunststoffe) drangen weiter vor. Auch der Konsument diktierte zum Teil durch Veränderungen seiner Verbrauchsgewohnheiten die Entwicklungsrichtung.

Insbesondere in den ersten Jahren nach dem Zusammenbruch beeinflußten auch Eingriffe der Alliierten die Produktion sowohl mengenmäßig wie im zeitlichen Ablauf. Teils waren es Produktionsverbote, die immer noch bestehen (Flugzeugbau, Kriegsschiffbau, Produktion von Panzern und Kriegsgeräten aller Art) oder die im „Washingtoner Abkommen" vom 13. April 1949 in Produktionsbeschränkungen umgewandelt wurden (z. B. für Rohaluminium, Magnesium, schwere Werkzeugmaschinen, Lokomotiven, Elektronenröhren, Schußwaffen, ab 1951 auch für synthetischen Gummi und Treibstoffe), teils beeinträchtigten Produktionsbeschränkungen die Entwicklung mancher Industriegruppen Jahre hindurch schwer. Der „Potsdamer Industrieplan" vom 26. März 1946 enthielt sogar für die wichtigsten Zweige der Konsumgüterindustrie Beschränkungen, legte z. B. den Rohstoffverbrauch der Textil- und Bekleidungsindustrie, den Schuhverbrauch je Kopf und den Papierverbrauch fest; diese Beschränkungen fielen allerdings bereits

im „revidierten Industrieplan" vom 26. August 1947 und traten bei der damaligen Warenknappheit praktisch nicht in Erscheinung. Erst das „Abkommen betreffend Überwachung der Industrie" vom 3. April 1951 ließ die meisten Einschränkungen fallen. Neben dem weiterhin bestehenden Verbot zur Erzeugung von Kriegsgerät und abgesehen von vereinzelten Produktionsbeschränkungen blieb nur noch die Kapazität folgender Industrien einer Überwachung unterworfen:

Schiffbau, synthetischer Gummi, Benzin, Öle und Schmiermittel, die unmittelbar oder mittelbar synthetisch aus Stein- oder Braunkohle erzeugt werden, Kugel- und Rollenlager, mit Ausnahme von Ausrüstungen, die ausschließlich zur Herstellung von Nichtpräzisionslagern verwendbar sind.

Die in diesem Abkommen darüber hinaus noch festgelegte Überwachung der Stahlkapazitäten wurde am 25. Juli 1952 mit Rücksicht auf das Inkrafttreten der Montanunion (10. August 1952) aufgehoben.

Die Umschichtungen und Eingriffe seit Kriegsende zeigen sich deutlich in dem unterschiedlichen Wachstum der einzelnen Industriezweige.
Bereits bis zum Jahre 1948 hatten sich die einzelnen Industriegruppen unterschiedlich entwickelt im Vergleich zu 1936. Die folgenden Produktionsveränderungen seit der Währungsreform bis 1952 führten zu einem noch weit stärkeren Auseinanderklaffen. Im Durchschnitt stieg die Industrieproduktion (ohne Bau) von 1948 bis 1952 um 130 vH; für die einzelnen Industriegruppen streut die Wachstumsquote von 25 vH bis 600 vH, in einem Einzelfall sogar über 1200 vH.

Im allgemeinen lagen jene Industrien, die bereits im Jahre 1948 den durchschnittlichen Stand der Gesamtindustrie überschritten hatten, auch im Jahre 1952 über dem Durchschnitt. Eine Ausnahme bildeten nur zwei Gruppen: der *Kohlenbergbau* und die *Sägerei und Holzbearbeitung*. Beide hatten 1948 ein höheres Produktionsniveau erreicht als die

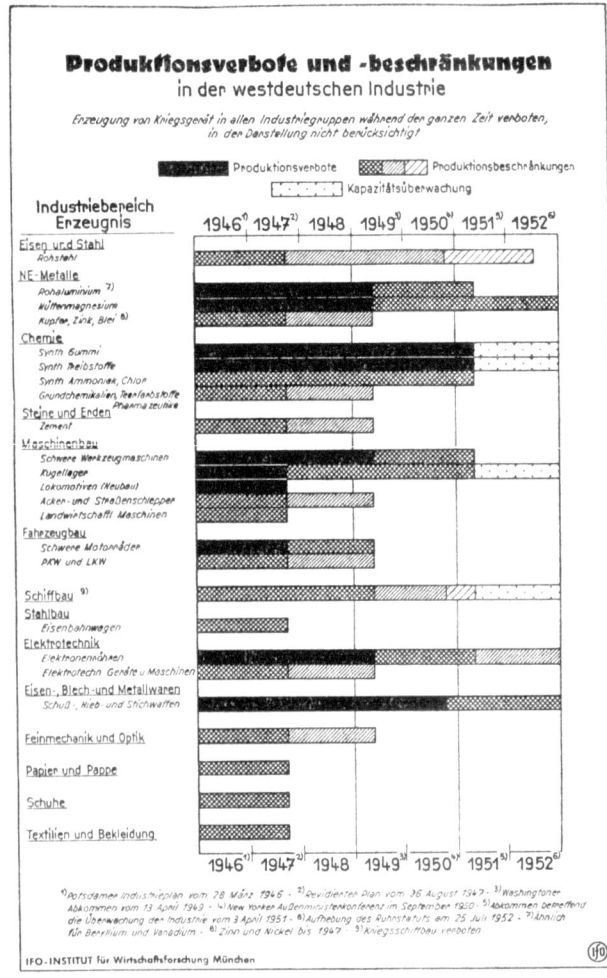

Unterschiedliches Wachstum in der Industrie
1948—1952
Steigerung der g e s a m t e n Industrieproduktion (ohne Bau) = 130 v. H.

Industriegruppe	1936 = 100		Steigerung um vH	Industriegruppe	1936 = 100		Steigerung um vH
	1948	1952			1948	1952	
unterdurchschnittl. Steigerung				*überdurchschnittl. Steigerung*			
Nahrungsmittel	119	149	25	Ziehereien und Kaltwalzwerke	41	97	137
Sägewerke u. Holzbearbeitung	72	101	40	Hohlglaserzeugung	94	225	139
Kohlenbergbau	79	112	42	Textil	51	125	145
Metallerzbergbau	97	142	46	Brauerei	41	103	151
Flachglaserzeugung	93	147	58	Eisen-, Stahl- und Tempergießerei	44	118	168
Gaserzeugung	79	134	70	Elektrotechnik	106	288	172
Gummiverarbeitung	82	144	76	Erdölgewinnung	143	395	176
Elektrizitätserzeugung	123	219	78	Eisen und Stahl	38	107	182
Schuhe	49	88	80	Eisen-, Blech- und Metallwaren	47	133	183
Chemiefaser	133	239	80	NE-Schwermetallhütten	40	125	213
Ledererzeugung	40	73	83	Tabakverarbeitung	33	105	218
NE-Metallhalbzeug	46	92	100	Maschinenbau	56	189	238
Zellstoff- u. Papiererzeugung .	52	104	100	Schiffbau	27	92	241
Feinkeramik	64	130	103	Feinmechanik und Optik	53	184	247
Kali- u. Steinsalzbergbau	88	183	108	Fahrzeugbau	30	194	547
Steine und Erden	51	108	112	Mineralölverarbeitung	32	224	600
Chemie	70	155	122	NE-Leichtmetallhütten	15	199	1227
Eisenerzbergbau	88	196	123				
Stahlbau	39	88	126				

Gesamtindustrie, lagen aber im Jahre 1952 mit ihren Produktionsergebnissen unter dem Durchschnitt. Die Ursachen im Kohlenbergbau, der an und für sich nicht so kurzfristig ausdehnungsfähig ist wie andere Industrien, sind teils technischer Art, teils hängen sie mit der geringeren physischen Leistung zusammen. In der Sägereiindustrie setzte der strukturelle Rohholzmangel der Bundesrepublik einer Produktionsausweitung enge Grenzen.

Aus jenen Branchen, die im Jahre 1948 unter dem Durchschnitt produzierten, fallen einige Zweige durch ein starkes Wachstum in den folgenden Jahren heraus; es sind dies vor allem die hauptsächlichsten Investitionsgüterindustrien, also *Maschinenbau, Fahrzeugbau, Feinmechanik und Optik* und — mit Abstand — auch die *Eisen-, Blech- und Metallwarenindustrie*. Das stärkste Wachstum seit 1948 zeigten die *NE-Leichtmetallhüttenindustrie* und die *Mineralölverarbeitung*. Beide lagen 1948 auf einem sehr tiefen Niveau. Der Leichtmetallsektor war bis Anfang 1949 durch Verbote gehemmt (Rohaluminium). In der Mineralölverarbeitung waren die Raffineriekapazitäten stark kriegsbeschädigt; sie hatten auch nur die relativ geringen Mengen deutschen Erdöls zum Verarbeiten. Westdeutschland mußte damals Benzin statt Rohöl einführen, da über die Hydrierwerke ein Erzeugungsverbot verhängt war und die Anlagen zum Teil demontiert wurden. Erst seit 1949, als ein Demontagestop verordnet wurde, bestand die Möglichkeit, eingeführtes Rohöl auch in den Hydrierwerken zu verarbeiten und damit Devisen zu sparen. Die Mineralölverarbeitung, der in steigendem Maße auch deutsches Erdöl zur Verfügung stand, stieg nun sprunghaft.

Welcher Art die Kräfte waren, die zu den Strukturverschiebungen führten, soll nachstehend in großen Zügen für die verschiedenen Industriebereiche untersucht werden.

Grundstoff- und Produktionsgüterindustrie

In der Grundstoff- und Produktionsgüterindustrie wirkten sich Produktionsverbote und -beschränkungen durch die Alliierten stark aus. Die Erzeugung chemischer Kriegs- und Sprengstoffe blieb bisher verboten. Erst im Frühjahr 1951 fiel das Verbot zur Erzeugung von *synthetischem Gummi* und *synthetischem Benzin und Öl*. Von diesem Zeitpunkt ab wird nur noch die Kapazität überwacht. Gleichzeitig fielen auch die Produktionsbeschränkungen für *Ammoniak* und *Chlor* fort. Im Frühjahr 1949 hatten die Alliierten das Erzeugungsverbot von *Rohaluminium, Magnesium und Beryllium* aufgehoben, die Erzeugung blieb aber beschränkt. Die Produktion von Aluminium wurde erst im Frühjahr 1951 ganz freigegeben, die Einschränkung für Magnesium und Beryllium blieb bestehen. Bis Mitte 1949 war auch die Erzeugung von *Kupfer, Zink und Blei* mengenmäßig begrenzt. Für *Rohstahl* wurde im Potsdamer Industrieplan 1946 eine Quote von 5,8 Mill. t festgesetzt, die im August 1947 auf 11,1 Mill. t erhöht wurde. Die Begrenzung und die Überwachung der Kapazitäten sowie Demontagen gerade der modernsten Walzwerke verhinderten eine systematische Planung im

Stahlsektor. Mitte 1952 wurden hier alle Beschränkungen aufgehoben.

Eine starke Beeinträchtigung erfuhr besonders ein Gebiet der Produktionsgüterindustrie, die *Chemiewirtschaft*, durch den Verlust von Patenten und Warenzeichen. Der chemischen Industrie Westdeutschlands gingen rund 200 000 Auslandspatente, 24 000 international registrierte Warenzeichen und annähernd 200 000 im Ausland eingetragene Schutzmarken verloren. Bis etwa 1951 wurde die chemische Industrie auch durch eine umfassende Überwachung der Forschung beeinträchtigt.

Während die Zonentrennung der eisenschaffenden Industrie — an dem verbleibenden Kapazitätsanteil gemessen — keine Schwierigkeiten brachte, war die Teilung Deutschlands für die übrige Produktionsgüterindustrie von einschneidender Bedeutung. So wurde die Erzbasis für die westdeutsche NE-Metallindustrie stark beschnitten; sie verlor fast 90 vH der deutschen Kupfererzvorkommen und über 40 vH der Zinkerzlagerstätten, während in Westdeutschland ein bedeutend größerer Anteil von Verhüttungskapazitäten verblieb (63 bzw. 74 vH). Die Folge war eine starke Forcierung des Metallerzbergbaues. Ähnlich wirkte sich der Verlust von über 60 vH der *Kali*-Kapazitäten auf die Entwicklung des westdeutschen Kalibergbaus aus. Durch die Zonentrennung wurde das vorbildliche Verbundsystem der *chemischen Industrie* gewaltsam zerstört: im Westen fehlten die Überschußprodukte der mittel- und ostdeutschen Chemiezentren (u. a. Soda, Ätzkali, Filme, Schwefel, Phosphor, Phenol). Neue Produktionen mußten aufgebaut werden. Andererseits gingen Absatzgebiete verloren, die in einzelnen Sparten ein Absinken des Anteils an der gesamten Chemieproduktion gegenüber 1936 zur Folge hatten (Düngemittelproduktion). Die *Holzindustrie* verlor mit den Holzüberschußgebieten östlich der Oder/Neisse einen beachtlichen Teil ihrer Rohstoffgrundlage (46 vH). Durch die politische Isolierung Polens und der baltischen Länder vom Westen ging aber auch das Holzangebot im europäischen Holzhandel zurück. Durch Raubbau und Zwangsexporte wurde die Rohstoffdecke weiter verkürzt. Die Folge war eine erhöhte Einfuhrabhängigkeit bei Holzhalbwaren bei gleichzeitiger Überkapazität der Sägeindustrie. Durch das Bestreben, den zu geringen Rohholzanfall besser auszunützen, entstand eine neue Sparte der Holzbearbeitung, die Spanplattenindustrie, die vornehmlich großstückigen Holzabfall als Rohstoff nutzt. Auf dem *Papiersektor* gingen praktisch sämtliche Sulfatzellstoffkapazitäten ebenso wie ein großer Teil der Zeitungsdruckpapierfabriken durch die Zonentrennung verloren, so daß die westdeutsche Papiererzeugung stark auf Importe angewiesen war. Gleichzeitig mußten neue Kapazitäten erstellt werden bzw. sind zur Zeit noch im Bau (Sulfatzellstoffabrik, Zeitungsdruckpapiermaschinen).

Auch durch die Entwicklung der Technik wurde das Strukturbild beeinflußt. Im Aufschwung der *Leichtmetallproduktion* äußert sich ein Strukturwandel, begründet in den wachsenden technischen Einsatzmöglichkeiten für Aluminium (auch als Austauschmaterial für Kupfer). Die Tendenz zur Verdrängung von NE-Metallen durch *Kunststoffe* setzte sich verstärkt fort. Kunststoffe und *Chemiefasern* konnten gegenüber der Vorkriegszeit bis 1950 ihren Anteil an der gesamten Chemieproduktion nahezu verdoppeln. Das überdurchschnittliche Wachstum der jungen *Erdölgewinnung* ist ebenfalls eine Folge der Technisierung.

Nachfrageverlagerungen wirkten sich in der *Gummiindustrie* aus. Durch die zunehmende Motorisierung ging der Anteil der Fahrradreifen am Bruttoproduktionswert der gesamten Reifenindustrie von 15 vH im Jahre 1950 auf 6 vH im Jahre 1952 zurück, während der Anteil der Produktion von Reifen für Kraftfahrzeuge entsprechend gestiegen ist.

Wandlungen im Einsatz von Rohstoffen (z. B. in der eisenschaffenden Industrie Rückgang des Einsatzes von ausländischem Erz — 1936: $^4/_5$, 1952: rund $^1/_2$) führten zu einem starken Produktionsanstieg in manchen Zweigen der Grundstoffgewinnung (*Eisenerzbergbau*). Die veränderte Auslandsnachfrage spielte z. B. in der *Chemie* eine Rolle, wo sich gegenüber der Vorkriegszeit auch strukturelle Änderungen im Export ergaben. Der Anteil der Grundstoffe und Vorprodukte an der Gesamtausfuhr wuchs, da einerseits die früheren Abnehmerländer chemische Fertigprodukte in zunehmendem Maße selbst herstellten, andererseits durch die Aufrüstung der westlichen Welt chemische Grundstoffe und Vorerzeugnisse stärker verlangt wurden als Endprodukte.

Investitionsgüterindustrie

Der Investitionsgütersektor mußte viele und lang andauernde Produktionsverbote und -beschränkungen hinnehmen. Die Produktion von Kriegsmaterial blieb über die ganze Zeit hinweg verboten. Lediglich die Erzeugung von Sportwaffen bestimmter Typen wurde ab September 1950 erlaubt. Bis zum „Washingtoner Abkommen" vom 13. April 1949 war auch die Produktion schwerer Werkzeugmaschinen, der Neubau von Lokomotiven sowie von schweren Motorrädern völlig verboten, während für die PKW- und LKW-Produktion sowie für den Bau von Eisenbahnwagen und die Erzeugung von elektrotechnischen Geräten und schweren elektrischen Maschinen Beschränkungen bestanden. Ähnliche Einschränkungen waren für die Gesamtproduktion der Feinmechanik und Optik bis zum April 1949 gültig. Während diese Produktionsbeschränkungen dann entfielen, wurde das Verbot zur Erzeugung von *Elektronenröhren* in eine Beschränkung der Produktion auf bestimmte Typen umgewandelt. Da Elektronenröhren in der modernen Radiotechnik für Sender-, Verstärker- und Gleichrichterzwecke unentbehrlich sind, wurde Westdeutschland damit von der technischen Entwicklung eines wichtigen Teilgebietes der modernen Physik (z. B. Fernschreib- und Fernsehübertragungen, drahtlose Telefonie und Telegrafie) ausgeschlossen. Das noch bis zum Frühjahr 1951 aufrechterhaltene Verbot der Herstellung von Elektronenröhren mit hohen Frequenzen traf auch die Elektromedizin. Erst 1951 fielen die Beschränkun-

gen für Streuung und Frequenz, einzelne Verbote blieben aber für den Elektronenröhrenbau noch bestehen. Ebenso bestehen heute noch Produktionsverbote für feinmechanische und optische Geräte für Kriegszwecke.

Die *Kugellagerindustrie* sollte nach dem „Potsdamer Industrieplan" vollständig demontiert werden, sobald eine genügende Einfuhr und deren Bezahlung möglich gewesen wäre. Tatsächlich wurde auch das Schweinfurter Werk von Kugelfischer bis zum Jahre 1947 restlos demontiert und der Sowjet-Union für Reparationszwecke zur Verfügung gestellt; allerdings wurde gleichzeitig von der amerikanischen Militärregierung der Wiederaufbau der Kapazität angeordnet. Das „Washingtoner Abkommen" von 1949 setzte eine Höchstproduktion fest, die freilich noch nicht einmal dem Bedarf des Marshallplanjahres 1949/50 entsprach. Gemäß dem Abkommen vom April 1951 blieb die Kapazität der Kugel- und Rollenlagerindustrie weiterhin der Überwachung unterworfen.

Der *Schiffbau* wurde in seiner Entwicklung neben dem jetzt noch gültigen Verbot des Kriegsschiffbaues durch einschneidende Beschränkungen bezüglich Geschwindigkeit und Tonnage der zu bauenden Handelsschiffe gehemmt. Die Beschränkungen kamen bis zum Abkommen im Frühjahr 1949 praktisch einer völligen Lahmlegung der deutschen Schiffahrt gleich (keine Hochseeschiffe!). Von diesem Zeitpunkt ab konnten die Begrenzungen im Bau und bei Erwerb von Schiffen im Ausland überschritten werden, aber nur mit Bewilligung für jeden einzelnen Fall; in der New-Yorker Außenministerkonferenz im September 1950 fielen dann alle Beschränkungen bezüglich Geschwindigkeit und Tonnage beim Bau von Schiffen für ausländische Rechnung. Erst im Abkommen vom Jahre 1951 wurde der Schiffbau vollständig freigegeben, nur die Werftkapazität blieb weiter unter Kontrolle.

Die Zonentrennung brachte der Investitionsgüterindustrie zum Teil empfindliche Verluste. So gingen bestimmte Sparten der *Maschinenindustrie* fast völlig verloren, vor allem die Kapazitäten für Strick- und Wirkmaschinen, Spinnereimaschinen, Rechenmaschinen, Spezialmaschinen für das graphische Gewerbe, die ihren Sitz fast ausschließlich in Sachsen, Thüringen und Berlin hatten. In Westdeutschland verblieben auch zu geringe Kapazitäten der Büromaschinenindustrie sowie der Näh- und Papiermaschinenherstellung. Diese Engpässe wurden im Laufe der Jahre in der Hauptsache durch Verlagerungen aus dem Osten nach Westdeutschland behoben.

Während dem Fahrzeugbau 1945 im Durchschnitt genügend große Kapazitäten zur Verfügung standen, erlitt die *Elektroindustrie* durch die Zonentrennung schwerste Verluste. Im Gebiet der Bundesrepublik lagen nur etwa 38 vH der elektrotechnischen Gesamtkapazitäten Deutschlands, während im Durchschnitt der gesamten Industrie der für Westdeutschland verbliebene Kapazitätsanteil rund 61 vH betrug. Die in Westdeutschland liegenden Kapazitäten hatten nicht nur unter Kriegsschäden gelitten, sondern wurden auch noch zum

Teil demontiert. In der Elektroindustrie setzte daher nach Kriegsende ein Verlagerungsprozeß nach Westen ein, der zu einer Änderung des Strukturbildes wie kaum in einer anderen Industrie geführt hat. Dieser Prozeß erstreckte sich besonders auf die leichte Fertigung (Funk- und Fernmeldetechnik, elektromedizinische Geräte sowie Röhren und Glühlampen). Dagegen konnte sich die schwere Fertigung (Maschinen und Geräte für die Stromerzeugung und -umwandlung) in Berlin besser behaupten. Die Folge war ein stürmisches Wachstum der Produktion in Westdeutschland, während der Gesundungsprozeß in Westberlin durch die Verhängung der Blockade im Jahre 1948 erst 1950 einsetzen konnte. In Westdeutschland produzierte die Elektroindustrie im Jahre 1952 fast das Dreifache von 1936, in Westberlin nur rund 60 vH des Vorkriegsstandes (1936).

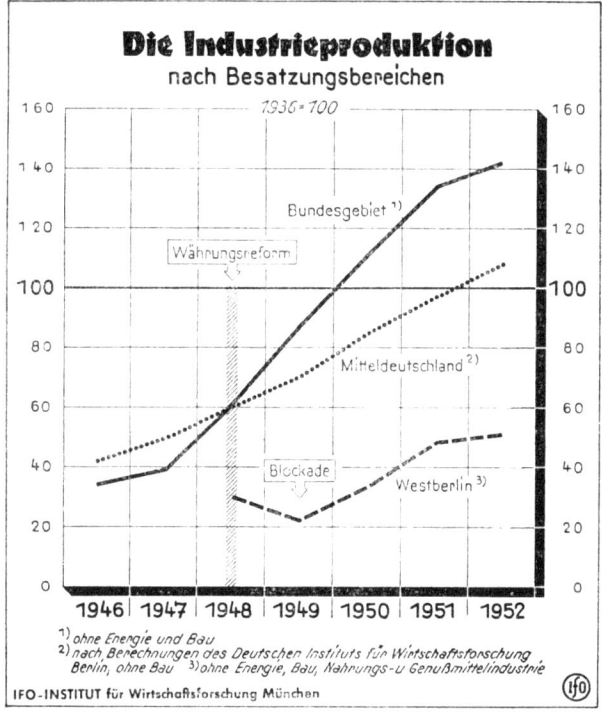

Die Industrieproduktion
nach Besatzungsbereichen
1936 = 100

Bundesgebiet [1]

Währungsreform

Mitteldeutschland [2]

Blockade

Westberlin [3]

1946 | 1947 | 1948 | 1949 | 1950 | 1951 | 1952

[1] ohne Energie und Bau
[2] nach Berechnungen des Deutschen Instituts für Wirtschaftsforschung Berlin, ohne Bau [3] ohne Energie, Bau, Nahrungs- u Genußmittelindustrie

IFO-INSTITUT für Wirtschaftsforschung München

Die Zonentrennung brachte auch für die *feinmechanische und optische Industrie* große Schwierigkeiten mit sich. Fast die ganzen Uhrenkapazitäten lagen in Westdeutschland (etwa 90 vH), die jedoch durch Kriegseinwirkungen und Demontagen auf etwa ein Drittel des Standes von 1936 zusammengeschrumpft waren. Dagegen entfiel der überwiegende Teil der optischen Industrie, insbesondere der Brillenherstellung, auf die Ostzone, in der Fotoindustrie etwa die Hälfte. Aus diesem Grund mußten im Westen neue Kapazitäten errichtet werden.

Auch der Verlust von Absatzgebieten in Mittel- und Ostdeutschland machte sich störend bemerkbar. Dadurch wurde die *Landmaschinenindustrie*, die über 80 vH ihrer Kapazitäten behielt, zu außergewöhnlichen Exportanstrengungen gezwungen (Landmaschinenausfuhr 1951 etwa 3½mal so groß wie 1938). Weitaus schwerwiegender waren die Folgen für *die Eisen- und Metallwarenindustrie*. Der mittel- unnd ostdeutsche Raum war 1936 nur mit rund einem Fünftel an der gesamtdeutschen

Eisen-, Blech- und Metallwarenerzeugung beteiligt gewesen, in einzelnen Zweigen nur zu 10 vH (Schlösser und Beschläge, Herde und Öfen, Schneidwaren) bzw. nur etwa zu 5 vH (Feinblechpackungen). Größere Produktionsumstellungen bzw. die Aufnahme von branchenfremden Fertigungen (besonders in der Schneidwarenindustrie) waren notwendig. Wichtige Teile der Industrie, z. B. die Werkzeugindustrie, haben ihre beherrschende Position am internationalen Markt infolge der langen Abschnürung durch den Krieg verloren. Die Überkapazität machte sich in manchen Fertigungen dieser Industriegruppe störend bemerkbar.

Die Technisierung des Wirtschaftslebens kommt im allgemeinen in einer überdurchschnittlichen Steigerung der Investitionsgüterproduktion zum Ausdruck. Deutlich zeigt sich dies auch im *Schiffbau*, wo der Anteil der gebauten Tankertonnage in Westdeutschland wie auch in den schiffbautreibenden Konkurrenzländern ständig wächst.

Als Beispiel, wie Verlagerungen der Nachfrage die industrielle Struktur verändern können, sei der *Fahrzeugbau* genannt. Innerhalb der Lastkraftwagenproduktion erlebten die Kombinationskraftwagen einen gewaltigen Aufschwung auf Kosten der Dreirad- und leichten Lieferwagen. In zunehmendem Maße wurden motorlose Zweiradfahrzeuge durch Fahrzeuge mit Motor ersetzt: Die Fahrradindustrie erreichte nur etwa die Hälfte des Produktionsvolumens von 1936; die Motorradproduktion war 1952 rund zweimal so groß wie 1936, während die neu aufgenommene Erzeugung von Motorrollern sich von 1950—1952 mehr als vervierfachte. In der *Fotoindustrie* erreichte die Erzeugung der gefragten billigen Boxkameras 1952 fast die Hälfte der Gesamtproduktion. In der *Uhrenindustrie* zeigte sich eine Verlagerung von Taschenuhren zu Armbanduhren usw.

Verbrauchsgüterindustrie

Während in der Verbrauchsgüterindustrie keinerlei Strukturveränderungen stattfanden, die auf alliierte Verbote oder Beschränkungen zurückzuführen wären, brachte jedoch die Zonentrennung starke Verschiebungen mit sich. In der *Druckereiindustrie* ging das Zentrum für Flachdruck in und um Berlin und für Buchdruck im Raum von Leipzig verloren. Westdeutschland mußte diese Branchen ausbauen, ein Prozeß, der nun im wesentlichen abgeschlossen ist. Ähnlich lagen die Verhältnisse in der *Hohlglasindustrie*, die in der Hauptsache im Osten Deutschlands stationiert war; auch hier ist der Aufbau neuer Kapazitäten in Westdeutschland im wesentlichen durchgeführt. Die *Holzwolle*- und die *Korbwarenindustrie* verloren erhebliche Teile ihrer Absatzgebiete im Osten, sind daher dauernd unterbeschäftigt. Einzelne Zweige der *Textilindustrie* fehlten in Westdeutschland fast vollständig und mußten neu aufgebaut werden, z. B. die Strumpf-, Handschuh-, Gardinen- und Tüllindustrie. Große Textilunternehmen wurden aus dem Osten in das Bundesgebiet verlagert. Vielfach mußten bestehende Anlagen vergrößert werden. Der Aufbau hat bis in das Jahr 1951 angehalten. So nahm z. B. die Zahl der betriebsfähigen Spindeln in der Baumwollindustrie des Bundesgebietes von Juni 1948 bis zum Dezember 1952 um rund ein Drittel zu. Im Ledersektor lagen die Verhältnisse unterschiedlich. Die *Ledererzeugung* behielt 1945 zu große Kapazitäten, da vor dem Krieg ein erheblicher Teil des mittel- und ostdeutschen Lederbedarfs aus der westdeutschen Produktion gedeckt wurde. Vor ähnlichen Problemen stand 1945 die *Schuhindustrie*; dagegen entsprachen die in Westdeutschland verbliebenen Kapazitäten der *Lederverarbeitung* etwa dem Anteil der Gesamtindustrie. Innerhalb dieser Gruppe zeigten sich jedoch in den einzelnen Sparten beträchtliche Unterschiede. Während die deutsche Täschner- und Galanteriewarenherstellung zu etwa 95 vH der Gesamtkapazität in Westdeutschland lag, verblieben hier nur rund 30 vH der Lederhandschuhindustrie. Seit 1945 stehen also dem Verlust von ostdeutschen Absatzgebieten für Lederwaren und technische Lederartikel verlorene Produktionsstätten in der Lederhandschuhindustrie gegenüber. Zahlreiche neue Lederhandschuhbetriebe wurden aufgebaut (Flüchtlingsindustrie!), der Aufbau jedoch soweit getrieben, daß diese Branche nun wieder 80 bis 90 vH der Vorkriegskapazität des Reichsgebietes umfaßt und jetzt ebenso wie die gesamte Lederbranche übersetzt ist.

Durch den Verlust mittel- und ostdeutscher Rohstoffgebiete entstanden Schwierigkeiten (z. B. mitteldeutsche Braunkohlen für die Glasindustrie, Kaolin und Braunkohlen für die Feinkeramik). Sie führten u. a. auch in der Ledererzeugung zu einer größeren Einfuhrabhängigkeit in der Rohstoffversorgung (vor dem Kriege 35—40 vH, heute 45 bis 50 vH), womit der deutsche Häutemarkt gegenüber der Vorkriegszeit wesentlich größeren Schwankungen ausgesetzt wurde.

Die technische Entwicklung führte zur wachsenden Bedeutung der *Chemiefasern*. Die neu entstehende Produktion vollsynthetischer Fasern beeinflußte wiederum die Nachfrage: die Damenstrumpfindustrie verarbeitet heute größtenteils nur noch Perlon. Vollsynthetische Fasern werden zunehmend auch in anderen Industriezweigen verarbeitet. Im *Ledersektor* wurde das Treibriemenleder durch die Umstellung der Industrie vom Gruppen- auf den Einzelantrieb und durch die Konkurrenz des Gummiriemens immer stärker zurückgedrängt. Die Flächenledererzeugung wurde durch die wachsende Verwendung der *Kunststoffe* (Plastics und Ledertuch) beeinträchtigt. In der *Holzverarbeitung* ging man auf ingenieurmäßig betontere Fertigungsverfahren und auf die Verwendung von Werkstoffen auf Holzbasis verstärkt über.

Eine Änderung in der Verbrauchsstruktur ist u. a. auf dem *Papiersektor* festzustellen. Durch Umstellung auf amerikanische Verpackungsmethoden (luft-, dampf- und fettundurchlässige Beutel und sonstige Verpackungen) und Verwendung von Wellpappkartons an Stelle von Holzkisten nahm der Papierverbrauch strukturell zu. Die Schwierigkeiten für die *Ledererzeugung*, wie sie sich aus der Überkapazität ergaben, wurden verstärkt durch Verbrauchswandlungen der Konsumenten (Vor-

dringen der Gummi- und Kreppsohle; Bedarfsverminderung für Geschirr- und Sattlerleder infolge fortschreitender Motorisierung der Landwirtschaft). In der *Schuhindustrie* wirkte sich der Geschmackswandel günstig aus (vom einfachen Gebrauchsschuh zum modisch betonten Schuh); diese von der Mode diktierten Änderungen hatten allerdings zur Folge, daß die früher weniger elastische Absatzentwicklung bei Schuhen heute in stärkerem Maße saisonalen und konjunkturellen Einflüssen unterliegt.

Nahrungs- und Genußmittelindustrie

Die Nahrungs- und Genußmittelindustrie insgesamt zeigte seit 1948 eine ruhige Entwicklung und nur eine unterdurchschnittliche Steigerung um etwa 60 vH. Sie hatte bereits bis zur Währungsreform als lebensnotwendigste Industrie einen relativ hohen Produktionsstand erreicht und wurde auch durch keinerlei Einschränkungen belastet. Trotzdem verbergen sich hinter dieser ruhigen Entwicklung bedeutende Strukturveränderungen innerhalb der einzelnen Zweige.

Die Abtrennung vom übrigen Reichsgebiet brachte nur in zwei Sparten stärkere Kapazitätseinbußen: in der *Stärkeindustrie* (etwa 80 vH blieben in Mittel- und Ostdeutschland) und in der *Zuckerindustrie* (72 vH). Hier wurden Neubauten von Fabriken notwendig. Außerdem verlor Westdeutschland aber auch 70 vH der Zuckerrübenanbaufläche und wurde trotz starker Ausweitung des Zuckerrübenanbaues zu über 40 vH importabhängig. In der *Schokoladenindustrie und der fischverarbeitenden Industrie* wanderten viele Betriebe aus der Sowjetzone zu, so daß beide Sparten jetzt übersetzt sind. Die *Mühlenindustrie* verlor durch die Zonentrennung die ostdeutschen Getreideüberschußgebiete, was sich in einer verstärkten Einfuhrabhängigkeit auswirkte. Dies hatte wiederum eine Veränderung in der Standortstruktur zur Folge, da das Getreide nun — statt wie früher von Osten nach Westen — von Norden nach Süden fließt.

Die Verlagerung der Nachfrage der Konsumenten war von einschneidender Bedeutung für zahlreiche Branchen der Nahrungs- und Genußmittelindustrie. Im allgemeinen zeigte sich als Kriegsfolge (berufstätige Hausfrauen, beengter Wohnraum) eine wachsende Nachfrage nach industriell veredelten und zubereiteten Nahrungsmitteln, die auf Kosten der rein agrarischen Lebensmittel ging. Diese Tendenz scheint auch auf lange Sicht weiter zu bestehen. Dies gilt vor allem für *Suppen-, Fleischwaren- und Milchkonserven*. In der Vermahlung und im Brotverbrauch drängte der Weizen den Roggen zurück, zum Teil eine Folge des verlorenen Ostraumes (Roggenanbaugebiet) zum Teil aber auch eine Reaktion auf die Kriegsjahre. Junge Industrien wurden ausgebaut *(Speiseeisindustrie)*. Geschmackswandlungen beeinflußten auch die Produktion der *tabakverarbeitenden Industrie*. 1952 wurden je Kopf der Bevölkerung noch um 13 vH weniger Zigaretten verbraucht als 1938, an Zigarren jedoch um 35 vH weniger. Sehr stark haben sich die Relationen in der *Öl- und Fettindustrie* geändert.

Das Schwergewicht des gesamten Verbrauchs an Nahrungsfetten verschob sich eindeutig zur Margarine hin, vor dem Kriege lag es dagegen bei der Butter: pro Kopf wurden im Durchschnitt der Jahre 1936/38 8,7 kg Butter und 6,1 kg Margarine verbraucht, 1952 aber nur 6,5 kg Butter, dagegen 10,4 kg Margarine. Die Ursachen sind neben dem Wegfall der autarkiewirtschaftlichen Bestrebungen des Dritten Reiches in der für Margarine zunehmend günstigeren Preisrelation und in der Qualitätsverbesserung der Margarine zu suchen. Trotz der starken Produktionssteigerung in der Margarineindustrie blieb jedoch ihr Lieferant, die Ölmühlenindustrie, ungenügend ausgelastet. Die Gründe hierfür sind im wesentlichen darin zu suchen, daß durch die zunehmende Verlagerung der Rohstoffeinfuhren von Ölsaaten auf rohe Öle und Fette die Notwendigkeit zum Pressen bzw. Extrahieren entfiel. Daher waren nur noch die Raffinationsanlagen der Ölmühlenindustrie befriedigend ausgelastet, nicht aber die Preß- und Extraktionsanlagen. Die Veränderung in der Rohstoffeinfuhr war devisenbedingt: Ölsaaten mußten im Dollarraum gekauft werden, rohe Öle und Fette dagegen konnten unter EZU-Verrechnung bezogen werden. Hatten die Einfuhren im Durchschnitt der Jahre 1936/38 zu 96 vH aus Ölsaaten und nur zu

4 vH aus rohen Ölen und Fetten bestanden, so betrug diese Relation 1952 bereits 47 vH zu 53 vH.

Das Strukturbild im Jahre 1952

Wie sah nun die Struktur der westdeutschen Industrie sieben Jahre nach dem Zusammenbruch aus? Nach der Zahl der Beschäftigten war der Maschinenbau im Jahre 1952 die größte Industriegruppe. Er überflügelte damit erstmalig geringfügig die Textilindustrie, die noch 1951 den meisten Menschen Arbeit gegeben hatte (wie vor dem Kriege). Dicht auf folgten der Kohlenbergbau und mit Abstand die Nahrungs- und Genußmittelindustrie, die im Jahre 1936 beschäftigungsmäßig an zweiter Stelle lag. Nach dem Umsatz lag letztere im Jahre 1952 jedoch weitaus an der Spitze (Verbrauchssteuern!). Stärker nach vorn geschoben hat sich neben der Bekleidungsindustrie insbesondere die Elektrotechnik, die — mit einem Anteil von 5,8 vH an den Industriebeschäftigten (1952) — die Chemische Industrie leicht überflügelt hatte, während sie 1936 noch nicht einmal 3 vH der Gesamtbeschäftigtenzahl erreichte.

Der *regionale* Schwerpunkt der industriellen Erzeugung innerhalb der Bundesrepublik blieb eindeutig in Nordrhein-Westfalen, das seinen Platz mit rund zwei Fünftel der gesamten westdeutschen Industrieproduktion seit 1949 ohne größere Schwankungen behauptete. Auf dem zweiten und dritten Platz folgten Baden-Württemberg und Bayern; beide Länder konnten ihre Industrieanteile seit 1949 etwas verbessern. Hier dominierten die verarbeitenden Industriezweige der Investitionsgüter- und Verbrauchsgüterindustrie, während in Nordrhein-Westfalen daneben die Grundstoff- und Produktionsgüterindustrie überdurchschnittlich vertreten ist. In Schleswig-Holstein und den beiden Stadtstaaten Hamburg und Bremen ist neben den relativ großen Anteilen der Investitionsgüterindustrie die Nahrungs- und Genußmittelindustrie stark vertreten.

Zur Struktur der Industrie in der Bundesrepublik 1952
Fettgedruckt sind jeweils die 7 wichtigsten Bereiche

Industriebereich	Anteil in vH an		
	Beschäftigten	Umsatz	Auslandsumsatz
Maschinenbau	**10,3**	**8,4**	**22,5**
Textilindustrie	**10,3**	**9,3**	**5,4**
Kohlenbergbau	**10,0**	**4,9**	**10,4**
Nahrungs- und Genußmittelindustrie	**6,8**	**15,9**	0,9
Elektrotechnik	**5,8**	4,6	**5,1**
Chemische Industrie ...	**5,6**	**7,6**	**9,6**
Eisen- u. Metallwarenindustrie	4,7	3,5	4,9
Sonstige	4,6	5,2	4,2
Bekleidungsindustrie ...	4,1	2,9	0,2
Steine und Erden	4,0	2,8	1,6
Fahrzeugbau	4,0	4,7	7,2
Eisenschaffende Industrie	3,5	7,4	8,4
Holzverarbeitung	3,2	1,9	0,5
Eisen-, Stahl- und Tempergießerei	2,7	1,8	1,1
Stahlverformung, Ziehereien, Kaltwalzwerke .	2,6	3,3	3,5
Stahlbau	2,3	1,8	2,1
Druck u. Vervielfältigung	2,2	1,5	0,1
Feinmechanik u. Optik .	1,8	1,0	3,1
Sägerei u. Holzbearbtg.	1,7	1,6	0,2
Schuhe	1,6	1,2	0,0
NE-Metallindustrie	1,5	2,5	2,9
Feinkeramik	1,2	0,6	1,0
Papierverarbeitung	1,2	1,2	0,2
Zellstoff-, Papier- u. Pappenindustrie	1,1	1,8	0,7
Schiffbau	1,1	0,9	3,0
Glas	1,0	0,6	0,7
Lederverarbeitung	0,6	0,4	0,2
Ledererzeugung	0,5	0,7	0,3
Industrie insgesamt ..	100,0	100,0	100,0
Industrie insgesamt absolut	5,5 Mill.	119,1 Mrd. DM	13,7 Mrd. DM

Die regionale Struktur der Industrie in der Bundesrepublik
Stand: Ende April 1951

Land	Anteil der Länder an den Industriebeschäftigten in vH	Von den in der Industrie der einzelnen Länder Beschäftigten entfielen in vH auf			
		Grundstoff- u. allgemeine Produktionsgüterindustrie	Investitionsgüterindustrie	Verbrauchsgüterindustrie	Nahrungs- u. Genußmittelindustrie
Nordrhein-Westf.	41,0	29,6	43,7	22,6	4,1
Baden-Württ. ...	17,3	4,4	48,9	39,2	7,5
Bayern[1]	14,0	7,1	47,3	39,3	6,3
Niedersachsen ..	8,8	16,8	48,0	26,2	9,0
Hessen	8,1	15,7	52,5	25,9	5,9
Rhld.-Pfalz	4,6	17,4	44,2	32,3	6,1
Hamburg	2,9	17,5	47,7	19,2	15,6
Schlesw.-Holst.	2,1	5,8	50,5	28,1	15,6
Bremen	1,2	2,9	61,3	20,3	15,5
Alle Länder	100,0	18,1	46,7	28,8	6,4

[1] Einschließlich Lindau.

Ist der industrielle Wiederaufbau beendet?

Fünf Jahre Aufbau hat die westdeutsche Industrie hinter sich, in dessen Gefolge sich starke Verschiebungen im industriellen Gefüge ergaben. In welchem Maße wird nun die zukünftige Entwicklung der Industrie durch weitere Strukturveränderungen beeinflußt werden? Ist der Aufbau der westdeutschen Industrie so weit gediehen, daß ihre Struktur ausgeglichen ist und sie den Anforderungen einer gut eingespielten arbeitsteiligen Wirtschaft entspricht?

Um Anhaltspunkte für die Beantwortung dieser entscheidenden Fragen zu gewinnen, wurde in nachstehender Tabelle die heutige Struktur der Industrie derjenigen des Deutschen Reiches im Jahre 1936 gegenübergestellt sowie die Zusammensetzung der im Jahre 1945 in Westdeutschland verbliebenen Restindustrie aufgezeigt[1]. Das Gefüge der Industrie 1936 im Reichsgebiet kann mit Einschränkungen als typisch für die Erfordernisse der deutschen Friedenswirtschaft angesehen werden. Das Industrieniveau reichte aus, um die deutsche Bevölkerung mit Konsumgütern zu versorgen. Der Ausfuhrüberschuß von Industriewaren deckte den Einfuhrbedarf an Agrarprodukten und Rohstoffen. Der Stand der industriellen Ausrüstung, insbesondere der Produktionsgüterindustrie entsprach freilich damals nicht ganz den Vorausetzungen für eine Vollbeschäftigung (rund 1,6 Mill. Arbeitslose).

Die im Jahre 1952 erreichte Struktur zeigt bemerkenswerte Abweichungen von 1936: während die Grundstoff- und Produktionsgüterindustrie etwa den gleichen Anteil am Gesamtumsatz zeigt wie in der Vorkriegszeit, ist das Gewicht der Investitionsgüterindustrien größer geworden, der Marktanteil der Konsumgüterindustrie gegenüber 1936 jedoch zurückgegangen. Auch innerhalb dieser Hauptgruppen haben sich die Anteile der einzelnen Zweige — teils sogar beachtlich — verschoben.

Der Bergbau blieb relativ zurück. Hier sind zweifelsohne noch Produktionssteigerungen aus strukturellen Gründen zu erwarten (ungenügende Steinkohlenförderung; höhere Anforderungen inländischer Erze). Auch die NE-Metallindustrie fiel im Verhältnis zu anderen Industriegruppen stark zurück, u. a. eine Folge der zunehmenden Verwendung billigerer Austauschstoffe (besonders Kunststoffe). Der geringere Marktanteil hat teilweise auch seine Ursachen in der Absatzschrumpfung 1952, als ein Teil der Produktion auf Lager genommen werden mußte. Stark hat sich das Gewicht der chemischen Industrie erhöht, eine Folge der Aufnahme vollkommen neuer technischer Fertigungen (vollsynthetische Fasern) und der Erschließung neuer Verwendungsgebiete, z. B. für Kunststoffe sowie verschiedene Chemikalien. Der höhere Einfuhrbedarf Westdeutschlands an Rohstoffen und Agrarerzeugnissen (Verlust der agrarischen Überschußgebiete) machte eine Steigerung des Exports notwendig. Dies schlug sich vor allem in der Ausfuhr von Investitionsgütern nieder, wobei diesem Bestreben gleichzeitig die starke Auslandsnachfrage seit dem Koreaboom zugute kam. Zusammen mit der Befriedigung des großen Inlandsbedarfes wurde daher der Marktanteil der meisten Investitionsgruppen hinaufgeschraubt (höhere Exportquoten).

Diese Entwicklung liegt zum großen Teil im Zuge der fortschreitenden Technisierung des gesamten Wirtschaftslebens der Welt. In diesem Sinne ist auch der vergrößerte Marktanteil der Stahlerzeugung zu deuten. Im Grundstoff- und Investitionsgüterbereich ist daher ein weiteres strukturelles Wachstum zu erwarten, das sich allerdings verlangsamen wird. Nur der Eisen- und Metallwarensektor, der große Absatzgebiete im Osten verlor und dessen Erzeugnisse zum großen Teil unmittelbar

Absatzstruktur 1936 und 1952

Industriegruppen	1936 Reichsgebiet	1936 Gebiet der jetzigen Bundesrepublik	1952 Bundesrepublik
	in v H des Absatzes der Industrie insgesamt [1]		
Grundstoff- u. Produktionsgüterindustrie ..	38,6	41,8	39,3
Bergbau (ohne Erdölgewinnung)	8,1	8,7	5,7
Eisen- und Stahlerzeugung, Gießerei	7,4	9,3	9,1
NE-Metallindustrie	4,2	4,4	1,6[2]
Kraftstoffindustrie (mit Erdölgewinnung)	1,9	2,0	2,9
Steine und Erden	3,8	4,0	3,9
Chemie[3]	7,8	8,4	11,6
Kautschuk und Asbest	1,1	1,4	1,8
Papiererzeugung	2,6	2,0	1,3
Holzbearbeitung	1,7	1,6	1,4
Investitionsgüterindustrie	31,1	31,2	34,3
Maschinenbau	9,1	8,6	11,1
Fahrzeugbau	3,8	4,3	5,9
Eisen-, Stahl- u. Metallwaren	10,0	11,4	6,1
Stahl- u. Eisenbau, Schiffbau	2,3	3,0	2,9
Elektroindustrie	4,8	3,0	6,7
Feinmechanik und Optik ...	1,1	0,9	1,6
Konsumgüterindustrie	30,3	27,0	26,4
Glas, Keramik	1,5	1,2	1,9
Holzverarbeitung	2,9	2,9	3,1
Papierverarbeitung, Druck .	3,9	3,2	3,0
Lederindustrie[4]	3,5	4,2	2,7
Textilindustrie	14,9	13,2	11,2
Bekleidungsindustrie	3,6	2,3	4,5
Alle Gruppen	100,0	100,0	100,0
in Mrd. RM/DM	44,4	27,0	42,3

[1] Ohne Nahrungs- und Genußmittel, Energie, Bau, Öle und Fette, Futtermittel, tierische Leime; Umsatz 1952 in Preisen von 1936.

[2] Der für die Preisbereinigung verwandte amtliche Preisindex deckt nicht die gesamte Branche ab, der Anteil dürfte in Wirklichkeit höher sein und etwa 2,2 vH betragen.

[3] Einschließlich chemisch-technische Erzeugnisse, Chemiefasererzeugung, Kunststoffverarbeitung.

[4] Einschließlich Schuhe und Lederverarbeitung.

Quelle: Statistisches Handbuch von Deutschland 1928—1944. Industriestatistik.

[1] Mangels anderer Unterlagen mußte der Absatz bzw. für 1952 der Umsatz (in Preisen von 1936) zugrunde gelegt werden. Da dieser nicht immer den tatsächlich zur Verfügung stehenden Kapazitäten entsprechen muß, können sich Unterschiede ergeben, die jedoch im allgemeinen kaum ins Gewicht fallen dürften.

in den Verbrauch gehen, zeigte eine strukturelle Rückbildung ähnlich wie die gesamte Konsumgüterindustrie. Innerhalb letzterer kommt eine Verbrauchswandlung deutlich zum Ausdruck: der Zug zur Fertigkleidung.

Zusammenfassend ist zu sagen, daß jetzt wahrscheinlich der Wiederaufbau — von Spezialgebieten abgesehen — im allgemeinen beendet ist und daß Strukturänderungen die weitere Produktionsentwicklung nicht mehr in demselben Ausmaß wie bisher seit dem Zusammenbruch beeinflussen werden. Dagegen werden der langfristige Trend zur Technisierung und die Wandlungen des Bedarfs, die ihrerseits oft erst durch die Technik herbeigeführt und ermöglicht werden, weiterhin wirksam bleiben.

Aufgaben und Leistungen der Bauwirtschaft

Das Trümmerfeld nach dem Kriege

Hohläugige Fassaden ausgebrannter Bauten und weite „Kahlschläge" erinnern noch in mancher Stadt an den Bombenhagel, dem in Westdeutschland rund ein Fünftel der Bauten zum Opfer fiel. Die Trümmermengen, die heute zum größten Teil aufgeräumt oder hinter neuen Gebäuden und Reihen flacher Ladenbauten verborgen sind, wurden auf etwa 300 Millionen cbm (unaufgelockert — entsprechend der vernichteten Bausubstanz) geschätzt[1].

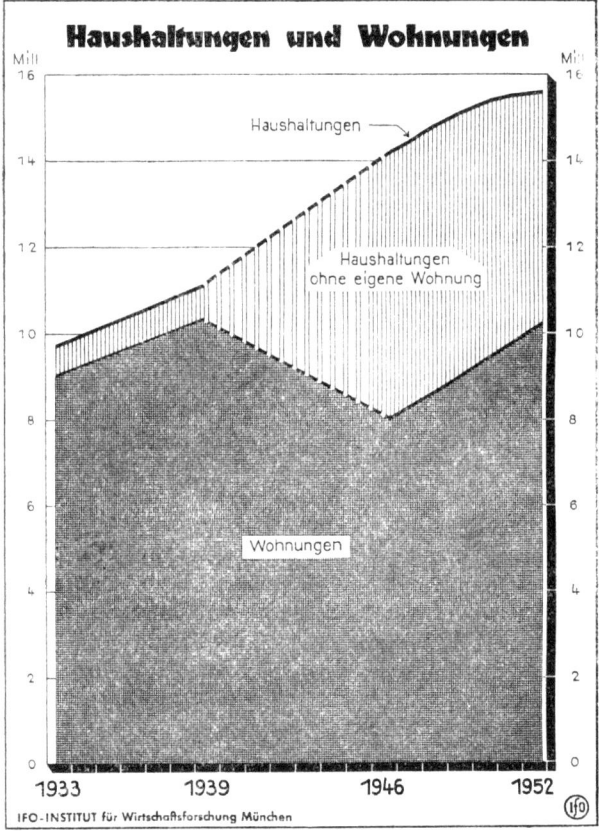

Haushaltungen und Wohnungen

IFO-INSTITUT für Wirtschaftsforschung München

In Luftangriffen und Erdkämpfen wurden im Bundesgebiet 2,3 Millionen Wohnungen völlig vernichtet oder so schwer beschädigt, daß sie nicht mehr bewohnt werden konnten. Diese Zahl entspricht dem gesamten Wohnungsbestand der 11 größten westdeutschen Städte[2], in denen vor Ausbruch des Krieges 9,7 Millionen Menschen gewohnt haben.

14 Großstädte hatten über die Hälfte ihres Wohnungsbestandes eingebüßt[1], so z. B. Köln 70 vH

Manche Mittel- und Kleinstadt wurde noch härter getroffen. So wurden in Düren von insgesamt 6431 Häusern 4253 völlig zerstört, nur 13 blieben unversehrt. Von 1663 Häusern der Kleinstadt Jülich ist nicht ein einziges von Kriegsschäden verschont geblieben.

Zu den Ausgebombten gesellten sich nach dem Kriege die Heimatvertriebenen; Flüchtlinge kamen und kommen aus der Sowjetzone in die Bundesrepublik. Durch den ungeheuren Zustrom von außerhalb und den natürlichen Zuwachs hat der Bevölkerungsstand im eigenen Gebiet seit dem Kriege um 9,4 Millionen zugenommen. Die Trümmer aufzuräumen und für rund 19 Mill. Menschen die erforderlichen mindestens 4,5—5 Millionen Wohnungen, die dazugehörigen Schulen, Krankenhäuser, Geschäfte, Kulturstättten, Verwaltungsgebäude und Arbeitsstätten zu errichten, ist die Aufgabe, vor die der Krieg die deutsche Bauwirtschaft gestellt hat.

Vom Materialmangel . . . .

Zum Bauen gehören aber vor allem Holz, Stahl und Kohle (zum Brennen der Ziegel und Bindemittel). Zwar kann im Bau in vielen Fällen Holz durch Beton und Stahl, Stahl durch Aluminium usw. ersetzt werden; auch ist es möglich Kohle einzusparen, wenn z. B. statt Ziegeln Betonsteine oder Bauplatten verwendet werden, zu deren Herstellung, einschließlich der hierfür erforderlichen Bindemittel, weniger Kohle gebraucht wird. Trotzdem war es in Deutschland bis zur Währungsreform unmöglich einem Engpaß auszuweichen, ohne in einen anderen zu geraten. Bei dem akuten Mangel an Rohstoffen hat das Problem ihrer Verteilung besonders für die Bauwirtschaft noch über die Währungsreform hinaus eine entscheidende Rolle gespielt. Zunächst galt es nämlich, die Grundstoffindustrien, den Verkehr und die Energieversorgung in Gang zu bringen und damit die Voraussetzungen für die Gesundung der übrigen Wirtschaft nach

Kohlenversorgung und Produktion der Industrie der Steine und Erden

Jahr	Kohleverbrauch Mill. t Steinkohleeinheiten	Arbeitstägliche Produktion 1936 = 100
1948	3,0	51
1949	4,6	79
1950	5,3	96
1951	5,9	105
1952	6,2	108

---

[1] Vgl. Statistisches Jahrbuch Deutscher Gemeinden 1949.
[2] Hamburg, München, Köln, Essen, Frankfurt/Main, Düsseldorf, Dortmund, Hannover, Stuttgart, Wuppertal und Duisburg.

dem Zusammenbruch zu schaffen. Diese Wirtschaftsbereiche hatten Vorrang vor dem Wohnungsbau und den anderen Baumaßnahmen. Dadurch kam die Bauwirtschaft bei der Verteilung von Stahl und Holz und insbesondere die Baustoffindustrie bei den amtlichen Kohlezuteilungen zu kurz.

Die Versorgung mit *Steine- und Erden-Baustoffen* hat sich sofort merklich gebessert, nachdem diese, und zwar noch im Sommer 1948, aus der Bewirtschaftung freigegeben wurden. Die Kohlezuteilungen, die 1949 und 1950 immer noch unzureichend waren, konnten mit Import- und „Spitzenkohle" ergänzt werden.

Holz wird wieder genügend eingeführt, nachdem Westdeutschland nach dem Zusammenbruch rund 20 Mill. cbm[1] als Reparationslieferungen an die westlichen Alliierten exportieren mußte. Deutschland war von jeher, auch als es noch über die reichen Waldbestände der Ostgebiete verfügte, auf Holz-Importe angewiesen. So konnten die Zwangsexporte nur durch erhebliche Übernutzung der eigenen Forsten und durch Drosselung des Verbrauchs im Inland bewältigt werden.

Auch der letzte Engpaß — *Stahl* — ist überwunden. Die eigene Erzeugung nimmt laufend zu; das noch verbleibende Defizit kann bei reichlichem Auslandsangebot aus Importen gedeckt werden.

Heute stehen dem westdeutschen Baumarkt Baustoffe, Installationsmaterialien und Bauzubehör in ausreichenden Mengen zur Verfügung, ja die vorhandenen Produktionsmöglichkeiten der baustoffschaffenden Industrie würden auch für eine weiter zunehmende Bauproduktion ausreichen. Manche Baustoff- und Bauzubehörproduzenten mußten sogar bei unzureichender Nachfrage ihre Erzeugung (z. B. von Betonsteinen und Baubeschlägen) wiederholt drosseln.

.... zum Kapitalmangel

Das Bauvolumen der letzten 5 Jahre war fast ausschließlich durch die finanzielle Leistungsfähigkeit der Bauherren und insbesondere der öffentlichen Hand bestimmt. Die erste Periode des Aufbaues, nämlich die der umfangreichen Bauinvestitionen der gewerblichen Wirtschaft und der Landwirtschaft, welche überwiegend aus eigenen Mitteln finanziert wurden, ist praktisch abgeschlossen. Die Bauherren, die vor der Währungsreform Kompensationsmöglichkeiten hatten und darnach ihre Warenbestände schnell in die rare D-Mark umsetzen konnten, haben jetzt ihre Vorrangstellung an die Bauherren „nach Wahl des Staates" abgetreten, das heißt an die Bauherren, die der Staat, insbesondere im sozialen Wohnungsbau, durch Darlehen aus öffentlichen Mitteln stützt.

Der soziale Wohnungsbau konnte unter Einsatz aller erdenklichen Quellen etwa in dem im Ersten Wohnungsbaugesetz vom 24. April 1950 festgelegten Umfange gefördert werden. Der durch den Koreakrieg verursachte Mangel an ersten Hypotheken ist bei der derzeitig sehr regen Spartätigkeit wieder behoben; doch können Kapitalmarkt-

mittel im sozialen Wohnungsbau bei gebundenen Richtsatzmieten und gestiegenen Baukosten nur in beschränktem Umfang untergebracht werden.

Kapitalquellen des Wohnungsbaus

Art des Wohnungs-baues	Ge-samt-auf-wand	davon aus		
		Kapi-tal-markt[1]	öffent-lichen[2]	son-stigen
	Mill. DM	Mitteln in v H		
Gesamter Wohnungsbau				
1950	3 800	42	44	14
1951	4 700	30	47	23
1952	5 600	29	43	28
davon[3]				
Sozialer Wohnungsbau	4 100	21	56	23
Steuerbegünstigter und frei finanzierter Wohnungsbau ...	1 500	43	7[4]	50

[1] Einschl. ERP-Mittel. — [2] Einschl. Arbeitsstockmittel. — [3] Geschätzte Größenordnungen. — [4] Vorwiegend Mittel für den Bedienstetenwohnungsbau im Bund, Ländern und Gemeinden und für Sonderaktionen, soweit die damit errichteten Wohnungen nicht zum öffentlich geförderten Wohnungsbau im Sinne des Ersten Wohnungsbaugesetzes rechnen.
Quelle: „Bundesbaublatt" 1953, H. 4.

Die Verteuerung des Wohnungsbaues wurde nicht allein von der öffentlichen Hand, sondern zum großen Teil auch durch den steigenden Anteil sonstiger Mittel (insbesondere der Arbeitgeber-, Mieterdarlehen und verlorener Baukostenzuschüsse) getragen. Bei dem großen Bedarf an Wohnungen und dank der Steuervergünstigungen — insbesondere nach § 7 c des Einkommensteuergesetzes — wurden für den steuerbegünstigten Wohnungsbau so viel Mittel aufgebracht, daß sein Volumen in den letzten Jahren noch etwas zugenommen hat.

Für den Straßenbau reichen die verfügbaren Finanzierungsmittel bei weitem noch nicht aus. Obwohl der Straßenverkehr dauernd zunimmt, konnten die zuständigen Verwaltungen nur soviel Mittel bereitstellen, daß das Straßennetz gerade noch instandgehalten, aber kaum erweitert werden konnte. Die Sorgen um den rückständigen Ausbau des Straßennetzes teilt die Bundesrepublik mit ihren westlichen Nachbarn. So steht die Finanzierung der geplanten Autobahnerweiterungen zur Zeit auch im Rahmen internationaler Verhandlungen über den Ausbau durchlaufender westeuropäischer Verkehrsadern zur Diskussion.

Bauproduktion holt auf

Die großen Leistungen im Wohnungsbau, die im Mittelpunkt der Interessen der breiten Öffentlichkeit stehen, verleiten leicht dazu, die Bautätigkeit der letzten Jahre zu überschätzen. Der Wohnungsbau ist doch nur ein Teil der gesamten Bauproduktion. In den Jahren zwischen den beiden Weltkriegen war er, wie die gewerbliche und die öffentliche Bautätigkeit, mit etwa einem Drittel an der gesamten Bauproduktion beteiligt. Heute hat der Wohnungsbau mit rund 45 vH allerdings den Löwenanteil. Er hat sich also weit stärker entwickelt als die übrige Bautätigkeit und kann deshalb auch nicht als Maßstab für die gesamte Entwicklung auf dem Baumarkt gelten.

---

[1] Im Forstwirtschaftsjahr 1950/51 wurden insgesamt einschl. Brennholz 25 Mill. fm mit Rinde, das entspricht etwa 15,5 Mill. cbm Holz, eingeschlagen.

Bis zur Währungsreform entsprach die durch Materialmangel gehemmte Bautätigkeit etwa der ebenfalls nur langsam zunehmenden industriellen Erzeugung. In den letzten Jahren konnte die Bauproduktion mit der Industrieproduktion aber nicht mehr Schritt halten.

Arbeitstägliche Produktion
(1936 = 100)

Jahr	Bau	Gesamte Industrie ohne Bau
1949	88	90
1950	110	113
1951	129	135
1952	136	145

Es wurde wohl mehr gebaut als 1936 — dem besten Baujahr zwischen den beiden Weltkriegen[1]. Die Bautätigkeit hat bisher aber noch nicht in dem Maße zugenommen, wie die Leistungsfähigkeit der gesamten Volkswirtschaft.

Mehr Arbeit, aber auch mehr Arbeitslose

Die Bauwirtschaft gehört heute wie vor dem Kriege zu den bedeutendsten Arbeitgebern. Im Bundesgebiet ist etwa jeder zehnte Arbeitnehmer im Bau-, Ausbaugewerbe oder in der Baustoffindustrie beschäftigt. In diesen Wirtschaftsbereichen arbeiten in der Bausaison mehr Menschen als im gesamten Bergbau, in der Eisen- und Metallgewinnung und in der chemischen Industrie zusammen. Für Arbeiten auf dem Bau, Vorleistungen in der Bauwirtschaft selbst und in ihren Zubringerindustrien wurden im Jahre 1952 schätzungsweise 4½ Mrd. DM an Löhnen und Gehältern ausgezahlt.

Beschäftigte in der Bauwirtschaft
(im Bau-, Ausbaugewerbe und in der Baustoffindustrie)

Jahr	am 30. 9.	am 31. 12.	am 30. 9.	am 31. 12.
	in 1 000		in v H aller beschäftigten Arbeitnehmer	
1949	1 348	1 260	9,9	9,3
1950	1 561	1 316	10,9	9,3
1951	1 585	1 304	10,6	8,9
1952	1 704	1 261	11,0	8,4

In der RM-Zeit war die schwere Arbeit auf dem Bau, die nur in den seltensten Fällen mit Naturalien entlohnt werden konnte, wenig verlockend. Die arbeitsfähigen Flüchtlinge wurden zum großen Teil von der Landwirtschaft aufgenommen oder lebten von ihren Geldreserven. Die Währungsreform zwang die Arbeitgeber scharf zu kalkulieren, die Arbeitsfähigen zu verdienen. Die Landwirtschaft stieß alle entbehrlichen Arbeitskräfte ab.

[1] Von den folgenden Jahren bis zum Kriegsbeginn muß man absehen, da in dieser Zeit die Rüstungsbauten bereits einen erheblichen Teil der damals sehr hohen Bauleistung beanspruchten. Fälschlicherweise werden oft die Jahre 1928/29 als die „besten Baujahre zwischen den beiden Weltkriegen" bezeichnet. In den drei Jahren 1936 wie auch 1928 und 1929 wurden im alten Reichsgebiet je rd. 8½ Mrd. RM in Bauten investiert. Die Baukosten waren aber im Jahre 1936 um 25 vH niedriger, so daß mit dem gleichen Betrag rund ein Drittel mehr gebaut werden konnte als 1928 bzw. 1929. Allerdings wurden 1936 etwas weniger Wohnungen (328 000, davon 183 000 im derzeitigen Bundesgebiet) fertiggestellt als 1928 und 1929 (330 000 bzw. 339 000, davon je 197 000 im Bundesgebiet), auch dürften die 1936 gebauten Wohnungen kleiner gewesen sein. Einen hohen Anteil hatte 1936 der Bau der Autobahnen.

Das aufgeblähte „Kunstgewerbe" und ähnliche Produktionszweige verloren ihren Absatz. So standen Hilfsarbeiter in den letzten Jahren auch in der Hochsaison noch ausreichend zur Verfügung; Mangel an Facharbeitern machte sich nur an den Schwerpunkten der Bautätigkeit bemerkbar.

In den kommenden Jahren wird allerdings auf dem Baumarkt wahrscheinlich wieder Mangel an guten Fachkräften eintreten. Bei erheblicher Überalterung der Facharbeiter fehlt nämlich auf dem Bau ausreichend gut ausgebildeter Nachwuchs. Dieses Problem, auf das seitens der Bauwirtschaft mit Nachdruck hingewiesen wird, ist nicht allein durch den ungünstigen Altersaufbau der deutschen Bevölkerung bedingt, sondern für Tätigkeitsbereiche, in denen schwere Arbeit zu leisten ist, so z. B. auch für den Bergbau, besonders typisch.

Hohe Baukosten

Seit knapp einem Jahr sind die *Baukosten* stabil. Zwei Jahrzehnte lang sind sie, nur mit einer einzigen Unterbrechung von anderthalb Jahren, gestiegen. Der geringen Verbilligung nach der Wäh-

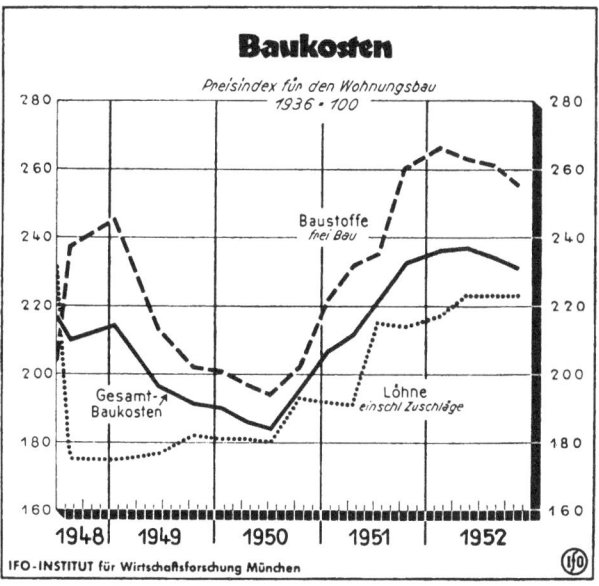

Baukosten
Preisindex für den Wohnungsbau
1936 = 100

Baustoffe *frei Bau*

Gesamt-Baukosten

Löhne *einschl. Zuschläge*

IFO-INSTITUT für Wirtschaftsforschung München

rungsreform folgte mit dem Beginn des Koreakrieges ein neuer kräftiger Auftrieb. Das Bauen ist heute dreimal so teuer wie zu Beginn des ersten und reichlich zweimal so teuer wie zu Beginn des zweiten Weltkrieges; es ist um ein Viertel teurer als zu Beginn des Koreakrieges.

Arbeitslose Bauarbeiter

Jahr	Höchster Stand	Niedrigster Stand
1950	350 000	91 000
1951	371 000	117 000
1952	438 000	88 000
1953	456 000	.

Höchster Stand: .... 1950 und 1952 im Februar
1951 und 1953 im Januar
Niedrigster Stand: .... 1950 und 1951 im Oktober
1952 im September

Mit zunehmender Bautätigkeit tritt von Jahr zu Jahr die Saisonbewegung stärker in Erscheinung.

Bei dem ausreichenden Angebot an Arbeitskräften und unzureichenden Aufträgen sind die Bauunternehmer weder genötigt noch in der Lage, über den Winter mehr Personal zu halten, als für die je nach der Witterung mögliche und rentable Fortführung der Bauarbeiten erforderlich ist. In ähnlichem Umfang wie die Beschäftigung im Sommer, nimmt die Arbeitslosigkeit der Bauarbeiter im Winter zu.

Die Beschäftigung sinkt jeden Winter auf ein etwa gleichbleibend niedriges Niveau ab. Die winterliche Ruhe auf dem Baumarkt ist aber nur zu einem Teil ein bautechnisches Problem. Das Bauen ist im Winter bekanntlich teurer. Die Voraussetzungen für die Finanzierung der Mehrkosten sind aber nur in den seltensten Fällen, z. B. bei Ausführung einiger Besatzungsbauten, gegeben.

Das Schwergewicht der Verteuerung liegt auf der *Material*seite, bedingt durch ein besonders kräftiges Anziehen der Preise industrieller Grundstoffe. Stahl ist viermal so teuer wie 1938; Schnittholz und Steinkohle (ein wesentlicher Kostenfaktor in der Baustoffindustrie) rund dreimal so teuer. Im Vergleich hierzu hat sich die Lebenshaltung „nur" um rund 70 vH verteuert, der durchschnittliche Preis der Nahrungsmittel verdoppelt.

Die Bauarbeiter*löhne* sind nach mehrmaligen Erhöhungen, zuletzt ab 1. April 1953, nicht so stark gestiegen wie die Baustoffpreise. Die Lohnerhöhungen konnten zum Teil durch die voranschreitende Rationalisierung des Arbeitsablaufes kompensiert werden. Die übermäßige Verteuerung der Baustoffe sowie die Rationalisierung vermindern — trotz der Lohnerhöhungen — kontinuierlich den Anteil der Löhne am Umsatz des Baugewerbes.

Anteil der Löhne und Gehälter am Umsatz des Baugewerbes
(in Betrieben mit 20 und mehr Beschäftigten)

Jahr	Löhne und Gehälter je 1 000 DM Umsatz
1949	439 DM
1950	423 „
1951	388 „
1952	370 „

Rationalisierung durch Auslese

Der Krieg hat der deutschen Bauwirtschaft nicht nur große Aufgaben gestellt, sondern auch ein riesiges Experimentierfeld hinterlassen. Die Bauunternehmer hatten einen großen Teil ihres Maschinenparkes in den ehemals besetzten Gebieten eingebüßt. Die verbliebenen Baumaschinen waren veraltet. Deutschland hatte den Anschluß an die technische Entwicklung im Auslande verloren. So galt es, nach dem Kriege eine Synthese zwischen den Erfahrungen des Auslandes und den im Inland gegebenen Möglichkeiten zu suchen.

Diese Ausgangssituation hat eine Flut von neuen Verfahren und Methoden ausgelöst, die nur zum geringen Teil über Idee und Planung hinausgekommen sind und erprobt wurden. Zu einem noch geringeren Teil haben sie sich in der Praxis bewährt. Aus der Fülle haben sich aber einzelne Konstruktionen und wertvolle Erkenntnisse herauskristallisiert, welche heute die Grundlage für eine verstärkte systematische Rationalisierung bilden.

Normenausschüsse, Bundesministerium für Wohnungsbau und Oberste Baubehörden der Länder haben auslesend und ordnend eingegriffen. Die großen Wohnungsbauprogramme nach dem Ersten Wohnungsbaugesetz bieten die Möglichkeit, die Anwendung der Normen — als „Pflichtnormen" — im sozialen Wohnungsbau und bei sonstigen subventionierten Bauten durchzusetzen.

Großformatige Bausteine, aus einer Vielzahl erlesene Deckenkonstruktionen, Bauplatten genormter Qualitäten, Schüttbeton- und andere, inzwischen bewährte „neuzeitliche" Bauweisen, Installationszellen und sonstige technische Neuerungen brachten erhebliche Einsparungen an Arbeitsaufwand. Im Hochbau hat Westdeutschland den technischen Vorsprung des Auslandes weitgehend aufgeholt. Leichte Aufzüge, fahrbare Betoniertürme, Krane und Stahlrohrgerüste, die heute auf vielen Baustellen in Deutschland zu finden sind, entsprechen zumindest in ihrer Ausführung dem internationalen Stand der Bautechnik. Gitterschalungen und Förderbänder für das Schüttgut im Schüttbeton-Bau dürfte Deutschland vielen Ländern voraus haben.

Die Rationalisierung erschöpft sich nicht allein in der Mechanisierung und Normung der Baumaterialien. Den neuesten Erkenntnissen entsprechende sorgfältige Planung und Vorbereitung des Arbeitsablaufes sind weitere — teils geplante, teils bereits getane — Schritte, die wenig kosten und erhebliche Einsparungen an Arbeitsaufwand einbringen.

Einen wesentlichen Beitrag zur Entwicklung im Wohnungsbau hat die ECA durch Bereitstellung von rund 37 Mill. DM für die ERP-Entwicklungsbauten geleistet. Erstmalig waren an dem Wettbewerb Architekt und Bauunternehmer gemeinsam beteiligt, ihre Zusammenarbeit von Anfang an bringt Sicherheit in Planung und Kalkulation.

Die noch auszufüllende Lücke im Wohnungsbau

Im Verlauf eines Jahres bezieht rund jede dreißigste Familie eine neu erbaute Wohnung. Auf die Bevölkerungszahl bezogen, wurden in der Bundesrepublik im letzten Jahr 4,5mal soviel Wohnungen gebaut wie in Italien, 3,8mal soviel wie in Frankreich und fast doppelt soviel wie in Großbritannien.

Fertiggestellte Wohnungen

Jahr	Bundesgebiet[1]		USA	
	Insgesamt	je 1 000 der Bevölkerung	Insgesamt	je 1 000 der Bevölkerung
1949	215 000	4,6	1 025 000	7,2
1950	360 000	7,5	1 396 000	9,2
1951	430 000	8,9	1 091 000	7,1
1952	440 000	9,1	1 131 000	7,2

[1] Nach „Bundesbaublatt" 1953, H. 4.

Zwar wurden in den Vereinigten Staaten, in denen sich seit Kriegsende die Bevölkerungszahl um 26 Millionen erhöhte, — unter unvergleichbar besseren Vorbedingungen an Materialversorgung und Finanzierung — seit dem Kriege 10 Millionen Wohnungen gebaut, d. h. dem Zuwachs von je 100 Neubürgern in USA entsprach eine Bereitstellung von 38 Neubauwohnungen. Demgegenüber kamen im Bundesgebiet auf 100 Neubürger und Ausgebombte nur 11 neue Wohnungen. Trotzdem kann sich die in der Bundesrepublik nach der Währungsreform zustandegebrachte Wohnungsbauleistung von 2 Millionen Wohnungen oder Zweifünftel des bei Kriegsende bestehenden Wohnungsbedarfs, an europäischen Maßstäben gemessen, durchaus sehen lassen.

Auf der anderen Seite geht aus den vorgenannten Zahlen die gewaltige Lücke hervor, die es noch auszufüllen gilt. Bei dieser Aufgabe geht es letztlich um die körperliche Leistungsfähigkeit und die geistige Gesundheit von Millionen von Familien (4 Millionen Wohnungsanwärter, davon 3 Millionen Familien, die heute noch in Massenunterkünften

oder in Untermiete untergebracht sind). Als weitere Aufgabe kommt hinzu, daß nicht allein die *Zahl* der Wohnungen entscheidend ist, sondern daß ihre Größe und die qualitätsmäßige Ausstattung (Schalldämpfung, Wärme-Isolierung u. dgl. m.) mehr als es bisher oft möglich war, Berücksichtigung finden muß. Diese Aufgabe zu meistern ist aber nicht nur ein produktionstechnisches oder finanzwirtschaftliches Problem, sondern erfordert Maßnahmen und Umstellungen marktwirtschaftlicher Art, damit die Kosten des Bauens wieder in ein vernünftiges Verhältnis zum Wohnungsmietpreis gebracht werden. In dieser Richtung liegen die dringlichsten Erfordernisse einer neuen Ordnung, ohne die die wohnungs- und darüber hinaus die bauwirtschaftlichen Verhältnisse nicht gesunden können.

Bessere Ernährung und steigende Produktion der Landwirtschaft

Versorgungstiefstand vor der Währungsreform

Die Lebensmittelversorgung der städtischen Bevölkerung, die sich schon während des Krieges laufend verschlechtert hatte, erreichte 1947 ihren Tiefpunkt. Die an den Normalverbraucher ausgegebenen Rationen hatten zeitweise nur noch einen Nährwert von weniger als 1000 Kalorien und enthielten nur noch etwa 20—30 g Eiweiß und weniger als 10 g Fett täglich, während rund 3000 Kalorien, 75—80 g Eiweiß und 60—90 g Fett den Normalbedarf darstellen. Gleichzeitig ging die Qualität der Nahrung wesentlich zurück.

Nahrungsmittelverbrauch
— Stand Ende 1946 —
Angaben für Normalverbraucher pro Kopf und Tag
in den einzelnen Besatzungszonen

Gebiete	Kalorien	Eiweiß				Fett
		insges.	davon			
			pflanzl.	tierisch		
		g	g	g	vH	g
1936 Deutsches Reich ..	3 113	84,7	45,2	39,5	46,6	119,9
Ende 1946 Britische Besatzungszone	1 542	52,8	41,8	11,0	20,8	13,4
Amerikanische Besatzungszone	1 564	52,1	35,3	16,8	32,2	18,0
Französische Besatzungszone	1 209	30,7	25,7	5,0	16,3	13,6
Sowjetische Besatzungszone	1 282	29,5	26,0	3,5	11,9	9,9

Quelle: „Die deutsche Wirtschaft zwei Jahre nach dem Zusammenbruch", Deutsches Institut für Wirtschaftsforschung, 1947, Berlin.

Verursacht war die katastrophale Entwicklung durch eine Häufung ungünstiger Voraussetzungen. Während sich durch den Flüchtlingsstrom aus den Ostgebieten der Bedarf um rund ein Fünftel erhöhte, sank gleichzeitig die landwirtschaft-

liche Erzeugung Westdeutschlands um mehr als ein Drittel ihres Vorkriegsstandes. Die ostdeutschen Agrarüberschüsse fielen völlig, die Lebensmitteleinfuhr weitgehend aus. Auch die Fangergebnisse der See- und Küstenfischerei verringerten sich infolge der Kriegsnachwirkungen erheblich.

Um die vorhandenen Lebensmittel einigermaßen gerecht zu verteilen, war die Bewirtschaftung nicht zu umgehen. Abgesehen von der schwierigen Verwaltungsaufgabe, die im Lande verfügbaren Mengen der einzelnen Nahrungsmittel festzustellen und nach Rationen auf die verschiedenen Kategorien der Empfangsberechtigten aufzuteilen, ergab sich für jede Zuteilungsperiode eine Unsumme organisatorischer und verwaltungsmäßiger Arbeit. So wurde z. B. die Bevölkerung nach ihrer unterschiedlichen Verbrauchsberechtigung in 5 Gruppen mit nicht weniger als 31 Untergruppen eingeteilt. Um zu verhindern, daß die Verbraucher ihre monatlichen Bezugsrechte an Brot, Fett und Fleisch etwa schon zu Beginn der jeweiligen Periode voll

Lebensmittelzuteilung für März 1948
Rationen in Gramm
(Auszug aus der amtlichen Bekanntmachung für die 112. Zuteilungsperiode)

Nahrungsmittel	Grundzuteilung			Zusätzl. Zuteilung	
	Kleinstkinder	Kinder	Erwachsene[1]	Normalarbeiter	Schwerstarbeiter
Brot........	3 350	11 100	8 250	1 650	9 800
Fett........	335	335	170	110	650
Fleisch	450	675	450	200	1 300
Nährmittel ..	1 925	1 525	1 400	550	3 300
Käse	—	62,5	62,5	—	187,5
Zucker	1 000	1 000	1 000	62,5	187,5
Kaffee-Ersatz	—	125	125	—	187,5
Kartoffeln ..	4 500	9 000	9 000	2 000	13 000
E-Milch[2]	—	31	11	—	—
Vollmilch ...	23 $\frac{1}{4}$ l	—	—	—	—

[1] Normalverbraucher. — [2] Entrahmte Frischmilch.

ausnutzten, wurden 1947/48 die einzelnen Zuteilungsperioden nochmals nach Dekaden unterteilt. Für einzelne Nahrungsmittel mußten ferner Sonderanweisungen erlassen werden, wodurch sich das Verteilungssystem zusätzlich komplizierte.

Am schwersten wirkte sich die drückende Versorgungslage auf die vielen Millionen städtischer Haushalte aus. Eine Unsumme an Zeit und Kraft mußte zusätzlich aufgewandt werden, um die reduzierten Einkaufsmöglichkeiten wahrzunehmen. Die wirtschaftlichen Überlegungen verlagerten sich dabei weitgehend; das Geld hatte seine normalen Funktionen auch auf dem Lebensmittelmarkt eingebüßt.

Aufhebung der Bewirtschaftung

Bald nach der Währungsreform, aber noch vor Aufhebung der Bewirtschaftung, lösten sich allmählich die Spannungen auf dem Lebensmittelmarkt. Der schnelle Rückgang der Schwarzmarktpreise und -geschäfte erbrachte hierfür den besten Beweis.

Preisentwicklung 1948
für Rindfleisch, Butter und Zucker

Waren	1948		
	15. Juni	15. Dezember	
	Schwarzmarkt-preise	Schwarzmarkt-preise	Legale Preise
	RM/kg	DM/kg	
Rindfleisch	80—130	8—16	2,87
Butter	300—520	20—44	5,12
Zucker	60—160	3,50— 8	1,16

In Verbindung mit der zunächst noch beibehaltenen Rationierung konnten Angebot und Nachfrage soweit in Einklang gebracht werden, daß die Preisauftriebstendenzen abebbten. Diese beruhigend wirkende Entwicklung der Nahrungsmittelversorgung gewann für den Übergang zur Marktwirtschaft wesentliche Bedeutung.

In der Fleischversorgung stand zunächst die Aufrechterhaltung der Preisbindungen einer kräftigen Erhöhung des Angebots hemmend im Wege. Dieser Zustand besserte sich erst nach Freigabe der Fleischpreise (Schweine- und Schaffleisch im November 1949, Rind- und Kalbfleisch im Mai 1950). Der Schweinebestand erhöhte sich vom September 1949 bis September 1950, also innerhalb eines Jahres nach der Preisfreigabe, von 9 auf 11 Millionen Stück.

Im Frühjahr 1950 wurde die Bewirtschaftung der Hauptnahrungsmittel — Brot, Zucker, Fleisch, Milch und Fett — offiziell aufgehoben. Die Voraussetzung hierfür war in erster Linie die Erhöhung der Agrarproduktion und die Steigerung der landwirtschaftlichen Ablieferungen. So hatte sich die Nahrungsmittelerzeugung der westdeutschen Landwirtschaft 1950/51 gegenüber 1947/48 um 77 vH, gegenüber 1948/49 um 31 vH erhöht. Die Verkaufsmengen stiegen verhältnismäßig schwach bei pflanzlichen, stark dagegen bei tierischen Erzeugnissen. Die Rinder- und Schweineverkäufe lagen mengenmäßig 1950/51 um 138 vH, 1951/52 bereits um 184 vH höher als 1948/49; der Milchverkauf stieg in der gleichen Zeit um 54 bzw. 66 vH.

Verkaufsmengen der westdeutschen Landwirtschaft
— in 1000 t —

W a r e	Ø 1935/36 — 1938/39	1948/49	1949/50	1950/51	1951/52
Brotgetreide ...	2 770	2 529	2 800	2 300	2 931
Speisekartoffeln	4 010	7 777	7 243	7 107	6 843
Zuckerrüben ..	3 700	4 413	4 376	7 129	7 290
Rinder, Lebendgew.	1 077	554	842	902	935
Schweine, „	768	154	592	784	1 078
Milch	11 400	7 385	9 850	11 360	12 240
Eier	112	50	81	132	143

Quelle: Thiel u. Padberg in Ber. üb. Ldw. N. F. Nr. XXX, H. 1, 1952. — Padberg in „Agrarw." Jg. 1, H. 11, 1952.

Die Leistungszunahme der Landwirtschaft nach der Währungsreform hängt auf das engste mit dem Wiederaufleben des Marktes zusammen. Erst als es möglich wurde, Betriebsmittel wieder nach Bedarf zu kaufen sowie Instandsetzungen und Investierungen vorzunehmen, wuchs die Produktion in erstaunlich kurzer Zeit an.

Gleichzeitig konnte durch Steigerung der Lebensmitteleinfuhr die Ernährungslage an zwei entscheidenden Punkten verbessert werden. Einmal gab die vermehrte Einfuhr von Futtergetreide und die Versorgung des Rindviehs mit eiweißreichen Kraftfuttermitteln (Ölkuchen) der Fleisch- und Milcherzeugung einen entscheidenden Auftrieb, zum anderen wurde durch Erhöhung der Einfuhr von Ölsaaten, Ölen und Fetten die Fettlücke geschlossen, die sich in der Volksernährung besonders unangenehm fühlbar gemacht hatte.

Das Zuckerangebot paßte sich sowohl durch Erhöhung der Erzeugung als auch der Einfuhr der Nachfrage an. Selbst als 1950 die Koreakrise zu umfangreichen Hortungskäufen an Zucker führte, konnte eine einigermaßen geordnete Versorgung aufrecht erhalten werden.

Einfuhr von Futtergetreide, Fetten und Zucker
1947/48—1951/52
— Mill. t —

Waren	1947/48	1948/49	1949/50	1950/51	1951/52
Futtergetreide ...	0,8	1,6	1,8	1,2	2,2
Ölsaaten, Öle und Fette	0,1	0,3	0,5	0,6	0,6
Zucker	0,4	0,4	0,6	0,6	0,7

Die Nahrungsmittelversorgung Westdeutschlands stützt sich heute zu etwa zwei Dritteln auf Eigenerzeugung und zu einem Drittel auf Einfuhr. Die Getreide- und Zuckerversorgung entspricht annähernd diesem Durchschnitt. Spätkartoffeln und Milch werden ausschließlich, Butter und Fleisch weitgehend von der eigenen Landwirtschaft geliefert, die Nahrungsfette (außer Butter) stammen dagegen zu 60 bis 65 vH aus dem Ausland. Für Fleisch, Milch und Butter ergeben sich höhere Werte für den Importanteil, wenn die Einfuhr der Futtermittel als indirekter Import in Anrechnung gebracht wird.

In diesem Zusammenhang ist ein Überblick über die Getreideverwendung für Ernährung, Fütterung und industrielle Verarbeitung aufschlußreich.

Getreideverwendung 1951/52 und 1952/53

Verwendung	1951/52				1952/53 (Schätzung)			
	Brot-getrei-de 1000 t	Futter-getrei-de 1000 t	Zusammen 1000 t	vH	Brot-getrei-de 1000 t	Futter-getrei-de 1000 t	Zusammen 1000 t	vH
Ernährung ..	5920	280	6200	45	6040	280	6300	43
Fütterung ..	1930	4800	6730	49	2000	5230	7230	50
Industr. Ver-arbeitung .	40	870	910	6	40	910	950	7
Zusammen .	7890	5950	13840	100	8080	6420	14500	100

Nach Institut für landw. Marktforschung, „Die landw. Märkte an der Jahreswende 1952/53", Agrarwirtschaft, Jg. 2, Heft 1.

Die Hälfte des Getreides wird also, wie sich aus den vorstehenden Zahlen ergibt, verfüttert; selbst das Brotgetreide wird in Höhe von einem Viertel des gesamten Brotgetreideverbrauchs als Kraftfutter verwendet (Roggen).

Die Verkaufserlöse der Landwirtschaft betrugen 1950/51 rund 9,4 Mrd. DM, 1951/52 rund 12,1 Mrd. DM; der Wert der Nahrungsmitteleinfuhr belief sich demgegenüber in diesen Jahren auf 5,2 bzw. 4,9 Mrd. DM.

Veränderte Verbrauchsstruktur

Eine Normalisierung der Ernährung im Sinne einer Angleichung an die Vorkriegsverhältnisse ist nur für den Gesamtnährwert, nicht dagegen für den Verbrauch der einzelnen Nahrungsmittel erfolgt.

Als nach Abschluß der Bewirtschaftung das Nahrungsmittelangebot wieder so umfassend war, daß es dem Verbraucher freie Wahl ermöglichte, sank der vorher stark überhöhte Anteil volumi-

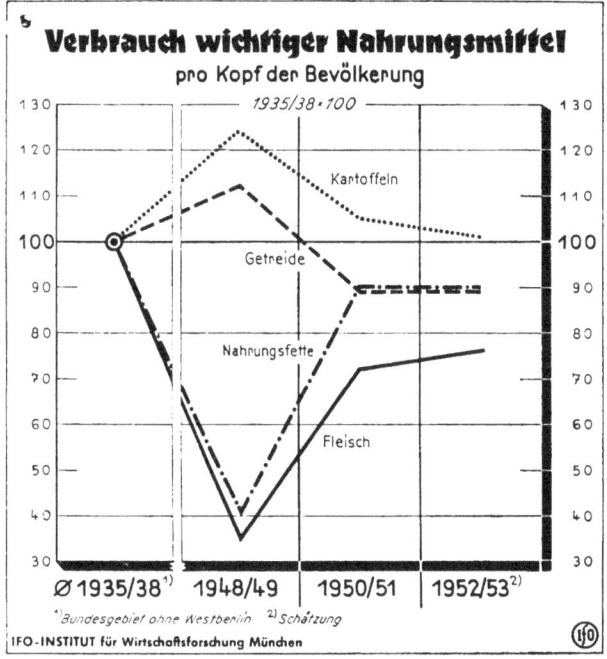

Verbrauch wichtiger Nahrungsmittel
pro Kopf der Bevölkerung
1935/38 · 100
Kartoffeln
Getreide
Nahrungsfette
Fleisch
Ø 1935/38¹⁾ 1948/49 1950/51 1952/53²⁾
¹⁾Bundesgebiet ohne Westberlin ²⁾Schätzung
IFO-INSTITUT für Wirtschaftsforschung München

nöser vegetabilischer Nahrungsmittel (Getreide, Kartoffeln, Grobgemüse) zugunsten der konzentrierten hochwertigeren Erzeugnisse wie Zucker, Fleisch und Fett. Die hiermit vollzogene Annäherung an die Art der Vorkriegsernährung ist bereits 1950/51 zu einem gewissen Abschluß gekommen. Die weiteren Veränderungen im Pro-Kopf-Ver-

brauch gehen offenbar nur noch langsam vor sich. Dies gilt insbesondere auch für die weitere Zunahme des Fleischverzehrs wie für die voraussichtlich fortschreitende Verringerung des Kartoffelkonsums.

Es hat hiernach den Anschein, als ob sich jetzt eine Normalisierung der Ernährung auf anderer Basis als vor dem Kriege vollzieht. So hat sich der Pro-Kopf-Verbrauch der wichtigsten Nahrungsmittel gegenüber dem Vorkriegsstand in unterschiedlicher Höhe eingespielt: Fleisch bei etwa 75 bis 80 vH, Getreide, Nahrungsfette und Trinkmilch bei etwa 90—95 vH, Eier und Zucker bei etwa 100 bis 105 vH.

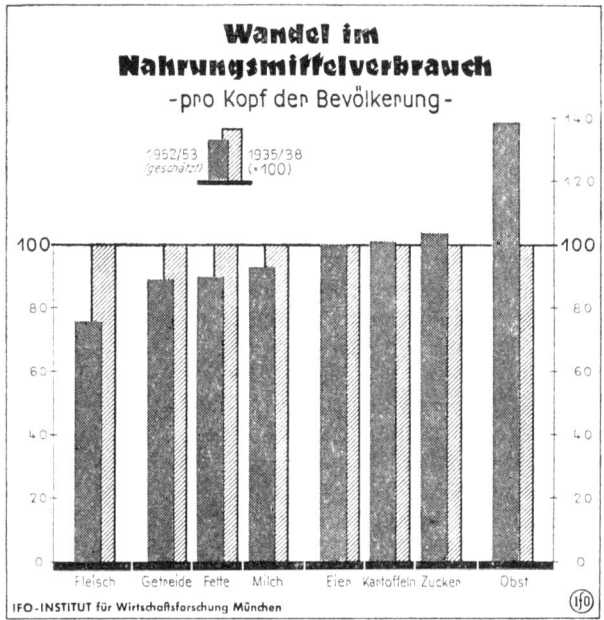

Wandel im Nahrungsmittelverbrauch
-pro Kopf der Bevölkerung-
1952/53 (geschätzt) 1935/38 (=100)
Fleisch Getreide Fette Milch Eier Kartoffeln Zucker Obst
IFO-INSTITUT für Wirtschaftsforschung München

Der Kartoffelverbrauch, der zur Zeit dem Vorkriegsstande entspricht, geht ähnlich wie der des Getreides zurück, nur scheint dieser Vorgang langsamer zu verlaufen.

Diese Veränderungen rühren zweifellos nicht von der Angebotsseite her, da seit 1950/51 alle Erzeugnisse ausreichend zur Verfügung standen. Auch die Preisentwicklung gibt allein keine ausreichende Erklärung. Es muß deshalb angenommen werden, daß die Verbrauchsgewohnheiten sich inzwischen geändert haben. Dies kommt deutlich auch im Verbrauch von Obst und Südfrüchten zum Ausdruck, der sich um 40—50 vH gehoben hat.

In diesem Zusammenhang ist ferner die besondere Entwicklung einzelner Nahrungsmittel hervorzuheben. So hat der Margarinekonsum — ähnlich wie auch in anderen Ländern — den Butterverbrauch völlig überflügelt. Pro Kopf und Jahr wurden im Bundesgebiet verbraucht (kg):

	35/38 JD	48/49	49/50	50/51	51/52	52/53 (Schätzung)
Butter	7,4	3,6	4,4	5,1	5,5	unter 5,5
Margarine ¹	8,5	3,5	7,1	9,9	10,1	über 10,1

¹ Einschl. Platten- und Speisefette.

Bei einem Rückblick auf die Entwicklung der Lebensmittelversorgung Westdeutschlands seit 1948 tritt der enge Zusammenhang mit der parallel hierzu verlaufenden landwirtschaftlichen Erzeugung deutlich hervor. Daß auch diese die ungünstigen Auswirkungen der Bewirtschaftungsjahre schnell überwunden hat, wird in den folgenden Abschnitten gezeigt.

Wiederanstieg der Agrarproduktion

Während vor dem Kriege der Nahrungsmittelbedarf Deutschlands zu rund 83 vH aus der eigenen landwirtschaftlichen Erzeugung gedeckt wurde, liegt heute in der Bundesrepublik der Anteil der Eigenversorgung schätzungsweise bei 65 vH. Dieser Unterschied ist nicht auf geringere Produktionsleistungen zurückzuführen, da diese im Bundesgebiet bereits seit drei Jahren über dem Vorkriegsstande liegen. Der Hauptgrund ist vielmehr die infolge der Zuwanderung eingetretene außerordentliche Bedarfserhöhung; daneben wirkt sich der Wegfall der Zufuhren aus den agrarischen Überschußgebieten Ostdeutschlands notwendigerweise in einer entsprechenden Erhöhung des Importbedarfs aus.

Der durch den Krieg hervorgerufene Rückgang der landwirtschaftlichen Produktion setzte sich nach dem Zusammenbruch fort. Nach Berechnungen des Bundesernährungsministeriums sank der Index der Gesamternte 1946/47 auf 70 und 1947/48 auf 56 (1935/38 = 100). Die technische Ursache hierfür lag im Fehlen der entscheidenden Produktionsmittel — Dünger, Kraftfutter, Maschinen —, der wirtschaftliche Grund in den ungünstigen Auswirkungen der Zwangswirtschaft: im Wegfall des Anreizes zu erhöhter Produktion und in der weitgehenden Ausschaltung der unternehmerischen Initiative. Die staatliche Beeinflussung legte das Schwergewicht auf die Erzeugung pflanzlicher Nahrungsmittel und bewirkte dadurch einen verstärkten Produktionsrückgang für tierische Nahrungsmittel. So sank 1947/48 die Erzeugung pflanzlicher Nahrungsmittel auf 84 vH (JD 1935/38 = 100), die Erzeugung tierischer Produkte dagegen auf 50 vH.

Eine Erhöhung der Gesamtproduktion war nur erreichbar, wenn die Landwirtschaft nicht nur mit den notwendigen Betriebsmitteln versorgt wurde, sondern wenn sie zugleich wieder freie Hand in der Betriebsorganisation erhielt. Diese Voraussetzungen wurden nach 1948 geschaffen. Die Währungsreform war der erste entscheidende Schritt auf diesem Wege. Die Sicherung ausreichender Bezugsmöglichkeiten, die auf den hohen Produktionsleistungen vor allem der Dünger- und Landmaschinenindustrie beruhten, schuf die Vorbedingungen für die Steigerung der Ernten und damit indirekt auch für den Aufbau der Viehbestände. Innerhalb von drei Jahren überschritt die landwirtschaftliche Produktion den Vorkriegsstand.

Die unterschiedliche Produktionsentwicklung, wie sie die nachfolgende Zahlenübersicht zeigt, läßt erkennen. daß es einfacher ist, die Ernten wieder anzuheben als die Leistung der Viehwirtschaft; der Aufbau der Viehbestände ist aus natürlichen Gründen nur relativ langsam möglich. Während die Produktion der pflanzlichen Nahrungsmittel bereits 1948/49 die Vorkriegsleistung überschritt (109 vH). erreichte die tierische Produktion einen entspre-

chenden Stand (107 vH) erst im Wirtschaftsjahr 1951/52.

Trotzdem sind auch hier die erzielten Fortschritte bemerkenswert.

Nahrungsmittelproduktion der westdeutschen Landwirtschaft
— J D 1935/39 = 100 —

Wirtschafts-jahr	Pflanzliche Erzeugnisse	Tierische Erzeugnisse	insgesamt
1946/47	89	60	67
1947/48	84	50	58
1948/49	109	69	79
1949/50	106	89	93
1950/51	116	99	103
1951/52	123	107	111
1952/53 (Schätzung)	122	107	111

Quelle: Thiel und Padberg a.a.O. — Padberg a.a.O.

Man kann die nach 1948 vollbrachte Leistung am besten dadurch würdigen, daß man einen Vergleich mit der Entwicklung nach dem ersten Weltkrieg zieht. Damals wurde erst nach 10 Jahren der Produktionsstand von 1913/14 wieder erreicht, jetzt — nach 1947/48 — ist das entsprechende Ergebnis bereits in drei Jahren erzielt worden.

Entwicklung der Ernteerträge

Fruchtart	dz/ha			Mill. t		
	1935-38 JD	1948-49 JD	1950-52 JD	1935-38 JD	1948-49 JD	1950-52 JD
Getreide	20,4	21,5	24,5	10,5	9,1	11,1
Kartoffeln ...	168,2	195,3	219,1	19,5	22,2	25,6
Zuckerrüben .	327,2	291,8	330,9	4,3	4,7	7,0

Im Durchschnitt der Jahre 1950—52 beträgt die Zunahme der Ernten gegenüber dem Jahresdurchschnitt 1948—49.

bei Getreide   2,0 Mill. t = 22 vH
    Kartoffeln   3,4 Mill. t = 15 vH
    Zuckerrüben   2,3 Mill. t = 49 vH

Ausdehnung und Verbesserung des Futterbaues und der Futterkonservierung verbreiterten nach 1948 die wirtschaftseigene Futterbasis. Damit wurde die Vergrößerung der Viehbestände und eine wesentliche Erhöhung der Fleisch- und Milchproduktion ermöglicht. Da auch die Importe von Futtergetreide und Ölsaaten zunahmen, stand Kraftfutter in einem Ausmaß zur Verfügung, daß der Engpaß in der Veredelungswirtschaft in kurzer Zeit überwunden werden konnte.

Entwicklung der Rindvieh- und Schweinebestände
(Dezemberzählungen)
— Mill. Stück —

Viehart	1935-38 JD	1948	1949	1950	1951	1952
Rindvieh	12,1	10,6	10,9	11,1	11,4	11,6
davon Milchkühe und Färsen	6,6	6,0	6,2	6,4	6,4	6,5
Schweine	12,5	6,8	9,7	11,9	13,6	13,0

In Anpassung an die steigende Nachfrage nach Fleisch und Milch hat die Landwirtschaft die erweiterte Futtergrundlage in vollem Umfange ausgenutzt, um die Viehbestände beschleunigt wieder aufzubauen. Die Zahl der Rinder und der Milchkühe hat fast den Vorkriegsstand wieder erreicht.

Bemerkenswert ist, daß das Angebot von Fleisch und Milch bedeutend stärker gestiegen ist als die Viehbestände. Der Fleischanfall aus gewerblichen Schlachtungen und die Belieferung der Molkereien mit Milch lassen dies erkennen.

Fleischanfall und Milchablieferung[1]
1 000 t

Produkte	1949/50	1950/51	1951/52
Rindfleisch	427	465	490
Kalbfleisch	70	86	83
Schweinefleisch	420	614	850
Milch	9 356	10 105	10 609

[1] Fleischanfall aus gewerbl. Schlachtungen. — Milchablieferung an Molkereien.

Die Erhöhung der Milcherzeugung beruht vornehmlich auf einer Leistungssteigerung der Einzeltiere. Der Durchschnittsmilchertrag je Kuh und Jahr betrug (Vorkriegsdurchschnitt 2480 kg):

	1948/49	1949/50	1950/51	1951/52
in kg	2 017	2 400	2 560	2 725
in vH	100	119	127	135

Hierbei haben sich die Zuchtergebnisse und die verbesserte Fütterungstechnik entscheidend ausgewirkt.

Bemerkenswert ist, daß die Verstärkung der Viehhaltung sowohl dem landwirtschaftlichen Betrieb als auch der Nahrungsmittelversorgung zugute kommt. Nur durch ausreichende Lieferung von Fleisch, Milch, Butter und Eiern kann in der Ernährung das optimale Verhältnis zwischen tierischen und pflanzlichen Bestandteilen, insbesondere beim Eiweiß erreicht werden. Andererseits benötigt die westdeutsche Landwirtschaft, deren natürliche Voraussetzungen und deren bäuerliche Struktur die Viehhaltung begünstigen, zur vollen Entfaltung ihrer Produktionsmöglichkeiten einen Viehbesatz, wie er jetzt annähernd wieder erreicht ist.

Strukturwandlungen

Nach Lösung aus der Zwangswirtschaft hat sich zwischen den landwirtschaftlichen Betriebszweigen wieder eine ähnlich ausgewogene Relation entwickelt wie vor dem Kriege. Strukturelle Änderungen größeren Ausmaßes sind dagegen nur in geringer Zahl zu verzeichnen.

Im Ackerbau ist die bedeutende Vergrößerung der Zuckerrübenanbaufläche zu erwähnen. 1951 hatte sich der Anbau auf etwa 172 vH der Vorkriegsfläche ausgedehnt. Interessant dabei ist, daß die Ausdehnung vorwiegend in den alten Anbaugebieten erfolgt ist.

Die starke Erhöhung des Schweinebestandes stellt wahrscheinlich nur eine konjunkturelle Anpassung dar. Im Gegensatz hierzu vollzieht sich im Aufbau des Zugviehbestandes eine deutliche Änderung. Ausgelöst durch die zunehmende Motorisierung haben sich die tierischen Zugkräfte — Pferde, Zugochsen und Zugkühe — seit 1948/49 ständig vermindert.

Zugkrafteinheiten je 100 ha landw. Nutzfläche[1]

Jahr	Pferde	Zugochsen u. Kühe	zus. tier.	Schlepper	insgesamt
1938	8,5	3,1	11,6	0,6	12,2
1949	8,5	3,0	11,5	3,2	14,7
1950	8,5	2,9	11,4	4,1	15,5
1951	8,4	2,8	11,2	5,1	16,3
1952	8,2	2,6	10,8	6,2	17,0

[1]Zugkrafteinheiten: 1 Arbeitspferd = 1; 1 Zugochse = 0,5; 1 Zugkuh = 0,15; 1 Schlepper-PS = 0,2.

In den letzten Jahren wurden für jeden neuen Schlepper etwa 2 Pferde abgeschafft. Die sich hieraus heute ergebende Verringerung des Haferbedarfes (etwa 400 000 t) erlaubt es, rund 170 000 ha für anderweitigen (produktiven) Anbau zu verwenden.

Bei der Neubeschaffung von Landmaschinen stehen neben den Schleppern zur Zeit Mähdrescher und Melkmaschinen im Vordergrund, die ebenfalls zur Verringerung des menschlichen Arbeitsaufwandes beitragen.

Die Abnahme der menschlichen Arbeitskräfte in der Landwirtschaft muß als einer der wichtigsten Faktoren in einem nachhaltig verlaufenden strukturellen Umbau angesehen werden. Zunächst hat die Landwirtschaft in den Jahren 1945—1952 über mehr Arbeitskräfte verfügt als vor dem Krieg. Diese Tatsache erklärt sich aus der Einweisung von Evakuierten und Heimatvertriebenen in die Wohngebäude der Landwirtschaft. Auf je 1000 der einheimischen Bevölkerung wurden — nach dem Zählungsergebnis 1949 — in Räumlichkeiten der Landwirtschaft 392, außerhalb der Landwirtschaft dagegen nur 172 Vertriebene usw. untergebracht. Im gleichen Maße, in dem die Industrie bei steigender Produktion zusätzliche Arbeitskräfte aufnahm, setzte eine Abwanderung aus der Landwirtschaft

Abwanderung aus der Landwirtschaft
— Zunahme in der Industrie

IFO-INSTITUT für Wirtschaftsforschung München

zur Industrie ein und senkte die Zahl der landwirtschaftlichen Fremdarbeiter. Ende 1952 war etwa der Vorkriegsstand wieder erreicht.

Mit dem Abzug überzähliger Arbeitskräfte vom Lande verband sich eine gewisse negative Auslese. Dieser Vorgang setzt eine Entwicklung fort, deren Anfänge weit in die Vorkriegszeit zurückreichen.

Betriebsausgaben und Verkaufserlöse der Landwirtschaft

Der Aufschwung der landwirtschaftlichen Produktion kommt nicht nur in den steigenden Lieferungen von Agrarerzeugnissen zum Ausdruck, sondern ebenfalls in den Käufen von Betriebsmitteln. Angaben über die mengenmäßige Entwicklung der Betriebsaufwendungen liegen nur in beschränktem Umfange vor; immerhin ist bereits aus der Beschaffung von Ackerschleppern, besonders aber aus der Verwendung von Handelsdünger, ein Eindruck zu gewinnen. Der Bestand an Ackerschleppern im Bundesgebiet hat sich von rund 35 000 Stück im Jahre 1939 und rund 90 000 Stück 1949 auf 250 000 Stück im Jahre 1952 erhöht. Der Handelsdüngerverbrauch ist — über Reinnährstoff berechnet — von 1948/49 bis 1951/52 um etwa 30 vH gestiegen.

Kein Betriebsmittel vermag in kurzer Zeit die Bodenproduktion so zu steigern wie der Handelsdünger. Der Rückgang der Brutto-Bodenproduktion bis unter 60 vH des Vorkriegsstandes ist in der Zeit bis zur Währungsreform vor allem auf den Mangel an Handelsdünger zurückzuführen. Nachdem zunächst der dringendste Bedarf insbesondere an Stickstoff durch Einfuhr gedeckt worden war, stieg 1948/49 mit der westdeutschen Düngemittelproduktion auch der Verbrauch je Hektar landwirtschaftlicher Nutzfläche stärker an und überschritt die Vorkriegshöhe.

Verbrauch an Handelsdüngemitteln
in kg Reinnährstoff je ha landw. Nutzfläche

Wirtschaftsjahr	Stickstoff (N)	Phosphorsäure (P₂O₅)	Kali (K₂O)	Kalk (CaO)
1935/39	20,8	26,4	39,1	56,5[1]
1947/48	18,4	15,1	28,5	—
1948/49	23,3	28,5	40,1	73,2
1951/52	27,4	33,4	51,2	59,0

[1] 1938/39.

Im Gegensatz zum Handelsdünger hat die Verwendung von Zukauffuttermitteln die Vorkriegshöhe noch nicht wieder erreicht. Um so bemerkenswerter ist deshalb der Anstieg, den die Veredelungsproduktion — Fleisch, Milch und Eier — nach 1948 infolge intensiveren Einsatzes der wirtschaftseigenen Futtermittel aufzuweisen hat.

Die Betriebsausgaben der Landwirtschaft betrugen 1938/39 rund 3,9 Mrd. RM, stellten sich 1948/49 auf 5,6 Mrd. DM und erhöhen sich im Wirtschaftsjahr 1952/53 auf 9,2 Mrd. DM.

Der Lohnaufwand stellte sich 1951/52 auf 2,1 Mrd. DM, das sind 23,5 vH der Betriebsausgaben. Dabei ist zu beachten, daß hierin Lohnansprüche der mitarbeitenden Familienangehörigen nicht enthalten sind. Da in Westdeutschland der bäuerliche Be-

trieb vorherrscht, ist dieser Lohnanspruch erheblich größer als der nur für familienfremde Arbeitskräfte ausgewiesene Betrag.

Die Aufwendungen für sächliche Betriebsmittel machen etwa 65 vH der Betriebsausgaben aus. Auf Betriebsmittel industrieller Herkunft entfallen dabei rund 4,6 Mrd. DM, d. s. 53 vH der gesamten Betriebsausgaben.

Betriebsausgaben der Landwirtschaft

Art der Betriebsausgaben	1938-39	1948-49	1949-50	1950-51	1951-52
	— Mill. RM/DM —				
Löhne u. Sozialversicherungen	860	1570	1650	1770	2065
Sächl. Betriebsmittel ind. Herkunft [1]	1797	2972	3309	3800	4630
Sonstige sächl. Betriebsmittel [2]	619	431	794	854	1075
Zinsen, Steuern, Lasten u. Sonstiges [3]	670	675	846	931	1025
Betriebsausgaben insgesamt ..	3946	5648	6599	7355	8795
	— in vH —				
Löhne u. Sozialversicherungen	100	183	192	206	240
Sächl. Betriebsmittel ind. Herkunft [1]	100	165	184	211	258
Sonstige sächl. Betriebsmittel [2]	100	70	128	138	174
Zinsen, Steuern, Lasten u. Sonstiges [3]	100	101	126	139	153
Betriebsausgaben insgesamt ..	100	143	167	186	223

[1] Handelsdünger, Neubauten und Unterhaltung von Gebäuden, neue Maschinen und Inventarunterhaltung, Pflanzenschutzmittel, Brenn- und Treibstoffe und elektr. Strom sowie 60 vH der allgemeinen Wirtschaftskosten.
[2] Futtermittel, Saatgut und Nutzvieh.
[3] Betriebssteuern und Lasten, Schuldzinsen sowie 40 vH der allgemeinen Wirtschaftskosten.
Quelle: Padberg a.a.O.

Will man die Bedeutung der Landwirtschaft als Abnehmer industrieller Erzeugnisse in vollem Umfange feststellen, so müssen zu den oben errechneten rund 4,6 Mrd. DM für Betriebsmittel industrieller Herkunft noch die Ausgaben der Bauern und Landarbeiter für die Beschaffung privater Bedarfsgüter (Hausrat, Bekleidung, usw.) einbezogen werden. Padberg[1] schätzt diesen Betrag auf 3,4 Mrd. DM (80 vH des Barlohnes der Landarbeiter und 80 vH der baren Privatausgaben der Bauern). Hieraus ergibt sich, daß die Landwirtschaft im Jahre 1951/52 mit rund 8 Mrd. DM als Käufer industrieller Erzeugnisse auf dem Inlandsmarkt auftrat. Gegenüber 1948/49 bedeutet dieser Betrag eine Steigerung um etwa 2,5 Mrd. DM (+ 45 vH).

Die wirtschaftliche Lage der Landwirtschaft hat sich seit der Währungsreform, besonders nach Inkrafttreten der Marktgesetze[2] günstig gestaltet. Im Wirtschaftsjahr 1952/53 ist diese Entwicklung zu einem gewissen Stillstand gekommen.

Zusammenfassend ist festzustellen, daß die westdeutsche Landwirtschaft sich mit der Währungsreform wieder zu ihrer vollen Leistungsfähigkeit entwickelt und bereits 1950/51 den Produktionsstand der Vorkriegszeit überschritten hat. Der

[1] Vgl. „Agrarwirtschaft" Jg. 2, 1953, Heft 3.
[2] Getreidegesetz im November 1950, Zuckergesetz im Januar 1951, Milch- und Fettgesetz im Februar 1951, Vieh- und Fleischgesetz im April 1951.

**Produktionswerte, Verkaufserlöse u. Betriebsausgaben[1]
der westdeutschen Landwirtschaft**
— Mrd. RM/DM —

Sachangaben	Ø 1935/36 bis 1938/39	1948/49	1949/50	1950/51	1951/52	1952/53 Vorschätzung
Geldwert der Nahrungsmittelproduktion	6,7	9,9	11,5	13,0	15,9	15,8
Verkaufserlöse	5,2	6,5	8,1	9,4	12,1	12,0
Betriebsausgaben[2]	3,9	5,6	6,6	7,4	8,8	9,2

1935/39 — 1951/52 nach Thiel u. Padberg; 1952/53 eigene Schätzung.
[1] Die Betriebsausgaben umfassen nicht den vollen Betriebsaufwand, da dieser noch in beträchtlichem Umfang Naturalaufwendungen einschließt. Vor allem enthalten sie nicht den Lohnanspruch der familieneigenen Arbeitskräfte.
[2] Ohne Zinsen für Umstellungsgrundschulden. — Einschließl. der Ausgaben für Neubauten und Beschaffung neuer Maschinen (entsprechend BEM).

schnelle Anstieg der Produktion dürfte damit abgeschlossen sein, so daß weiterhin nur mit den niedrigeren „normalen" Jahreszuwachsraten zu rechnen ist. Möglicherweise werden sich zugleich die Einnahmen entsprechend schwächer entwickeln, während die Betriebsausgaben einstweilen noch — und zwar sowohl von der Mengen- als auch von der Preisseite her — steigende Tendenz aufweisen. Die Ertragslage der Landwirtschaft würde, wenn diese Annahmen zutreffend sind, als zumindest labil anzusprechen sein.

Da sich gezeigt hat, daß die Normalisierung der Ernährung und die Normalisierung der landwirtschaftlichen Produktions- und Marktleistung auf das engste miteinander verbunden sind, kommt der Erhaltung einer gesunden landwirtschaftlichen Produktionsgrundlage entscheidende Bedeutung zu. Daneben müssen aber die Voraussetzungen für die Einfuhr, besonders von Getreide, Zucker und Fett, gewahrt bleiben. Die Sicherung der Ernährung erfordert also neben einer auf lange Sicht eingestellten Agrarpolitik eine Außenhandelspolitik, die sowohl dem notwendigen Zuschußbedarf an Nahrungsmitteln als auch der Weiterentwicklung der deutschen Agrarerzeugung Rechnung trägt.

Anstieg der Beschäftigung

Die Umstellungen nach 1948

Zur Zeit der Währungsreform lag die Zahl der unselbständigen Beschäftigten zwar über der Vorkriegszeit (1938), aber sie war nicht in gleichem Maße wie die Bevölkerung gewachsen. Die verdeckte Inflation, das Übermaß an Bewirtschaftung und die Verbreitung naturalwirtschaftlicher Methoden hatten außerdem zur Folge, daß die beschäftigten Arbeitskräfte vor der Währungsreform großenteils unwirtschaftlich verteilt und wenig produktiv waren. Deshalb mußte erwartet werden, daß die nach einer Währungsreform notwendige Rationalisierung einen wesentlichen Rückgang der Beschäftigung und einen entsprechenden Anstieg der Arbeitslosigkeit bringen würde. Die Währungsreform gab der Wirtschaft jedoch einen solchen Auftrieb, daß im ersten Jahr (1948/49) trotz großer Umsetzungen die Zahl der Beschäftigten insgesamt auf gleicher Höhe blieb und die Arbeitslosigkeit nur durch den starken Zustrom neuer Arbeitskräfte anwuchs. Dieser Zustrom hielt auch in den folgenden Jahren an, aber die Beschäftigung stieg ebenfalls, seit 1950 sogar stärker, so daß die Arbeitslosigkeit seitdem zurückging. Der Erfolg der vergangenen 5 Jahre war demnach eine bedeutend vermehrte und produktivere Beschäftigung, durch die neue Arbeitskräfte untergebracht werden konnten und seit 1950 auch die Arbeitslosigkeit verringert wurde.

Vor allem in der ersten Zeit nach der Währungsreform mußten die Arbeitskräfte solche Arbeitsverhältnisse aufgeben, die nur unter den früheren Geldverhältnissen möglich oder wegen der Lebensmittelkarten, der Zuzugsgenehmigungen und aus ähnlichen Gründen nur zum Schein eingegangen worden waren. Die unnatürlich übersetzten Wirtschaftszweige, wie die Land- und Forstwirtschaft, das Dienstleistungsgewerbe, Verkehr und Verwaltung, gaben einen großen Teil ihrer Arbeits-

Arbeitnehmer-Potential
September-Zahlen

Jahr	Bevölkerung[1]	Unselbständige Beschäftigte[2]	Arbeitslose	Beschäftigten-Quote[3]	Erwerbslosen-Quote[4]
	in 1000 Personen				
1938	39 350	12 247	.	31,1	.
1950	47 696	14 296	1 272	30,0	8,2
1952	48 593	15 456	1 051	31,8	6,4

[1] Bevölkerung: 1939 und 1950 nach der Volkszählung; 1952 fortgeschriebene Wohnbevölkerung.
[2] Nach der Arbeitsbucherhebung vom 25. 6. 1938 und der Berufszählung 1939; 1950 und 1952 nach der Beschäftigtenstatistik.
[3] Anteil von Spalte 2 an Spalte 1. } in vH
[4] Anteil von Spalte 3 an Spalte 2 + 3.

kräfte an die gewerbliche Gütererzeugung sowie den Handel und das Geldwesen ab. Dieser Prozeß setzte sich in der folgenden Zeit zwar langsamer, aber in der Tendenz kaum verändert fort. Dabei haben die vorwiegend industriellen Wirtschaftszweige den absolut größten Zuwachs der Beschäftigung aufzuweisen. Innerhalb der Industrie liegen die Investitionsgüterzweige (Bauwirtschaft und industrielle Investitionsgüter) an der Spitze. Der textile Bereich blieb aber nur wenig dahinter zurück, weil er in der rohstoffknappen Zeit verhältnismäßig wenig produzieren konnte und später einen hohen Nachholbedarf zu befriedigen hatte. Die relativ größte Zunahme weist der Zweig Handel, Banken und Versicherungen auf. Die Neubelebung der Marktwirtschaft hat hier ein Wachstum hervorgerufen, das sich bis in die letzte Zeit unvermindert fortgesetzt hat. Auch bei der Verwaltung und verwandten Berufen haben die Beschäftigten seit 1949 wieder zugenommen. Der Anstieg war zwar nur reichlich halb so groß wie im Durchschnitt aller Wirtschaftszweige, aber auch damit hatte man schwerlich gerechnet, nachdem die vorausgegangene Zeit durch ein Übermaß von Verwaltung und Lenkung gekennzeichnet war.

Die Rückbildung der Beschäftigung in der Land- und Forstwirtschaft sowie bei den Besatzungsdiensten ist als Strukturwandlung zu einer besseren Produktivität zu begrüßen. Ähnliche Umschichtungsprozesse haben sich auch innerhalb der einzelnen Wirtschaftszweige und Betriebe ergeben, indem unrationelle Beschäftigungen eingeschränkt und auf rationellere Arbeiten umgestellt worden sind. Der wirtschaftliche Fortschritt der letzten fünf Jahre liegt also auch in einem produktiveren Einsatz der Beschäftigten.

Anteile der Wirtschaftszweige[1] an der Gesamtbeschäftigung
Ende September

Wirtschaftszweige	1938	1948	1949	1950	1951	1952
	in vH					
I. Bauwirtschaft .	11,3	9,6	9,9	10,9	10,6	11,0
II. Investitions-gütererzeugung	9,0	8,8	9,1	9,5	10,1	10,3
III. Bergbau	3,9	4,1	4,2	4,1	4,1	4,1
IV. Verbrauchs-gütererzeugung	11,7	10,9	11,9	12,5	12,5	12,4
V. Verteilung und Verwaltung Handel-, Geld-, Bank- und Versicherungswesen..	9,8	8,1	8,8	9,5	10,0	10,5
Verwaltung, Bildungswesen, Rechts- und Wirtschaftsberatung..	7,3	8,5	8,3	7,9	7,9	7,8
VI. Verkehr (einschl. Post und Bahn)	6,9	8,4	8,0	7,6	7,4	7,3
VII. Persönl. Dienstleistungen	12,1	12,5	11,4	10,4	10,1	9,7
VIII. Land- und Forstwirtschaft	7,3	10,7	9,0	7,9	7,2	6,6
IX. Sonstige Berufsgruppen ..	20,7	18,4	19,4	19,7	20,2	20,3
Beschäftigte insges.	100,0	100,0	100,0	100,0	100,0	100,0

[1] Zusammenfassung der Wirtschaftszweige gemäß dem vorwiegenden Charakter.

Die Unterschiede der Zu- und Abnahmen in den einzelnen Jahren entsprechen meist den verschieden starken konjunkturellen Antrieben. Das gilt vor allem für die Industrie, insbesondere für das Verhältnis zwischen Investitions- und Verbrauchsgütererzeugung. Außerhalb der Industrie ist der Wachstums- bzw. Schrumpfungsprozeß im Laufe der Jahre zum Teil in überraschender Weise konstant geblieben. Daraus könnte man schließen, daß diese Entwicklungen auch weiterhin anhalten werden. Indessen haben strukturelle Veränderungsprozesse der vorliegenden Art gewisse natürliche Grenzen; nach einiger Zeit müssen sie nachlassen und schließlich aufhören.

Vorkriegsvergleich

Die einzelnen Wirtschaftszweige haben sich seit 1938, vor allem infolge der Teilung des alten Reichsgebietes, verschieden stark entwickelt. So haben Elektrotechnik und Bekleidungsgewerbe, die

früher in Berlin konzentriert waren, ihre Betriebe in Westdeutschland stark erweitert. Im Maschinenbau und in verwandten Gewerben wirkt sich der große Wiederaufbaubedarf aus. Beim Bergbau hat das Zurückbleiben der Schichtleistungen je Kopf eine hohe Zunahme der Belegschaft bedingt. Die Abschaffung der deutschen Wehrmacht (wovon hier nur Arbeiter, Angestellte und Beamte erfaßt sind) ist durch die Bediensteten für die Besatzung mehr als ausgeglichen worden. Die Landwirtschaft weist zwar noch eine geringe Zunahme der Beschäftigten gegenüber der Vorkriegszeit auf, aber die zunehmende Technisierung spart fortlaufend Arbeitskräfte ein.

Zu- oder Abnahme der Wirtschaftszweige
(Ende September)

Wirtschaftszweige	Zu- bzw. Abnahme 1952 gegenüber		
	1938	1948	1949
	in vH		
I. Bauwirtschaft			
Baugewerbe	+ 25,2	+ 30,7	+ 26,2
Baustoffindustrie	+ 15,7	+ 35,9	+ 27,4
II. Investitionsgütererzeugung			
Maschinenbau usw.	+ 35,8	+ 35,1	+ 30,4
Elektrotechnik	+ 78,7	+ 29,6	+ 23,2
III. Bergbau	+ 35,3	+ 15,7	+ 11,9
IV. Verbrauchsgütererzeugung			
Textilgewerbe	+ 26,1	+ 58,6	+ 24,1
Bekleidungsgewerbe	+ 68,0	+ 10,1	+ 14,0
Nahrungs- und Genußmittelgewerbe	+ 16,9	+ 31,8	+ 16,9
V. Verteilung und Verwaltung			
Handel-, Geld-, Bank- u. Versicherungswesen ..	+ 35,6	+ 49,3	+ 34,8
Verwaltung, Bildungswesen, Rechts- und Wirtschaftsberatung	+ 34,3	+ 5,7	+ 7,2
VI. Verkehr (einschl. Post und Bahn)	+ 32,3	— 1,3	+ 2,9
VII. Persönliche Dienstleistungen			
Häusliche Dienste	— 21,9	— 3,2	+ 0,1
Besatzgsdst. bzw. Wehrm.	+ 9,3	— 29,7	— 15,2
Volks- und Gesundheitspflege	+ 57,6	+ 1,8	+ 6,7
VIII. Land- und Forstwirtschaft	+ 15,2	— 28,9	— 17,3
IX. Sonstige Berufsgruppen	+ 23,1	+ 26,8	+ 19,1
Beschäftigte insgesamt	+ 26,2	+ 14,8	+ 13,6

Vergleicht man jedoch die anteilige Zusammensetzung der Beschäftigung nach Wirtschaftszweigen von 1938 bis 1952, so zeigt sich, daß diese überraschend gleichmäßig geblieben ist. Die Veränderungen sind trotz der großen absoluten Unterschiede und der scheinbar grundlegenden Strukturänderungen verhältnismäßig gering. In beiden Jahren hat die Bauwirtschaft ungefähr denselben hohen Anteil an der Beschäftigung aufzuweisen (1938 durch die Rüstung, 1952 durch den Wohnungsbau und Wiederaufbau bedingt). Die Investitionsgütererzeugung hat in 1952 entsprechend ihren größeren Aufgaben für Wiederaufbau und Export einen höheren Anteil an der Gesamtbeschäftigung. Die Verbrauchsgütererzeugung profitiert, vor allem im Bekleidungsgewerbe, von dem erheblichen Nachholbedarf und der Verlagerung aus dem Osten.

Selbständige Beschäftigte 1939 und 1950[1]
in 1000 Personen

Wirtschaftsbereich	1939			1950[2]		
	Män- ner	Frau- en	zusam- men	Män- ner	Frau- en	zusam- men
Land- u. Forstwirtschaft	1097	169	1266	1038	215	1253
Industrie und Handwerk	696	134	830	789	149	938
Handel und Verkehr ...	513	155	668	639	181	820
Dienstleistungen	125	38	163	186	61	247
Alle Wirtschaftsbereiche	2431	496	2927	2652	606	3258

[1] Nach den Volkszählungen vom 17. Mai 1939 und 13. September 1950; die Zahlen sind wegen gewisser Änderungen der Systematik nach Wirtschaftsbereichen nicht voll vergleichbar.
[2] Nach „Stat. Berichte", Arb. Nr. VIII/8/3 und VIII/8/18 des Statistischen Bundesamtes. — Beschäftigte ohne mithelfende Familienangehörige.

Da es über die Zahlen der selbständigen Erwerbstätigen keine laufenden Statistiken gibt, muß hier ein Vergleich mit den Volkszählungen genügen.

Das verhältnismäßig geringe Wachstum der selbständigen Beschäftigten erklärt sich mit den Schwierigkeiten neuer Betriebsgründungen und vor allem mit den landwirtschaftlichen Verhältnissen. Die Zahl der landwirtschaftlichen Betriebe läßt sich kaum vermehren und die Rationalisierung sowie der Drang nach lohnenderen Tätigkeiten hat sogar einen kleinen Rückgang der Erwerbstätigen bewirkt. Industrie und Handwerk (hier praktisch fast nur das Handwerk) sind beträchtlich gewachsen; die Unterstützung Heimatvertriebener und die Einführung der Gewerbefreiheit haben dabei wesentlich geholfen. Absolut am stärksten haben die Erwerbspersonen im Handel und Verkehr zugenommen. Dies wird auf die dortigen günstigen Verdienstmöglichkeiten und die marktwirtschaftlichen Tendenzen überhaupt zurückzuführen sein. Das relativ größte Wachstum zeigt das Dienstleistungsgewerbe (freie Berufe des Gesundheitswesens, der Erziehung, der Rechts- und Wirtschaftsberatung usw.). Hier wirkt außer der Wirtschaftsfreiheit mit, daß zahlreiche Personen ihre früheren Berufs- und Arbeitsverhältnisse aufgeben mußten und der Übergang zu selbständigen Dienstleistungen keine größeren Kapitalmittel erfordert. Infolgedessen erreichten allein die Heimatvertriebenen im Jahre 1950 bereits 13 vH der selbständigen Erwerbstätigen im Bereich der Dienstleistungen.

Steigende Beschäftigung bei hoher Arbeitslosenzahl

Trotz der starken Wirtschaftsbelebung nach 1948 hat sich nicht vermeiden lassen, daß nach 1948 die Arbeitslosigkeit zunächst gestiegen ist. Da aber die Beschäftigung von 1948 auf 1949 im Jahresdurchschnitt gleich geblieben ist (rund 13 540 000 Personen), beruht das gleichzeitige Wachstum der Arbeitslosigkeit (um 538 000 Personen) nicht auf rückläufiger Wirtschaftstätigkeit, sondern auf dem Zugang neuer Arbeitskräfte. Noch mehr gilt das für das folgende Jahr (1949/50), in dem die Beschäftigung um 285 000, die Arbeitslosigkeit um 250 000 Personen gewachsen ist.

Für einen Vergleich der jetzigen Arbeitslosigkeit mit der der Vorkriegszeit darf nicht nur die Arbeitslosenzahl herangezogen werden, die Mitte 1938 für das Deutsche Reich mit nur 292 000 Personen (1936 noch mit 1 315 000 Personen) angegeben wurde. Daneben waren nämlich durch Wehrmacht, Arbeitsdienst und ähnliche Organisationen viele arbeitsfähige Personen dem Wirtschaftsleben entzogen. Von der Arbeitsbuchkartei wurden am 25. Juni 1938 für das Deutsche Reich 22 287 000 Personen (ohne Beamte) erfaßt. Davon standen 20 708 000 in Arbeit. Demnach müssen 1 579 000 Personen arbeitslos oder in der Wehrmacht und dergleichen gewesen sein. Auf die veränderten Bevölkerungszahlen umgerechnet entspräche das einer Nichtbeschäftigung von rund 1 100 000 Personen Mitte 1950. In diesem Zeitpunkt lag die Arbeitslosigkeit des Bundesgebietes mit 1 538 000 um rund 440 000 Personen höher, als es den Zahlen von 1938 entspräche. Mitte 1952 waren es nur noch 140 000 Arbeitslose mehr. Da die Erwerbsquote zu dieser Zeit höher als 1938 lag, ist die größere Arbeitslosigkeit allein durch den verstärkten Andrang zur Erwerbstätigkeit zu erklären.

Verteilung der Arbeitslosigkeit auf die Länder

Mit der Industrie als Motor der Wirtschaftsentwicklung konzentrierte sich der Beschäftigtenzuwachs nach 1948 auf die Länder mit starkem Industrieanteil. Dadurch konnte Nordrhein-Westfalen seinen Anteil an den Beschäftigten des Bundesgebietes von 29,4 vH im September 1948 auf 31,8 vH im September 1952 erhöhen. Relativ noch mehr stieg der Anteil von Baden-Württemberg in der gleichen Zeit, nämlich von 13,0 vH auf 14,6 vH. Entsprechend verminderte sich der Anteil der wirtschaftlich schwachen und stark mit Flüchtlingen belegten Länder. Bei Niedersachsen ging er von 14,2 vH auf 12,5 vH zurück, bei Bayern von 18,4 vH auf 17,2 vH, bei Schleswig-Holstein von 5,3 vH auf 4,2 vH. Die übrigen Länder konnten ihren Anteil an der Beschäftigung ungefähr behaupten.

Die Arbeitslosigkeit traf die einzelnen Länder sehr verschieden. Die sogenannten Flüchtlingsländer mit einer weit überdurchschnittlichen Arbeitslosenquote konnten erst ab 1950 eine Besserung erreichen, hauptsächlich durch Abwanderung. Trotzdem bestehen auch jetzt noch starke regionale Disproportionalitäten der Arbeitslosigkeit. Bei einer Arbeitslosenquote von 8,4 im Bundesdurchschnitt (für den Jahresdurchschnitt 1952) steht Schleswig-Holstein mit 19,7 an der Spitze, Baden-Württemberg mit 3,4 am Ende der Reihe.

Eingliederung der Heimatvertriebenen und Zuwanderer

Der Bevölkerungszuwachs, den das Bundesgebiet in den Jahren nach dem Kriege durch den Zustrom von außen erlebte, ist in der neueren Geschichte höchstens mit dem Fall Griechenlands zu Anfang der zwanziger Jahre vergleichbar. Dieser Wanderungszuwachs hat bis heute noch nicht aufgehört und belastet den Arbeitsmarkt ständig mit neuen Arbeitssuchenden. Die wachsende Bedeutung der Zuwanderungen aus Berlin und der Sowjetzone zeigt, daß es dabei nicht allein um die „Heimatvertriebenen" geht.

Bevölkerung des Bundesgebietes
in 1000 Personen

Zeitpunkt	Bevölkerung insgesamt	davon	
		Heimatvertriebene	Zugewanderte aus Berlin und der Sowjetzone
29. 10. 1946	43 953	5 879	.
1. 7. 1949	47 255	7 446	812
1. 4. 1950	47 867	7 755	1 269
31. 12. 1952	48 708	8 258	1 896

Wieweit es gelungen ist, diesen Bevölkerungszuwachs in den Erwerbsprozeß einzugliedern, läßt sich statistisch nur unvollständig nachweisen. Die landwirtschaftliche Betriebszählung für das Bundesgebiet vom 22. Mai 1949 ergab nur 295 000 Vertriebene, die als Selbständige oder Abhängige in der Land- und Forstwirtschaft eine Beschäftigung gefunden hatten. Ein etwas günstigeres Bild vermittelte die Zählung der sonstigen (nicht-landwirtschaftlichen) Arbeitsstätten vom 13. September 1950. Unter 15 046 000 tätigen Erwerbspersonen waren 1 880 000 (= 12,5 vH) Heimatvertriebene. Immerhin erreichten damit die Heimatvertriebenen nur 10,4 vH der Erwerbstätigen in allen Erwerbszweigen, bei einem Anteil von 16,5 vH an der Bevölkerung (im September 1950).

Dementsprechend stellen die Heimatvertriebenen einen weit größeren Anteil an der Arbeitslosigkeit. Ende Februar, also im Zeitpunkt der jahreszeitlich größten Arbeitslosigkeit, befanden sich im Jahre 1950 unter 1 982 000 Arbeitslosen insgesamt 654 000, also fast ein Drittel, Heimatvertriebene. Im gleichen Zeitpunkt 1951 waren es 557 000 Heimatvertriebene (= 33,5 vH); erst in 1953 ging ihr Anteil auf 525 000 (= 29 vH) zurück. Der Abbau der Arbeitslosigkeit machte also verhältnismäßig langsame Fortschritte. Trotz aller Bemühungen (amtlicher und individueller Art), die arbeitslosen Heimatvertriebenen in arbeitsgünstigere Gegenden umzusiedeln, entfielen von den 525 000 arbeitslosen Heimatvertriebenen Ende Februar 1953 allein 374 000 auf Bayern, Niedersachsen und Schleswig-Holstein. Ihr Anteil an der dortigen Arbeitslosigkeit ist allerdings in den letzten drei Jahren spürbar zurückgegangen, erreichte jedoch auch 1953 noch 37 vH.

Die beruflichen Schicksale der Zuwanderer, die nicht als Heimatvertriebene gelten, sind statistisch nicht erfaßt. Die Schwierigkeiten, sie in eine neue Erwerbstätigkeit zu bringen, sind nicht geringer und werfen noch täglich neue Probleme auf. Trotzdem darf und soll nicht unterschätzt werden, was in der arbeitsmäßigen Unterbringung der Heimat-

vertriebenen und sonstigen Zuwanderer bisher schon geleistet und erreicht worden ist, denn es galt, einen enormen Bevölkerungszuwachs — von 1938 bis 1952 betrug er 23,4 vH — in das Erwerbsleben einzugliedern.

Zunehmende weibliche Berufstätigkeit

Zu den wesentlichen Veränderungen des Strukturbildes der Beschäftigung gehört auch die wachsende Bedeutung der weiblichen Erwerbstätigen. Der Anteil der Frauen an der Gesamtzahl der Beschäftigten betrug Mitte 1938 nur 28,2 vH, obwohl damals durch Wehrmacht und Arbeitsdienst viele männliche Arbeitskräfte ausfielen. Bereits Mitte 1948 stieg der Anteil auf 28,5 und bis Mitte 1952 auf 30,9 vH. Von 1948 bis 1952 nahmen die männlichen Beschäftigten um 663 000 (= 6,9 vH) Personen, die weiblichen dagegen um 787 000 (= 20,3 vH) Personen zu. Dazu hat die günstige Entwicklung der Wirtschaftszweige, die für weibliche Arbeitskräfte besonders geeignet sind, wesentlich beigetragen. Hier lag auch der Anteil weiblicher Arbeitnehmer in 1952 bedeutend höher als 1938.

Anteil der weiblichen Arbeitnehmer
in vH

Wirtschaftszweig	1938 (Juni)	1952 (Sept.)
Gaststättenwesen	65,9	71,6
Bekleidungsgewerbe	61,9	70,9
Volks- u. Gesundheitsfürsorge	54,8	68,7
Textilgewerbe	51,7	56,6
Handel und Banken	42,7	47,1

Trotzdem hat der Anteil der weiblichen Arbeitslosen seit 1948 anhaltend zugenommen. Zwar sind die weiblichen Arbeitslosen seit 1950 absolut ungefähr gleichgeblieben; da aber die männlichen Arbeitslosen weniger geworden sind, hat die weibliche Arbeitslosigkeit in 1952 rund die Hälfte der männlichen erreicht.

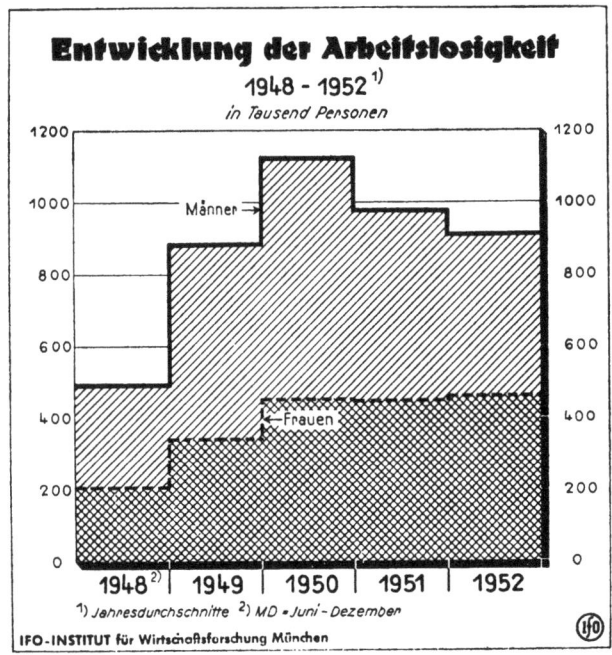

Zusammensetzung der Beschäftigten und Arbeitslosen nach Männern und Frauen
(Jahresdurchschnitte 1948—1952)
in 1000 Personen

Jahres-durch-schnitte	Beschäftigte			Arbeitslose		
	männlich	weiblich	zu-sammen	männlich	weiblich	zu-sammen
1948[1]	9 674	3 871	13 545	492	208	700
1949	9 560	3 983	13 543	888	342	1 230
1950	9 659	4 168	13 827	1 126	454	1 580
1951	10 083	4 473	14 556	980	452	1 432
1952	10 337	4 658	14 995	916	463	1 379

[1] Durchschnitte des Jahres 1948: Beschäftigte ohne März-zahlen, Arbeitslose ohne die Monate Januar mit Mai.
Quelle: Bundesministerium für Arbeit, Bonn.

Die Beschäftigungsmöglichkeit dieser weiblichen Arbeitnehmenden ist durch ihre begrenzte Verwendbarkeit und teilweise durch ihre stärkere Gebundenheit an ihren Wohnort und ihre Familie beschränkt. Bei der strukturellen Untersuchung der Arbeitslosigkeit im Oktober 1952 waren von den voll arbeitsverwendbaren Personen nur 8,0 vH der Frauen gegen 40 vH der Männer freiwillig bereit, eine Arbeit auch außerhalb ihres derzeitigen Wohnsitzes anzunehmen.

Gegenwartssituation

Mit der Abschwächung der wirtschaftlichen Expansion in den letzten zwei Jahren hat auch die Beschäftigung nicht mehr in gleichem Maße wie vorher wachsen können. Außerdem beschränkt der Zwang zur Rationalisierung die Neueinstellungen von Arbeitskräften. Indessen hat das allgemeine Wachstum der Beschäftigung auch in letzter Zeit noch nicht aufgehört. Die Zahl der Beschäftigten am 31. März 1953 lag mit 15 204 000 Personen um 620 000 über dem gleichen Zeitpunkt des Vorjahres und bereits um 251 000 über Ende Dezember 1952.

Andererseits sind noch zahlreiche Arbeitsuchende unterzubringen. Allein die strukturelle (ständige) Arbeitslosigkeit läßt sich nach der Untersuchung vom Oktober 1952 mit etwa 600 000 Personen veranschlagen. Als wichtigste Voraussetzung für ihre Eingliederung müssen neue Arbeitsplätze und Wohnungen an geeigneten Stellen geschaffen werden, um so einen besseren regionalen Ausgleich zu schaffen.

Für die Heimatvertriebenen wird der Lastenausgleich die Gründung neuer selbständiger Existenzen unterstützen. Die Arbeitsstättenzählung vom 13. September 1950 ergab außerhalb der Landwirtschaft erst 128 600 „Vertriebenenbetriebe" mit 416 680 beschäftigten Personen (wovon letztere aber nicht „Vertriebene" zu sein brauchen). In der Landwirtschaft wurden im Mai 1949 nur 10 765 heimatvertriebene Betriebsinhaber (bei insgesamt 2 012 000 Betrieben) gezählt. Für die Flüchtlingsbeschäftigung insgesamt kann sich aber durch neue selbständige Existenzen keine entscheidende Besserung ergeben.

Weiter besteht vielfach das Bedürfnis nach Umsetzung der beschäftigten Arbeitskräfte in Arbeitsgelegenheiten, die ihren persönlichen Fähigkeiten und Verhältnissen besser entsprechen (qualifiziertere Tätigkeit in früher erlernten oder ausgeübten Berufszweigen, besser bezahlte Stellungen, Arbeitsgelegenheiten ohne tägliche Bahnfahrten und am Wohnort der Familie usw.). Andererseits haben auch die Betriebe großenteils das Bedürfnis nach geeigneteren und besser vorgebildeten Arbeitskräften.

Altersaufbau der männlichen Arbeiter und Angestellten
— in Mill. —

Alter	25. 6. 1938	31. 10. 1950
14—20 Jahre	1 365	1 518
21—24 „	477	1 168
25—34 „	2 713	2 014
35—44 „	1 885	2 299
45—54 „	1 080	2 071
55 und älter	810	1 291
Insgesamt:	8 330	10 361

Dazu kommt in den nächsten Jahren verstärkt die Sorge um den Nachwuchs. Das gilt vor allem für die männlichen Arbeitnehmer. Ein Zahlenvergleich 1938/50 zeigt die Kriegsausfälle bei den Jahrgängen von 25 bis 34 Jahren, aber auch, welche Ausfälle bei den Jahrgängen von 21 bis 24 Jahren ein künftiger Wehrdienst bringen könnte.

Das Wachstum von Einkommen und Verbrauch

Man hat sich mittlerweile wieder daran gewöhnt, daß Einkommen und Verbrauch in etwa sich entsprechende Größenordnungen sind, die nur dadurch voneinander abweichen, daß gespart, das heißt weniger verbraucht, als Einkommen bezogen wird, oder umgekehrt zusätzlicher Verbrauch durch Abhebung von Ersparnissen oder durch Kredit finanziert werden kann.

Eine solche Übereinstimmung war aber in Deutschland lange Jahre nicht mehr vorhanden gewesen. So wuchsen im Kriege durch die beträchtlichen Soldzahlungen an die Truppen und die Verdienste der Frauen in den Rüstungsfabriken die Einkommen der breiten Volksschichten weit über den Stand des Konsumgüterangebots hinaus. Da die gestoppten Preise keinen Ausgleich zu geben vermochten, mußte die Rationierung dann dafür sorgen, daß nur die Teile der Einkommen kaufend auf dem Markt auftraten, die güterwirtschaftlich abzudecken waren. In den Jahren nach Kriegsende verschlechterte sich dieser Zustand noch, da die Güterversorgung sehr viel geringer geworden war. Ausdruck dafür waren z. B. die minimalen Zuteilungen an die Verbraucher, wie sie an anderer Stelle dieses Heftes dargestellt werden.

Seit der Währungsreform haben dann unter dem Einfluß des neuen Geldes, der Aufhebung der Bewirtschaftung, der Marshall-Plan-Hilfe und anderer wirtschaftspolitischer Maßnahmen, nicht zuletzt aber auch durch das Bestreben der einzelnen selbst, im Wirtschaftsprozeß wieder auf einen „normalen" Stand zu kommen, Einkommen und Verbrauch kräftig zugenommen. Die Wertschöpfung aller Wirtschaftsbereiche, das heißt das eigentliche Volkseinkommen, erreichte nach fünf Jahren seinem Realwert nach einen um etwa die Hälfte höheren Stand als kurz nach der Währungsreform. Auf die Bevölkerungszahl bezogen war der Fortschritt nicht so groß; die im Durchschnitt auf den einzelnen entfallende Wertschöpfung nahm, in Volumen gerechnet, um über 40 vH zu.

Arbeitseinkommen erreicht Vorkriegsstand

Im Einkommensbereich ist das von der Masse der Unselbständigen bezogene Arbeitseinkommen besonders wichtig. Durch die ununterbrochene Zunahme der Beschäftigten und der Löhne und Gehälter hat sich das Arbeitseinkommen seit der Währungsreform beträchtlich erhöht und erreichte schon 1949 mit schätzungsweise 36 Mrd. DM real gerechnet den Stand von 1936. Es vergrößerte sich vor allem von Mitte 1950 an, nachdem der Ausbruch des Korea-Krieges die Einkommensbildung stark angeregt hatte. Wenn auch ihr Wachstum im Arbeitnehmerbereich mit der Abschwächung der allgemeinen Expansion mittlerweile ebenfalls geringer geworden ist, so hat das Arbeitseinkommen im Rahmen der Sozialproduktsentwicklung doch verhältnismäßig wenig an Auftriebskraft eingebüßt. Seine nominalen und realen Wachstumsprozente betrugen schätzungsweise in vH:

	nominal	real[1]
von 1936 auf 1949	73	3
„ 1949 „ 1950	8	15
„ 1950 „ 1951	19	9
„ 1951 „ 1952	11	8

Die Tatsache, daß das gesamte Arbeitseinkommen bereits 1949 real wieder so hoch wie 1936 war und 1952 den Realwertstand der Vorkriegszeit um fast 40 vH überschritt, darf nicht übersehen lassen, daß die Arbeitseinkommenssumme sich nach dem Kriege auf eine sehr viel größere Zahl von Arbeit-

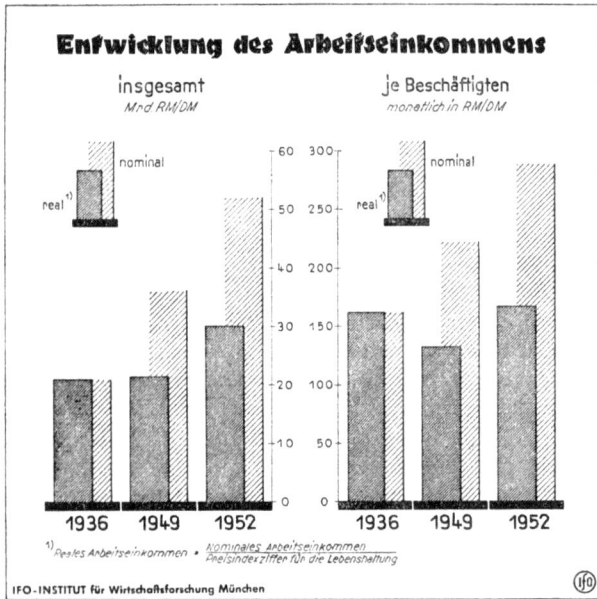

Entwicklung des Arbeitseinkommens

insgesamt
Mrd RM/DM

je Beschäftigten
monatlich in RM/DM

[1] Reales Arbeitseinkommen = Nominales Arbeitseinkommen / Preisindexziffer für die Lebenshaltung

IFO-INSTITUT für Wirtschaftsforschung München

---

1 Aus den Netto-Nominalwerten durch Ausschaltung der Preisentwicklung (Preisindexziffer für die Lebenshaltung) errechnet.

nehmern (bis 1952 + 39 vH) verteilte. Je Beschäftigten hat sich das Arbeitseinkommen bis 1952 etwa im gleichen Ausmaß erhöht, wie auch die Preisindexziffer für die Lebenshaltung zunahm, das heißt 1952 erhielt der einzelne Arbeitnehmer im Durchschnitt wieder das gleiche Realeinkommen wie 1936. Dagegen hatte es 1949 erst wenig mehr als 80 vH seines Vorkriegswertes betragen.

Zwei „Lohnwellen"

Das Niveau der Arbeitseinkommen wird entscheidend von den tariflich geregelten Löhnen und Gehältern bestimmt. Statistisch verfolgt werden kann allerdings nur die Lohnentwicklung in der Industrie und, in größeren Abständen, in der Landwirtschaft.

Nach der Währungsreform geriet das Lohnniveau stärker in Bewegung. Der aus der Vergangenheit herrührende Lohnstop wurde im Herbst 1948 aufgehoben, die Tarifvertragsparteien begannen wieder neue Lohntarife zu vereinbaren. Immerhin waren die Effektivlöhne in der Industrie bereits von 1946 bis zum Zeitpunkt der Währungsreform um etwa 10 vH gestiegen. Nach der Währungsreform nahmen sie bis etwa Mitte 1949 stärker zu. Die Stundenlöhne z. B. erreichten in diesem Zeitpunkt im Durchschnitt einen etwa um die Hälfte höheren Nominalwert als 1938. Damit schien zunächst das Lohnniveau im großen und ganzen stabilisiert zu sein, zumal größere wirtschaftliche Impulse damals ausblieben. Bis zum Ausbruch des Koreakrieges nahmen die Löhne in der Industrie nur noch wenig zu.

In dem Aufschwung, der nun einsetzte, und der die Verhandlungsposition der Gewerkschaften stärkte, wurden die Tariflöhne erheblich heraufgesetzt (erste Lohnwelle im Herbst/Winter 1950). Nach einer Pause in den ersten Monaten von 1951 setzte sich auf Grund neuer Tarifkündigungen vor allem infolge stark steigender Lebenshaltungskosten eine zweite Lohnerhöhungswelle durch, die etwa im Sommer/Herbst 1951 endete. Innerhalb eines Jahres hatten sich damit die Stundenlöhne nominal um etwa 20 vH, real um etwa 9 vH erhöht. Das Tariflohnniveau (Stundenlöhne je Beschäftigten) lag jetzt um etwa 25 vH höher als nach der ersten Stabilisierung Mitte 1949.

Seit Mitte 1951 hat das industrielle Lohnniveau nicht mehr stark zugenommen (bis November 1952 um 7 vH). Tariflohnverbesserungen dienten in dieser Zeit in erster Linie der Angleichung einzelner zurückgebliebener Lohngruppen an das allgemeine Tarifniveau. Ende 1952 hatte sich das durchschnittliche Stundenlohnniveau in der Industrie gegenüber der Vorkriegszeit (1938) nominal etwa verdoppelt, seinem Realwert nach war es um etwa 16 vH gestiegen.

Bedeutend mehr haben sich im gleichen Zeitraum die Landarbeiterlöhne verbessert. Bereits im Frühjahr 1952 erreichten sie im gewogenen Durchschnitt nominal 225 vH des Standes von 1938.

Seit der Jahreswende 1952/53 sind die Tariflöhne wieder stärker in Bewegung geraten. Nach zahlreichen Kündigungen vor allem in größeren Bereichen (Metallindustrie, Textilindustrie, Baugewerbe,

Landwirtschaft), wurden neue Löhne vereinbart. Sie werden vielfach mit örtlichen und zeitlichen Lohnvergleichen, aber auch damit gerechtfertigt, daß die Arbeitnehmer in größerem Umfang am Sozialprodukt teilnehmen müßten. Im Einklang damit steht, daß Gehaltsgruppen, die gegenüber der Zeit vor dem Krieg zum Teil zurückgeblieben waren (Beamte, Angestellte im öffentlichen Dienst), ebenfalls Aufbesserungen erhalten (seit 1. 4. 1953 Erhöhung der Grundgehälter um 20 vH). Für 1953 muß man auf Grund allein dieser Erhöhungen mit einem Zuwachs des Arbeitseinkommens von schätzungsweise 4 vH rechnen.

Nivellierung der Löhne und Gehälter

Mit der genannten Aufbesserung der zurückgebliebenen Arbeitseinkommen wird einer Tendenz entgegenzuwirken versucht, die sich allgemein in den Nachkriegsjahren durchgesetzt hat: Die Entwicklung der einzelnen Einkommen gegenüber der Vorkriegszeit ist durch eine Nivellierungstendenz gekennzeichnet. Die an sich höheren Einkommen hatten sich im Vergleich zur Vorkriegszeit weniger stark erhöht als die ihrem absoluten Betrag nach niedrigeren Einkommen. Überall wo unterschiedliche Entlohnungen bestehen, läßt sich diese Einkommensnivellierung feststellen. So haben sich z. B. gegenüber der Vorkriegszeit die Männerlöhne weniger stark erhöht als die Frauenlöhne, die im Durchschnitt höheren Angestelltengehälter wurden weniger aufgebessert als die Einkommen der Arbeiter usw. Besonders deutlich kann diese Nivellierung am Beispiel der einzelnen Leistungsgruppen in der Industrie gezeigt werden. Während sich hier z. B. die Facharbeiterwochenlöhne in Bayern von 1938 bis Ende 1952 um 80 vH erhöhten, wurde etwa den Hilfsarbeiterinnen eine um mehr als 130 vH höhere Entlohnung gewährt.

Die Ursachen der Nivellierung sind darin zu suchen, daß die Arbeitnehmer in den unteren Einkommensstufen ihre Lohnforderungen im allgemeinen besser durchsetzen können, einfach darum, weil das Existenzminimum dieser Arbeitnehmer aufrechterhalten, d. h. durch Nominallohnerhöhungen dem Verbraucherpreisniveau angepaßt werden muß.

Lohnerhöhungen und Produktivitätszunahme

In den zahlreichen Erörterungen über ein volkswirtschaftlich und sozial angemessenes Lohnniveau wird aber auch immer wieder auf die Produktivität als einen objektiven Maßstab für die Lohnbemessung hingewiesen. Sind die Löhne nicht gegenüber der Produktivitätssteigerung in den Nachkriegsjahren (von 1949 bis 1952 um etwa 30 vH) zurückgeblieben? Vergleicht man die Entwicklung des Produktionsergebnisses je Arbeiterstunde in der Industrie mit dem Verlauf der von Preisänderungen (Verbraucherpreisniveau) bereinigten durchschnittlichen industriellen Stundenlöhne seit 1949, so zeigt sich, daß beide Kurven, von jahreszeitlichen und einmaligen Schwankungen abgesehen, nicht nur weitgehend den gleichen Verlauf zeigen, sondern daß sie sich auch gegenüber der Vorkriegszeit in gleichem Ausmaß erhöht haben. Sowohl die Produktivität als auch die Löhne

hatten Anfang 1951 wieder den Stand von 1936 erreicht; Ende 1952 überschritten sie ihn um etwa 10 vH. Es bleibt aber noch zu beachten, daß die Produktivitätszunahme nicht allein dem Arbeits-, sondern auch dem Kapitalaufwand zuzurechnen ist. Wenn dieser Zusammenhang sich einer quantitativen Veranschaulichung entzieht, so deuten doch die hohen Beträge, die in den letzten Jahren für Investitionen ausgegeben worden sind, darauf hin, daß auch die Verbesserung des Produktions- und Dienstleistungsapparates entscheidend zur Produktivitätssteigerung beigetragen hat. Die Investitionstätigkeit wird weitgehend aus Unternehmereinkommen finanziert, dessen Entwicklung nunmehr betrachtet werden soll.

Investitionen und Unternehmungseinkommen

In den Investitionen kommt der Wiederaufbau nach dem Kriege wohl am augenfälligsten zum Ausdruck. Der Wert der gesamten jährlichen Investitionen (brutto, einschließlich Vorräte) ist seit 1949 um über 80 vH gestiegen (von 17,1 auf 31,4 Mrd. DM), und selbst bei gleichbleibenden Preisen bliebe noch eine Steigerung von 60 vH. Das Investitionsvolumen von 1952 war damit um über die Hälfte größer als 1936. Die für die Ausweitung der Wirtschaft in erster Linie in Betracht kommenden Netto-Anlageinvestitionen erhöhten sich von 1949 auf 1952 dem Volumen nach sogar um 75 vH.

Es ist daher auch zu vermuten, daß das Unternehmungseinkommen, eine Hauptquelle für die Investitionstätigkeit, im größeren Ausmaß zunahm als das Arbeitseinkommen. In der Tat hat sich das Einkommen aus selbständiger Erwerbstätigkeit[1] von 1949 auf 1952 um etwa 70 vH erhöht. Gegenüber der Vorkriegszeit ist es damit auf weit mehr als das Doppelte gestiegen, wobei freilich die seitherige Preissteigerung nicht berücksichtigt ist. Zieht man diese in Betracht, so wird der Realwert des Unternehmungseinkommens seit der Vorkriegszeit schätzungsweise im gleichen Ausmaß zugenommen haben wie der des Arbeitseinkommens. Zu betonen bleibt, daß dies nur für die Gesamtsumme beider Größen gilt.

Das Verhältnis beider Einkommensgruppen ist im übrigen seit der Währungsreform durch die für die einzelnen Phasen eines Aufschwungs typische Konstellation gekennzeichnet. Die besonders der Dynamik unterliegenden Selbständigeneinkommen wuchsen zunächst stärker an als die mehr oder weniger vertraglich gebundenen Arbeitseinkommen. Umgekehrt hielten bei schwächer werdendem Aufschwung die Arbeitseinkommen relativ ihr Niveau eher aufrecht.

Zweimal ist diese Entwicklung seit 1948 zu beobachten: Unmittelbar nach der Währungsreform war die Gewinnbildung der Unternehmungen durch den Warenhunger der Bevölkerung, verbunden mit einer reichlichen Geldausstattung, die die Preise

---

[1] Brutto-Einkommen aus selbständiger Erwerbstätigkeit, Vermietung, Verpachtung, Kapitalvermögen; als Rest gebildet: Volkseinkommen (Netto-Sozialprodukt zu Faktorkosten) vermindert um Brutto-Arbeitseinkommen und Arbeitgeberbeiträge zur Sozialversicherung. Die Scheidung von Selbständigen- und Unselbständigeneinkommen geht mit der Scheidung nach Einkommensbeziehern nicht völlig parallel. Ein Teil der in abhängiger Stellung befindlichen ist z. B. durch Miet- und Pachteinnahmen auch Bezieher von Selbständigeneinkommen.

hinaufgehen ließ, sehr begünstigt worden. In dem Maße, in dem im Laufe des Jahres 1949 die Versorgung besser wurde und die Preise sanken, bestand die Tendenz, daß die Unternehmungseinkommen sich weniger stark vergrößerten als die Arbeitseinkommen. Erst der Ausbruch des Koreakrieges brachte wieder eine — diesmal recht kräftige — Zunahme des Anteils der Selbständigeneinkommen am Volkseinkommen. Mit der Erschöpfung dieses Auftriebs wurde das Verhältnis der beiden Einkommensgruppen wieder dem nach der ersten Abschwächung des Wirtschaftsverlaufs ähnlich. Seit dem Spätjahr 1951 nimmt das Arbeitseinkommen wieder anteilmäßig zu, das Unternehmungseinkommen ab. In der Entwicklung wird die geringere Dynamik sichtbar.

Durch diese Entwicklung der Erträge der Unternehmungen ist auch ihre Bedeutung für die Investitionstätigkeit seit über einem Jahr verändert worden. Der enge Zusammenhang zwischen beiden zeigte sich seit 1949 darin, daß der Trend beider Kurven ähnlich verlief, insbesondere, wenn man die weniger erwerbswirtschaftlich orientierten Bauinvestitionen unberücksichtigt läßt.

Die Investitionstätigkeit war seit Mitte 1950 von den allgemeinen Absatzaussichten und von der Steuerpolitik begünstigt worden und durch ein hohes Ausmaß an Selbstfinanzierung gekennzeichnet. Der darin zum Ausdruck kommende Spielraum zwischen Investitionsmöglichkeiten und Erträgen blieb etwa bis Ende 1951 erhalten. Seitdem ist aber durch die ungünstiger werdende Ertragslage, verstärkt durch eine Steuerpolitik, die nun Abschreibungen weniger fördert, der Anteil der Selbstfinanzierung an den Investitionen geringer geworden oder konnte zum Teil nur auf Kosten des Unternehmerverbrauchs aufrechterhalten werden.

Belastung durch Steuern und Sozialversicherung

Für den Verbrauch stehen sowohl dem Arbeitnehmer als auch dem Selbständigen jedoch nur die um die Steuer- bzw. Sozialversicherungsabzüge verminderten Einkommen zur Verfügung. Mit dem Anwachsen der Einkommen in den letzten Jahren wuchs durch die Einkommensteuerprogression auch ihre Steuerbelastung.

Das Arbeitseinkommen hatte 1949 etwa 14 vH, 1952 etwa 17 vH an Abzügen zu tragen. Davon betrugen die Steuerabzüge über 6 vH, zuletzt über 8 vH. 1950 hatten sie, infolge einer Tarifsenkung, zeitweise nur 4 vH ausgemacht. Bei den Selbständigeneinkommen lagen die Abzüge 1952 mit etwa 28—29 vH ungefähr auf der Höhe von 1949. Sie waren aber in der Zwischenzeit, und zwar gerade in den Jahren der stark zunehmenden Unternehmereinkommen, niedriger geworden, was sich wiederum aus der Tarifsenkung, aber auch aus der Tatsache erklärt, daß bei den veranlagten Einkommen Einkommensentstehung und Versteuerungstermin weitgehend auseinanderfielen. Nimmt man alle Abgaben vom Arbeits- und Selbständigeneinkommen zusammen, so hielt sich die Belastung des Volkseinkommens in den letzten Jahren etwa zwischen 20 und 25 vH.

Anteil der abgeleiteten Einkommen

Als Verbraucher treten nicht nur die Bezieher von Unternehmer- und Arbeitseinkommen auf, sondern auch die von abgeleiteten Einkommen in Form von Renten und Unterstützungen Lebenden. Weitgehend von der Gesetzgebung abhängig, waren die abgeleiteten Einkommen insgesamt zunächst hinter der allgemeinen Entwicklung zurückgeblieben. Seit Mitte 1951 nahmen sie aber auf Grund von Zulagen, die die inzwischen eingetretenen Preiserhöhungen ausgleichen sollten, stark zu. Ihre Höhe wurde weiter durch die als Kriegsfolge eingetretene Vermehrung der zu betreuenden Personen bestimmt. So betrug die Summe der von Rentnern und anderen Unterstützten bezogenen Einkommen 1949 gut 10 Mrd. DM, 1952 dagegen über 17 Mrd. DM. Damit stieg der Anteil der Renteneinkommen am Brutto - Volkseinkommen (ohne Renteneinkommen) von rund 16 vH im Jahre 1949 auf fast 18 vH im vergangenen Jahr; gegenüber 1936 hat er sich um die Hälfte vergrößert.

Einkommen und Verbrauch

Die Renten und Netto-Arbeitseinkommen sowie ein Teil der Netto-Selbständigeneinkommen stellen verbrauchbare Einkommen dar, deren Höhe weitgehend (soweit sie nicht gespart werden) den privaten Verbrauch bestimmt. Da die Konsumeinkommen der Selbständigen nicht geschätzt werden können, muß man sich damit begnügen, die Renten und Netto-Arbeitseinkommen (= Masseneinkommen) der Entwicklung des privaten Verbrauchs gegenüberzustellen. Wenn beide Reihen auf die Dauer nicht stark voneinander abweichend verlaufen können, so sind doch vorübergehend Entwicklungsunterschiede möglich, und gerade sie machen einen Teil der konjunkturellen Spannungen aus.

Von 1949 bis 1952 hat sich das Masseneinkommen um schätzungsweise 47 vH erhöht. Dagegen nahm der private Verbrauch im gleichen Zeitraum nur um schätzungsweise 36 vH zu. Der Unterschied ist auf eine anwachsende Ersparnis zurückzuführen. Mit dem Nachlassen der konjunkturellen Auftriebskräfte, d. h. seit etwa Mitte 1951, haben sich Masseneinkommen und Verbrauch stärker einander angepaßt, als es zur Zeit der irregulären Eindeckungswellen nach Mitte 1950 der Fall gewesen war.

Unabhängig davon hat sich für den einzelnen Verbraucher erst 1951 wieder der gleiche Realwert des privaten Verbrauchs ergeben wie 1936, während er z. B. 1948/49 erst rund 75 vH jenes Wertes erreicht hatte. Aber die Verbrauchsstruktur ist in manchem noch anders als vor dem Krieg.

Die Entwicklung des Anteils der einzelnen Verbrauchsgruppen am gesamten privaten Verbrauch der Konsumenten (in Volumen gerechnet) wird durch folgende Merkmale gekennzeichnet:
a) Der Nahrungsmittelverbrauch hat in den letzten Jahren abgenommen und sich wieder dem Vorkriegsanteil genähert. Ebenso ist der Anteil an der Wohnungsnutzung und an häuslichen Diensten zurückgegangen, auf diesen Verbrauch entfällt weniger an Ausgaben als vor dem Kriege.

b) Der Bekleidungsverbrauch ist anteilmäßig wieder gestiegen und hat den Vorkriegsstand etwa wieder erreicht. Auch der Genußmittelverbrauch nahm in den letzten Jahren seinem Anteil nach wieder zu, nimmt aber noch nicht wieder den Vorkriegsanteil ein.

c) Der Verbrauch von Möbeln und Hausrat ist schon seit 1949 über den Vorkriegsanteil hinausgewachsen. Das gleiche gilt für die Ausgaben für Heizung, Beleuchtung, Körper- und Gesundheitspflege und für Verkehr.

Zusammenfassender Überblick

Versucht man den bis jetzt erreichten Stand in der Entwicklung der Globalgrößen von Einkommen und Verbrauch in der Nachkriegszeit mit ihrem Niveau vor dem Kriege, also der „normalen" Friedenszeit zu vergleichen, so zieht man am besten die Sozialproduktsberechnung zu Hilfe, wie sie seit der Währungsreform vom Statistischen Bundesamt entwickelt worden ist. Die Sozialproduktsberechnung sucht das volkswirtschaftliche Gesamtgeschehen zu veranschaulichen, indem sie eine aufeinander abgestimmte Gegenüberstellung von Einkommensbildung und -verwendung vornimmt. Die Einkommensbildung setzt sich aus der Wertschöpfung, d. h. der Summe aller in den einzelnen Wirtschaftsbereichen bezogenen Arbeits- und Unternehmereinkommen sowie den abgeleiteten Einkommen (Renten, Unterstützungen, Pensionen) zusammen. Fügt man dazu die auf den Ersatz von Produktionsanlagen entfallenden Abschreibungen hinzu, die ebenfalls aus der Einkommensbildung getragen werden müssen, so gelangt man zum Bruttosozialprodukt. Die Einkommensverwendung auf der anderen Seite gliedert sich in den privaten Verbrauch der Konsumenten, in den staatlichen Verbrauch und in die Investitionen. Ferner erscheint auf der Verwendungsseite ein Überschuß bzw. ein Zuschuß an Gütern und Diensten, der die Auslandsabhängigkeit der Volkswirtschaft darstellt.

Ein Vergleich der Sozialproduktsberechnungen für die Nachkriegsjahre mit den entsprechenden Ziffern für 1936 (dem einzigen für die Vorkriegszeit berechneten Jahr) kommt etwa zu folgenden Ergebnissen:

Im ersten halben Jahr nach der Währungsreform erreichte das gesamte Volumen des Brutto-Sozialprodukts im Bundesgebiet fast wieder 90 vH seines Umfangs von 1936. Dieser Erfolg war nur möglich gewesen, weil bereits in den Jahren 1945/48 die Produktionskapazitäten zum Teil wieder aufgebaut worden waren. Auf den Kopf der Bevölkerung entfielen 1948 aber weniger, nämlich nur knapp drei Viertel des Volumens der vor dem Kriege geschaffenen Güter und Leistungen, da die Bevölkerung inzwischen um etwa ein Fünftel gewachsen war. Bereits in der zweiten Hälfte 1949 wurde der Stand des Sozialprodukts von 1936 nennenswert überschritten, 1952 war es um über 40 vH größer als vor dem Krieg. Es betrug damit in heutigen Preisen rund 126 Mrd. DM.

Das Volumen des Sozialprodukts ist allmählich, insbesondere mit dem Abklingen des durch den Ausbruch des Korea-Krieges herbeigeführten Aufschwungs weniger gewachsen. Die Wachstumsrate betrug:

	in vH	in Mrd. DM
von 1949 auf 1950:	16,9	8,0
von 1950 auf 1951:	14,8	8,2
von 1951 auf 1952:	6,3	4,0

Der abnehmende Zuwachs ist aber auch ein Zeichen dafür, daß der Wiederaufbau der Wirtschaft zum großen Teil vollbracht ist. Die jetzige Wachstumsrate des Sozialprodukts, die naturgemäß geringer geworden ist, kann nun als „normal" angesprochen werden.

In welchem Verhältnis haben nun die einzelnen Wirtschaftsbereiche zum Aufbau beigetragen?

Die Wertschöpfung im Rahmen des Sozialprodukts war kurz nach der Währungsreform bezeichnenderweise anders zusammengesetzt als vor dem Krieg. Insbesondere waren als Nachwirkung aus der Zeit der Bewirtschaftung und des entwerteten Geldes die Anteile der Landwirtschaft und der Industrie, auf die an sich der größte Teil der volkswirtschaftlichen Wertschöpfung entfällt, beträchtlich niedriger. Vergrößert hatten sich dagegen die Anteile z. B. des Verkehrs, des Handwerks, der Forstwirtschaft und vor allem der Öffentlichen Verwaltung (einschließlich Dienste für die Besatzung). In den Jahren nach 1948, und zwar im großen und ganzen schon bis 1951, hat sich mehr oder weniger wieder das gleiche Verhältnis zwischen den einzelnen Wirtschaftsbereichen herausgebildet, wie es in der Vorkriegszeit bestand. Die Industrie hat an Bedeutung gewonnen, die landwirtschaftliche Wertschöpfung ist, offenbar wieder im Zuge ihrer seit langem geringer werdenden Bedeutung, verhältnismäßig zurückgeblieben. Auf der anderen Seite tragen z. B. die Dienstleistungen im Straßenverkehr, d. h. vor allem im Kraftfahrzeugverkehr, infolge einer strukturellen Ausweitung in der Nachkriegszeit einen mehr als doppelt so großen Anteil zur gesamten Wertschöpfung bei wie vor dem Krieg.

Während sich auf der Entstehungsseite des Sozialprodukts das Verhältnis der Wertschöpfungsbereiche in der Hauptsache wieder normalisiert hat, haben sich auf der Verwendungsseite Änderungen in den Proportionen durchgesetzt, die für die Wiederaufbauperiode charakteristisch sind. Es erhöhten sich vor allem die Investitionen stärker als der Verbrauch. Dem Volumen nach nahm der private Verbrauch von 1949 bis 1952 um etwa ein Drittel zu, die Investitionen dagegen um fast zwei Drittel. Der Anteil des Investitionsvolumens an der Verwendung der insgesamt erstellten Güter und Dienste erhöhte sich also, während sich der Verbrauchsanteil verminderte.

In der Entwicklung beider Bereiche seit der Währungsreform heben sich zwei Zeiträume voneinander ab. Bis Mitte 1950 war die unterschiedliche Erhöhung von Verbrauch und Investitionen weniger ausgeprägt. Der Absatz an die Konsumenten wurde damals durch Preissenkungen und Einkommenserhöhungen sehr begünstigt, die Investitionstätigkeit hatte dagegen zeitweise mit Finan-

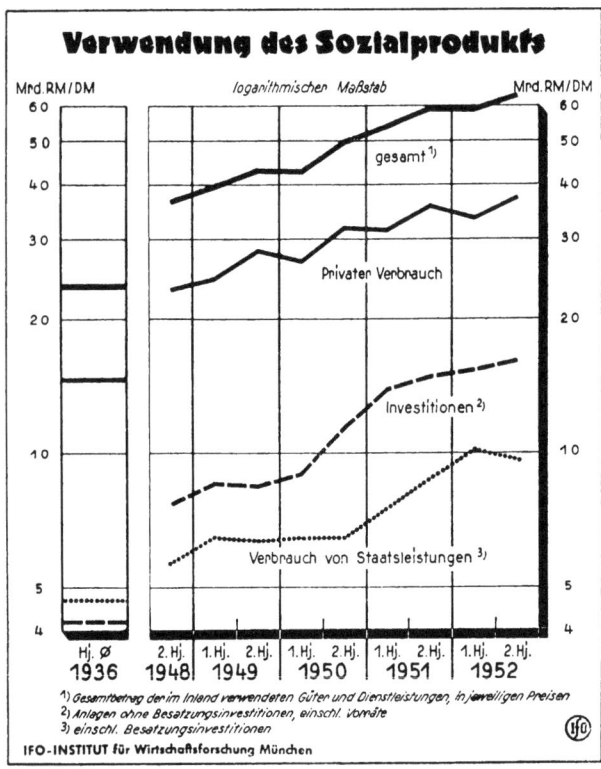

Verwendung des Sozialprodukts

Mrd.RM/DM   *logarithmischer Maßstab*   Mrd.RM/DM

gesamt 1)

Privater Verbrauch

Investitionen 2)

Verbrauch von Staatsleistungen 3)

Hj. Ø   2.Hj. 1.Hj. 2.Hj. 1.Hj. 2.Hj. 1.Hj. 2.Hj. 1.Hj. 2.Hj.
1936   1948   1949   1950   1951   1952

1) *Gesamtbetrag der im Inland verwendeten Güter und Dienstleistungen, in jeweiligen Preisen*
2) *Anlagen ohne Besatzungsinvestitionen, einschl. Vorräte*
3) *einschl. Besatzungsinvestitionen*

IFO-INSTITUT für Wirtschaftsforschung München

	in vH	in Mrd. DM
von 1949 auf 1950: ……	14,3	4,2
von 1950 auf 1951: ……	8,4	2,9
von 1951 auf 1952: ……	7,6	2,8

Im Vergleich zur Wachstumsrate der Anlage-investitionen hat sich die Zunahme des privaten Verbrauchs besser gehalten. Der Zuwachs des Verbrauchs ist in absoluten Werten im vergangenen Jahr fast ebenso groß gewesen wie im vorhergehenden Jahr.

Der dritte große Verwendungsbereich der erzeugten Güter und Dienste entfällt auf den Staat. Dabei wird hier nur der Verbrauch durch staatliche Institutionen selbst (einschl. Besatzungsmächte) behandelt, also nicht die von der Gesamtwirtschaft aus gesehen durchlaufenden Posten, bei denen der Staat nur als Vermittler tätig wird. Dies geschieht etwa bei den abgeleiteten Einkommen, die über die Staats- oder Sozialversicherungseinnahmen den Einkommensempfängern (z. B. Empfängern von Renten) zufließen. Auch die staatlichen Investitionen werden hier nicht zum Staatsverbrauch gerechnet. Der staatliche Verbrauch im angeführten Sinne kann auch, da er letztlich den Staatsbürgern zugute kommt, als Verbrauch von Staatsleistungen — neben dem privaten Verbrauch — angesehen werden.

Der Verbrauch von Staatsleistungen hat sich von 1949 bis 1952 in Volumen gerechnet um gut 20 vH erhöht; 1949 war er noch etwas niedriger als vor dem Krieg gewesen. Es berührt nun auf den ersten Blick merkwürdig, wenn der Anteil des Staatsverbrauchs am Sozialprodukt dem Volumen nach sowohl seit der Währungsreform als auch gegenüber 1936 gesunken ist (von etwa 20 auf etwa 16 vH). Bei der starken Dynamik des Aufschwungs mußte jedoch der Staat mit seiner Teilnahme an der Vermehrung des Sozialprodukts zunächst zurückbleiben. Dies tritt z. B. ganz deutlich in der 2. Hälfte von 1950 in Erscheinung. Ähnlich wie bei den Steuereingängen entstand im Staatsverbrauch eine Phasenverschiebung im Vergleich zum Verbrauch der übrigen Träger der Wirtschaft. Umgekehrt nimmt der Staatsanteil am Sozialprodukt seit 1951 allmählich wieder zu, nachdem das Anwachsen von Einkommen und Verbrauch geringer geworden ist.

zierungsschwierigkeiten zu rechnen. Die Anlage-investitionen stagnierten damals nach Abschluß eines ersten Einsatzes von Investitionskrediten eine Zeitlang. Erst nach Ausbruch des Korea-Krieges setzte die starke Zunahme der Investitionen ein. Aber auch hier hat sich das Wachstum wieder verlangsamt. Die Erhöhungen der in konstanten Preisen ausgedrückten Anlageinvestitionen betrugen:

	in vH	in Mrd. DM
von 1949 auf 1950: ……	26,6	2,2
von 1950 auf 1951: ……	14,3	1,5
von 1951 auf 1952: ……	7,7	0,9

Seit 1951 haben die Anlageinvestitionen im Rahmen der gesamten Güterverwendung nicht weiter zugenommen, wenn sie auch noch höher als in der Vorkriegszeit liegen.

Beim privaten Verbrauch betrug das Wachstum in Preisen von 1936 gerechnet:

Die Entwicklung der Preise

Preischaos bis zur Währungsreform

Die im Verlauf der Kriegs- und ersten Nachkriegsjahre gestiegenen Kosten kamen auf vielen Gebieten schon vor der Geldneuordnung auch in den offiziellen Preisen zum Ausdruck. Selbst in einer preisgestoppten Inflation sind Preisheraufsetzungen auf Grund von Kostenerhöhungen unvermeidbar. Bei Kriegsende waren daher die Preise der Lebenshaltungskosten um etwa 20 vH höher als 1938. In den nächsten Jahren setzte sich bis zum Zeitpunkt der Währungsreform eine weitere Steigerung von etwa 30 vH durch.

Vor der Geldneuordnung wurde zu den offiziellen Preisen nur ein Bruchteil der Erzeugung umgesetzt. Der Preis hatte seine Lenkungsfunktion fast völlig eingebüßt; ein großer Teil der Geschäftsabschlüsse ging — abgesehen von den geringen Zuteilungen, die zu legalen Preisen gekauft werden konnten — im Tauschwege oder zu Schwarzmarktpreisen vor sich. Die viel zu geringen Lebensmittelzuteilungen trieben vor allem die schwarzen Preise für die Nahrungsmittel in die Höhe, wobei sich die schon im ersten Weltkrieg gemachte Beobachtung bestätigte, daß die illegalen Preise weitgehend dem Nährwert der Nahrungsmittel entsprachen. Den

Legale- und Schwarzmarktpreise

Waren	1938 RM	15. Juni 1948			15. Dezember 1948	
		legale Preise RM	Schwarzmarktpreise		Schwarzmarkt-	legale
			RM	Verteuerung am freien Markt gegenüber 1938 auf das . . fache	Preise DM	
Eier, 1 Stück	0,12	0,13	6— 10	50— 83	0,7— 2,0	0,67
Butter, deutsche Markenbutter, 1 kg	3,19	5,10	300— 520	94—163	20,0—44,0	5,12
Rindfleisch, Kochfleisch, 1 kg	1,69	1,80	80— 130	47— 77	8,0 —16,0	2,87
Schweinebauch, frisch, 1 kg	1,68	1,77	120— 160	71— 95	10,0 —20,0	2,63
Margarine, inländische, 1 kg	1,96	2,42	240— 360	122—184	14,0 —32,0	2,43
Verbrauchszucker, 1 kg	0,77	1,14	60— 160	78—208	3,5 — 8,0	1,16
Weizenbrot, 1 kg	0,53	.	10— 12	19— 23	1,1 — 2,0	0,70
Weizenmehl, 1 kg, inländisches ..	0,43	0,43	30— 40	70— 93	2,4 — 3,6	0,65
Zigaretten, amerikanische, 1 Stück	0,04	0,30	5— 6,5	125—163	0,35— 0,65	0,10
Kaffee, geröstet, unverpackt, 1 kg	5,29	.	500—1000	95—189	30,0 —58,0	26,32

unterschiedlichen Stand zwischen legalen und schwarzen Preisen zeigt die untenstehende Übersicht.

Bis zum Zeitpunkt der Währungsreform hatten sich die Preisrelationen im Vergleich zum Jahre 1938 völlig verschoben. Während Lebensmittelpreise und einige inländische Rohstoffpreise noch abnorm niedrig lagen, hatten sich viele industrielle Fertigwarenpreise auf einem relativ hohen Niveau eingespielt.

Der Stand der legalen Preise unmittelbar vor der Währungsreform

1938 = 100

Grundstoffe		Preisindex für die Lebenshaltung	
Nahrungsmittel insg.	123	Insgesamt	152
darunter:		Ernährung	137
Roggen	101	Getränke u. Tabakwaren	406
Weizen	101		
Kartoffeln	148	Wohnung	104
Rinder lebend	119	Heizung u. Beleuchtung	118
Butter	169		
Industriestoffe insg.	172	Hausrat	197
darunter:		Bekleidung	194
Steinkohle	164	Reinigung u. Körperflege	176
Stabstahl	193		
Kupfer	261	Bildung u. Unterhaltung	128
Baumwolle, amerik. .	359		
Rindshäute	100	Verkehr	150
Zellstoff, inl.	181		

Vorübergehender Inflationsstoß

Bald nach der Währungsreform im 2. Halbjahr 1948 entwickelte sich eine ausgesprochene Verbrauchsgüterhausse, die zeitweise recht bedenkliche Formen annahm. Die Einzelhandelspreise der gewerblichen Verbrauchsgüter, die schon vor der Währungsreform 190 vH des Standes von 1938 erreicht hatten, stiegen in den folgenden sechs Monaten nochmals um durchschnittlich 18 vH an. Die Preise für Textilwaren und Schuhe, auf die sich der

erste Warenhunger konzentrierte, erhöhten sich sogar um 25 bzw. 50 vH. Freilich kam es für einige nicht lebensnotwendige Verbrauchsgüter auch zu Preissenkungen; diese schlugen aber nicht zu Buch. Auch die Ernährungskosten stiegen kräftig (+ 29 vH) an, weil die gebundenen Nahrungsmittelpreise heraufgesetzt wurden und auch die jetzt freien Preise kräftig nachzogen. Daß die Erhöhung der gesamten Lebenshaltungskosten von Juni bis Dezember 1948 trotzdem nur 15 vH betragen hatte, war vor allem auf die ausgleichende Wirkung der stabilen Mieten und auf Steuer- und Tarifsenkungen (Zigarettensteuer, Verkehrstarife usw.) zurückzuführen.

Alle Versuche, die Preishausse durch administrative Maßnahmen zu bekämpfen (Preisspiegel, Preiswuchergesetz, Jedermann-Programm), hatten nur geringe Wirkung. Von der Jahreswende 1948/49 an begannen jedoch die Preise, nachdem die Produktion schnell gewachsen und das nicht aus dem Produktionsprozeß herrührende Einkommen weitgehend aufgebraucht war, in nahezu allen Wirtschaftsbereichen abzusinken. Vom Dezember 1948 bis zum Tiefpunkt im Jahre 1950 sackten die Preise für die Verbrauchsgüter in der Erzeugerstufe um 11 vH, im Einzelhandel sogar um etwa 25 vH ab. Auch die Investitionsgüterpreise sind im gleichen Zeitraum um 13 vH gesunken.

Begünstigt wurde dieser von der Marktlage her erzwungene sinkende Preistrend in der ersten Phase durch den Rückgang der Weltrohstoffpreise, die im Jahre 1948 ihren ersten Höhepunkt überschritten hatten und nun langsam abbröckelten. Der Rückgang des inländischen Preisniveaus wurde durch die Abwertung im September 1949 nur etwas verlangsamt, aber nicht zum Stillstand gebracht. Allerdings erreichten die Rohstoffe schon im September 1949 ihren Tiefstand und stiegen seitdem kontinuierlich an, da von diesem Termin an die Preise für die Rohstoffe aus dem Dollarblock und etwas später auch die meisten Sterlingwaren wieder anzogen. Vom Datum der Abwertung bis zum Ausbruch des Koreakrieges haben sich daher die industriellen Rohstoffpreise um etwa 12 vH erhöht; die Verbrauchsgüterrohstoffe sogar noch darüber hinaus. Dagegen behielten die Fertigwarenpreise, ebenso die Lebenshaltungskosten, ihren leicht sinkenden Trend bis in den August 1950, also bis zum Ausbruch der allgemeinen Koreahausse bei.

Koreahausse und ihre preisangleichende Wirkung

Der Ausbruch der Feindseligkeiten in Korea hat der Weltwirtschaft einen stärkeren Inflationsstoß versetzt, als er nach dem Ausbruch des zweiten Weltkrieges eingetreten war. Vor allem galt dies für die Rohwarenmärkte. Die Preisbewegung war hier zwar schon seit der Jahreswende 1950 nach aufwärts gerichtet; aber nach dem Kriegsausbruch stiegen die Preise dort sprunghaft an. So erhöhten sich innerhalb weniger Monate die Kautschukpreise um etwa 100 vH und die Rohwollpreise um 50 vH.

In den meisten europäischen Ländern machte die Verteuerung der Rohwaren, die Verschlechterung der Austauschrelationen im Außenhandel und die Lasten der Aufrüstung eine Umstellung der Wirtschafts- und Preispolitik notwendig. Wenn die Länder in der Mehrzahl auch an den bestehenden Preisbindungen festhielten — in den USA wurde im Januar 1951 sogar wieder ein totaler Preisstop erlassen —, so bauten sie doch überwiegend ihre Subventionen ab.

Im Zuge dieses weltweiten Preisanstiegs gelang es in Westdeutschland, die gebundenen Inlandspreise stark nachzuziehen, ohne dadurch die Wettbewerbschancen im internationalen Geschäft zu beeinträchtigen. Diese Maßnahmen zur Preisangleichung schienen insofern relativ ungefährlich, als die westdeutschen Einzelhandelspreise zunächst langsamer anstiegen als die Preise in den meisten europäischen Konkurrenzländern. Ende 1950 wurde eine drastische Revision der gebundenen Grundstoffpreise eingeleitet. Die inländischen Stahlpreise wurden innerhalb eines Jahres um nicht weniger als 50 vH erhöht; Ende Dezember 1951 lag der Preisindex der Eisen- und Stahlindustrie bereits auf 291, die Steinkohlenpreise auf 234 vH des Standes von 1938. Damit waren aber die Stahlpreise immer noch niedriger als in den meisten europäischen Ländern.

Preisentwicklung für Investitions- und Verbrauchsgüter
1938 = 100

Zeit	Investitions- güter	Zu- od. Abn. gegen Vordatum	Zeit	Ver- brauchs- güter	Zu- od. Abn. gegen Vordatum
Juni 1948	190		Juni 1948	161	
Dez. 1948 1. Höhepunkt......	195	+ 3	Dez. 1948 1. Höhepunkt......	185	+ 15
Sept. 1950 Tiefpunkt.........	169	− 13	Mai 1950 Tiefpunkt.........	164	− 11
Juli 1952 2. Höhepunkt......	202	+ 20	Dez. 1951 2. Höhepunkt......	211	+ 29
Dez. 1952	200	− 1	Dez. 1952	201	− 5
März 1953	199	− 1	März 1953	197	− 2

Obwohl der Preisanstieg innerhalb des ersten Jahres nach Ausbruch des Koreakrieges zeitweilig bedrohliche Formen anzunehmen schien — die industriellen Verbrauchsgüterpreise erhöhten sich um fast 30 vH — lief die Inflationswelle in Westdeutschland schneller aus als in vielen anderen Staaten. Der Preis- und Konjunkturanstieg löste zwar zwei starke Lohnwellen aus, die ihrerseits wieder die Agrarpreise in die Höhe trieben. Auch die Investitionsgüterpreise zogen vor allem infolge der Stahlpreiserhöhungen sehr kräftig, nämlich um 20 vH, an. Aber im Frühjahr 1951 (am Höhepunkt der Zahlungsbilanzkrise) war die Hauptkraft des Inflationsstoßes schon gebrochen. Bei der Anpassung der Konsumentenausgaben an ihre Einkommen erwies sich die Elastizität der Verbrauchs- und Investitionsgütererzeugung als so groß, daß die Inlandspreise bald zurückgingen.

Die Periode der Preisstabilisierung

Mit dem Umbruch der Rohstoffpreishausse im Frühjahr 1951 stellte sich in der westlichen Welt ein sinkender Preistrend ein. Die Rohstoffpreise gingen zwei Jahre lang nahezu ununterbrochen zurück und liegen derzeit teilweise unter dem Vorkoreastand.

Preisentwicklung auf den Weltmärkten
1936 = 100

Indexziffern	1949 Aug.	1950 Jan.	1951 Juni	1952 April	1952 Dez.	1953 April
Moody's Index für Stapelwaren in USA	192	198	224	293	229	235
„Volkswirt-Index" der Weltmarktpreise	229	229	252	343	252	252
Reuter-Index in Großbritannien	263	311	330	416	344	332

Der Preisabbau im Inland ging in Etappen vor sich. Während die industriellen Verbrauchsgüterpreise bereits absanken, zogen die Nahrungsmittelpreise noch weiter an. Der Anstieg der Lebenshaltungskosten kam in Westdeutschland gegen das Jahresende 1951, in vielen anderen Ländern erst im Laufe des Jahres 1952 zum Stillstand. Die Investitionsgüterpreise haben ihren Höhepunkt erst im Herbst 1952 erreicht.

Die industriellen Verbrauchsgüterpreise begannen in Westdeutschland bald nach dem Preisumschwung auf den Rohstoffmärkten nachzugeben, da sich das Nachfrageklima hier ebenfalls völlig verändert hatte. Die Reaktion der Fertigwarenpreise auf die Rohstoffpreisschwankungen war freilich in den einzelnen Industriezweigen, je nach Kostenstruktur und Marktlage, recht unterschiedlich. In der Textilwirtschaft entwickelte sich offensichtlich ein starker Konkurrenzkampf. Die Erzeugerpreise in der Bekleidungsindustrie sind inzwischen um durchschnittlich 7 vH unter den Vorkoreastand gefallen, obwohl die Preise der Textilrohstoffe sich nicht alle auf den Vorkoreastand zurückgebildet haben. Die Schuhpreise liegen noch um 6 vH über, die Häutepreise etwas unter dem Niveau vom Juni 1950. Die Möbelpreise sind den starken Preissteigerungen für Schnittholz nur in abgeschwächtem Maße gefolgt.

Im Durchschnitt aller erfaßten Waren sind die Einzelhandelspreise für gewerbliche Verbrauchsgüter von ihrem Höhepunkt bis zum März 1953 um etwa 8 vH gefallen. Die sich dadurch ergebende Mengenkonjunktur tritt vor allem im Textilsektor, dem größten Verbrauchsgüterzweig, in Erscheinung; der Preisindex für textile Stapelgüter im Einzelhandel ist um 18 vH gesunken.

Der Druck auf die Verbrauchsgüterpreise hält auch heute noch an, obwohl die Masseneinkommen und die Einzelhandelsumsätze weiterhin, wenn auch nur langsam, ansteigen. Während sinkende Rohstoffpreise in den Fertigwarenpreisen weitergegeben werden, können sich Rohstoffpreissteigerungen vielfach nicht bis zum Endprodukt auswirken. In vielen Fertigungen ist sicherlich infolge der Rationalisierungsinvestitionen ein Fortschritt in der technischen Produktivität eingetreten, der infolge des scharfen Wettbewerbs den Konsumenten zugute kommt.

Preisstruktur gegenüber Vorkriegszeit

Die Rohstoffpreise haben sich in und nach dem zweiten Weltkrieg viel stärker erhöht als dies zwischen 1913/14 und den zwanziger Jahren der Fall war. Amerikanische Baumwolle kostet heute schon

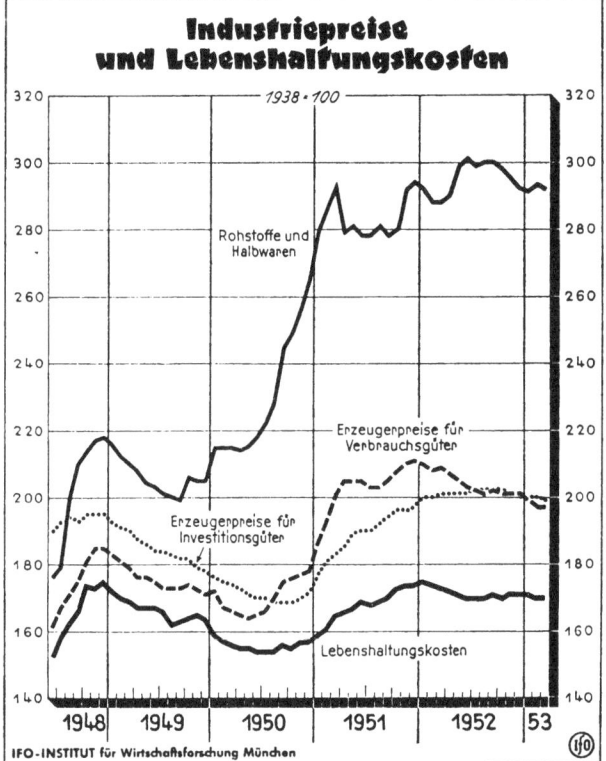

Industriepreise und Lebenshaltungskosten

1938 = 100

Rohstoffe und Halbwaren

Erzeugerpreise für Verbrauchsgüter

Erzeugerpreise für Investitionsgüter

Lebenshaltungskosten

1948 | 1949 | 1950 | 1951 | 1952 | 53

IFO-INSTITUT für Wirtschaftsforschung München

in Originalwährung fast viermal so viel wie 1938, die überseeischen Wollpreise sind um das drei- bis fünffache gestiegen. Wenn sich auch nicht alle Weltrohstoffe im gleichen Ausmaß verteuert haben wie die Bekleidungstextilien, so ist doch gegenüber 1938 mit einer durchschnittlichen Anhebung des Weltmarktpreisniveaus um etwa das eineinhalbfache zu rechnen.

Mit der starken Verteuerung der Einfuhrrohstoffe seit Beginn des zweiten Weltkrieges mußten freilich alle stark rohstoffabhängigen Länder fertig werden. In Westdeutschland sind die Inlandsnotierungen für Einfuhrrohstoffe — infolge der Überhöhung vieler Einfuhrpreise im Jahre 1938 durch das Verrechnungsverfahren — sogar weniger gestiegen als in unseren Konkurrenzländern. Dagegen wurden die wichtigsten inländisch erzeugten Grundstoffe besonders stark im Preise hochgezogen.

Aufs erste gesehen erstaunt die Tatsache, daß diese Rohstoffpreissteigerungen in den Fertigwarenpreisen so weitgehend aufgefangen worden sind. Man muß sich dabei jedoch vor Augen halten, daß die Einstandskosten für Rohstoffe oft nur einen relativ geringen Wertanteil am Fertigprodukt haben. Die meisten übrigen Kostenelemente, vor allem die Löhne, haben sich im Durchschnitt nicht

so stark erhöht wie die Rohstoffkosten. Die durchschnittlichen Bruttostundenverdienste in der Industrie[1] sind gegenwärtig etwa doppelt so hoch wie im letzten Vorkriegsjahr. Trotzdem lassen diese Preisrelationen eine mehr oder weniger starke Zunahme der Produktivität in der Industrie vermuten. Als Unterlagen zur Messung des Produktivitätsfortschrittes steht nur ein Index, der die Produktivität der Arbeiterstunde zu messen versucht, zur Verfügung.

Dieser Index lag im 4. Quartal 1952 in den Investitionsgüterindustrien um durchschnittlich 19 vH, in den typischen Verbrauchsgüterindutrien um nicht ganz 10 vH über dem Stand vom Jahre 1936. Innerhalb der Industriegruppen bestehen freilich in bezug auf diesen Produktivitätsfortschritt große Verschiedenheiten, wie die folgenden Zahlen zeigen.

Produktionsergebnis je Arbeiterstunde in der Industrie
Stand im 4. Quartal 1952. 1936 = 100

Textilindustrie	115	Maschinenbau	117
Glasindustrie	103	Fahrzeugbau	116
Papiererzeugung	86	Elektrotechnik	124
Schuherzeugung	81	Feinmechanik und	
Nahrungsmittelindustrie	184	Optik	109

Außerdem ist anzunehmen, daß durch den Druck der hohen Rohstoffpreise auch Kostenersparnisse durch eine bessere Rohstoffausnützung, durch verringerte Lagerhaltung u. a. m. eingetreten sind.

Die unterschiedliche Preisentwicklung für Rohstoffe erklärt freilich die starke Preisstreuung gegenüber 1938 — sie reicht von 10 vH bis etwa 130 vH — nur zu einem Teil. Sonst könnte man nämlich — als Faustregel — annehmen, daß die Preise der rohstoffintensiven Fertigungen alle bedeutend stärker gestiegen sind als die Preise der lohnintensiven Industriezweige. Davon kann aber keine Rede sein. Zu den Unterschieden in der Preisentwicklung haben noch viele andere Momente beigetragen. Einige wenige Industriesparten haben erst in den Nachkriegsjahren ihre volle technische Reife erreicht, wie z. B. die Radioindustrie, deren Preise heute nur um etwa 10 vH über dem Vorkriegsstand liegen. Auch die Aufhebung früherer Kartellbindungen wirkt sich vielfach in einem relativ niedrigen Preisstand aus. Daß das Ausmaß der Preissteigerung auch von den Marktchancen, aber nicht allein von der Höhe der laufenden Produktionskosten bestimmt wird, zeigt sich an der Preisentwicklung in der Kraftfahrzeugindustrie. Die Preissenkungsreserven wurden hier erst eingesetzt, als in diesem Winter der innere Markt gewisse Sättigungserscheinungen aufwies und sich auch im Auslandsgeschäft der Konkurrenzkampf verschärfte.

Die Marktchancen der einzelnen Industriezweige wurden stark durch die Zonentrennung beeinflußt, da hierdurch eine Reihe von Industrien ihre Abnehmer, andere Sparten aber ihre Konkurrenten verloren haben. Diese Unterschiede haben sich zwar im Laufe der letzten Jahre etwas vermindert, sind aber noch keineswegs völlig verschwunden[2]. Ein besonders stark übersetzter Industriezweig, die

---

[1] Vergleichbare Lohntarifsätze liegen für 1938 nicht vor.
[2] Vgl. hierzu das Kapitel: „Triebkräfte und Hemmungen im Industriewirtschaftlichen Wiederaufbau" S. 31 ff.

Seifenindustrie, hat als erster die Schaffung eines Krisenkartells beantragt.

Unterschiedliche Entwicklung d. Verbrauchsgüterpreise im Einzelhandel
1938 = 100

	März 1953		März 1953
Glühlampe 40 Watt .	108	Textilwaren wollhaltig	188
Radioapparate	110	Fahrräder	
Textilwaren aus Kunstseide ...	124	mit Bereifung	192
Waschmittel (außer Seifen)	155	Seifen	194
Drogerieartikel	161	Bett-, Haus- und Küchenwäsche	195
Elektrogeräte (ohne Rundfunkgeräte) .	163	Spielwaren	203
Möbel	166	Porzellan und Glaswaren ..	204
Gummiwaren	172	Schuhwaren	207
Textilwaren aus Baumwolle ...	174	Photoapparate*	216
Fahrradbereifung ..	187	Hausrat aus Metall .	219
		Kraftwagen und Krafträder* ..	226

* Erzeugerpreise

Angesichts dieses bunten Preisbildes ist es verwunderlich, daß sich die Preisrelationen für die großen Ausgabengruppen wieder so weitgehend denen der Vorkriegszeit angenähert haben. Die Einzelhandelspreise für die Gruppen Ernährung, Bekleidung und Hausrat liegen gegenwärtig zwischen 77 und 84 vH über dem Preisstand von 1938. Es stellt sich nun die Frage, ob diese Annäherung zufallsbedingt ist oder durch die Ausgabenstruktur erklärt werden kann.

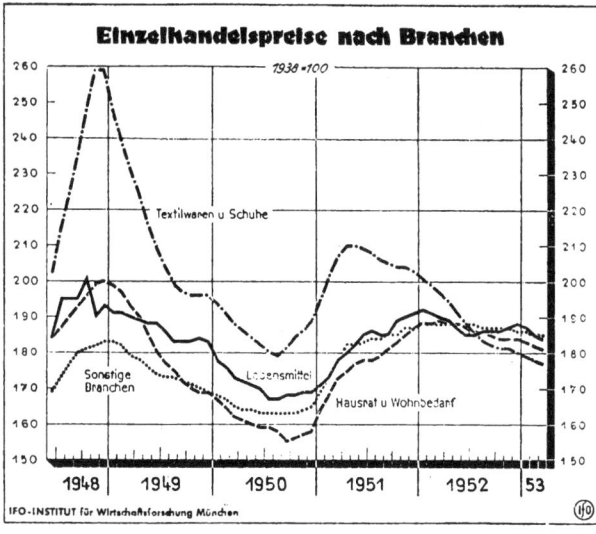

Für diese letztere These spricht aufs erste, daß die Preiskurven, wie das obenstehende Schaubild zeigt, schon im ersten Halbjahr 1950 eine Tendenz zur Angleichung zeigten. Durch den Koreaboom erhielt die Nachfrage für Verbrauchsgüter einen anormalen und ungleichmäßigen Auftrieb. Nach Überwindung des Korearückschlages nähert sich aber die Zusammensetzung der Privatausgaben anscheinend in immer stärkerem Grade der der Vorkriegszeit an. Man möchte vermuten, daß die Elastizität der Nachfrage sich innerhalb größerer Ausgabengruppen ausgleicht, das heißt, daß höhere

Preise für einzelne Waren zu einem besonderen Preisdruck für andere Produkte der gleichen Ausgabegruppen führen.

Aus diesem Trend kann aber nicht geschlossen werden, daß die Preiskurven in Zukunft parallel verlaufen werden. Starke Veränderungen auf der Angebotsseite (technischer Fortschritt, Rohstoffpreisschwankungen, Erweiterung oder Einengung der Liberalisierung u. a. m.) können die Einflüsse von seiten der Nachfrage überspielen.

Die Angleichung der Einzelhandelspreise für Nahrungsmittel an die Preise der industriellen Verbrauchsgüter würde darauf hindeuten, daß sich auch im Verhältnis zwischen den großen Bereichen der gewerblichen Wirtschaft einerseits, der Landwirtschaft anderseits in etwa die Vorkriegsbeziehungen wieder eingespielt haben. Das ist aber nicht ganz der Fall.

Das Preisverhältnis zwischen den landwirtschaftlichen Erzeugnissen und den sächlichen Betriebsmitteln der Landwirtschaft hatte sich in den ersten zwei Jahren nach der Währungsreform zugunsten der Landwirtschaft entwickelt. Die Düngemittelpreise wurden in diesem Zeitraum noch stark subventioniert und die Landmaschinenpreise sind von der Währungsreform bis 1950 zurückgegangen. Während der Koreahausse stiegen die landwirtschaftlichen Erzeugerpreise und die Betriebsmittelpreise etwa gleich stark an. Im Februar 1952 hatten beide Preisreihen einen Stand von 210 vH (1938 = 100) erreicht. Seitdem hat sich die Preisschere zu ungunsten der Landwirtschaft geöffnet. Die Betriebsmittelpreise zogen im Verlauf des nächsten Jahres noch geringfügig an, während die landwirtschaftlichen Erzeugerpreise bis März 1953 um 8 vH abgesunken sind.

Erzeugerpreise und Betriebsmittelpreise der Landwirtschaft

Index landwirtschaftlicher Erzeugerpreise 1938/39 = 100	Die Preisindexziffer der sächlichen Betriebsmittel der Landwirtschaft 1938 = 100
1. Quart. 1953	Febr. 1953
Insgesamt 196	Insgesamt 212
darunter:	darunter:
Getreide u. Hülsenfrüchte 210	Handelsdünger ... 222
Schlachtvieh 199	Zukauffuttermittel 227
Milch 185	Neubauten 227
Hackfrüchte 206	Neuanschaffung größ. Maschinen. 232
Gemüse 288	Wirtschafts-
Obst 105	haushalt 179

[1] Aus diesen Preisreihen lassen sich allerdings nur gewisse Hinweise, aber noch keine quantitativen Folgerungen über die Rentabilität der Landwirtschaft ziehen. Die Einnahmen werden nicht durch die Preise, sondern auch durch die Umsatzmengen bestimmt. Im Preisindex für die sächlichen Betriebsmittel der Landwirtschaft sind andere wichtige Kostenelemente wie die Löhne nicht enthalten.

Gegenüber 1938 liegt das Preisniveau der sächlichen Betriebsmittel zur Zeit etwas höher als die Erzeugerpreise der Landwirtschaft. Noch stärker ist die Preisdifferenz, wenn man nur die Produktionsmittel im engeren Sinn des Wortes in den Vergleich mit einbezieht[1].

Die Leistung der öffentlichen Hand zum Wiederaufbau

Fragt man nach dem Beitrag, den die öffentliche Hand zum Wiederaufbau Westdeutschlands geleistet hat, so stößt man sofort auf ihre Zwischenstellung im Wirtschaftsgefüge. Auf der einen Seite sind ihre *Ausgaben* zu nennen, die — wenn auch nicht sehr im Blickfeld der öffentlichen Meinung liegend — meist als Positivum aufgefaßt und in verschiedenster Form getätigt werden; seien es Unterstützungen für Bedürftige, die dann mit diesem Geld kaufend auf dem Markt auftreten, sei es die zur Verfügungstellung eines Straßennetzes, seien es Subventionen u. a. m. Auf der anderen Seite wird die notwendige Beschaffung von *Einnahmen* stark als etwas Negatives empfunden, als Druck auf die Wirtschaft, als Wegnahme von Einkommensteilen durch Steuern usw. Diese weitverbreitete Bewertung findet ihre Ursache darin, daß die Verausgabung meist nur mittelbar für die Wirtschaft spürbar ist, während die Steuerbelastung immer wieder monatlich oder vierteljährlich kompakt vor Augen geführt wird.

Abgesehen davon, daß es natürlich unmöglich ist, die Tätigkeit der öffentlichen Hand in dieses einfache Begriffssystem der „positiven" Ausgaben und der „negativen" Einnahmen zu pressen, können allein die Art der Vereinnahmung und die daraus resultierenden Wirkungen sehr verschieden sein. Die optimale Gestaltung ist das Ziel der Steuerpolitik.

Die Steuerpolitik und ihre Auswirkung

Die *Steuerpolitik* in Westdeutschland bemühte sich, seit dem Zeitpunkt der Währungsreform den Wiederaufbau der Wirtschaft durch geeignete Maßnahmen zu fördern, war aber durch die sehr bestimmt vertretenen Anschauungen der Besatzungsmächte in ihrer Bewegungsfreiheit stark eingeengt. Mit dem Stichtag der Reform trat das Steuerneuordnungsgesetz in Kraft, das gegenüber den bis dahin geltenden außerordentlich hohen Steuersätzen des Kontrollrates eine Reduzierung des Tarifs brachte und gewisse wirtschaftliche Handlungen, wie z. B. den Wiederaufbau zerstörter Produktionsstätten, die Nichtentnahme von Gewinn usw., steuerlich begünstigte. Da diese Maßnahmen noch ungenügend blieben, wurde sehr bald eine neue Steueränderung notwendig. Sie erfolgte mit weiteren Vergünstigungen im Jahre 1949 und mit einer nochmaligen Tarifsenkung im Jahre 1950.

Hauptmerkmal der Steuerpolitik der letzten Jahre war die Begünstigung von bestimmten Investitions- und Sparakten, um so die Kapitalausstattung der Wirtschaft zu stärken. Die Verbrauchsbesteuerung hingegen wurde straffer gehandhabt. Hier blieb die Steuerbelastung, besonders bei Genußmitteln, sehr hoch, wenn auch eine gewisse Reduzierung gegenüber den Kontrollratsteuern durchgeführt wurde.

Diese Phase der weitgehenden steuerlichen Förderung der Investitionstätigkeit wurde im Sommer 1951 beendet. Die Körperschaftsteuer wurde erhöht, die Vergünstigung der Selbstfinanzierung eingeschränkt. Hinter diesen Änderungen stand aber nicht nur die von der Ausgabenseite her erzwungene Erhöhung des Steueraufkommens, sondern auch der Wille, langsam von der betont geförderten Selbstfinanzierung der Investition in die Fremdfinanzierung hinüberzuwechseln. Es sei hier auf das Kapitalmarktförderungsgesetz hingewiesen.

Wie haben sich diese steuerpolitischen Maßnahmen im Verlauf der letzten fünf Jahre ausgewirkt? Das untenstehende Bild zeigt die Entwicklung der wichtigsten Steuerobjekte, wie das Einkommen und die Umsatztätigkeit und die daran anknüpfende hauptsächliche fiskalische Belastung.

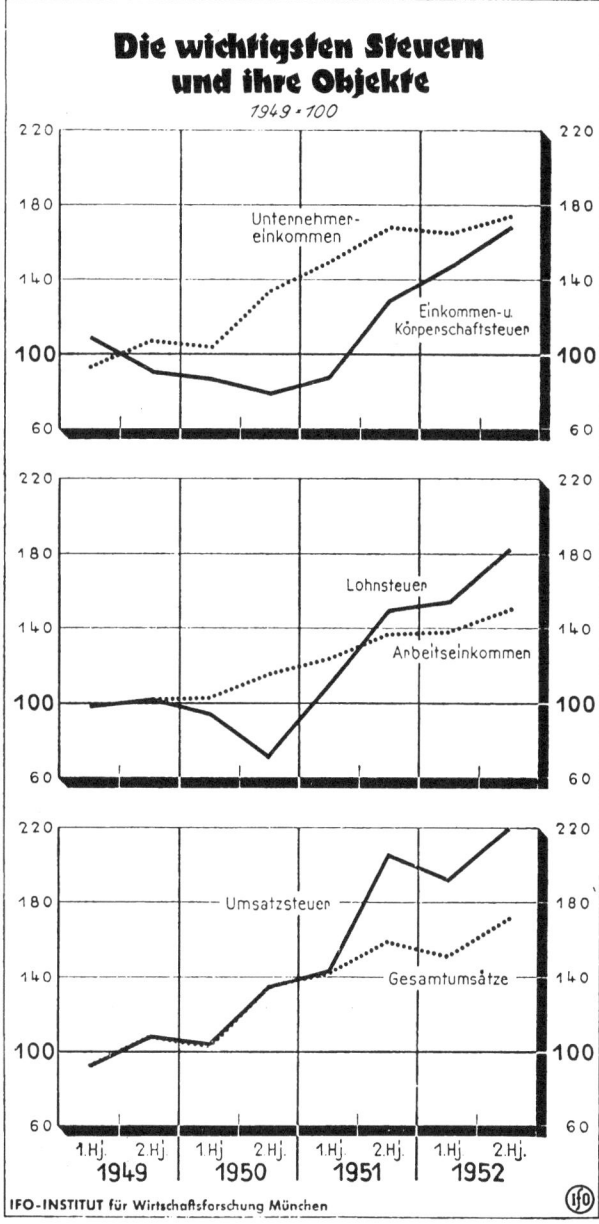

Es sollen dadurch Entwicklungstendenzen aufgezeigt werden, keinesfalls aber — und dies gilt besonders für die folgenden Tabellen — für den einzelnen verfügbare Nettoeinkommen ermittelt werden. Für einen solchen Zweck müßte z. B. beim Unternehmereinkommen nicht nur die Einkommen- und Körperschaftsteuer, sondern auch das Notopfer Berlin, die Kirchensteuer, ferner die freiwilligen sozialen Leistungen u. a. m. abgezogen werden. Man muß sich also bewußt bleiben, daß es sich hier lediglich um die Darstellung jeweils *einer* Steuer und ihrer Bemessungsgrundlage handelt.

Das *Unternehmereinkommen*, das aus dem Arbeitsentgelt des Unternehmers und dem Unternehmergewinn besteht, stieg seit der Währungsreform stark an. Es betrug brutto — ohne Arbeitgeberbeiträge zur Sozialversicherung — im Jahre 1949 24,7 Mrd. DM, im Jahre 1952 41,9 Mrd. DM, das sind 70 vH mehr. Diese Zunahme verlief recht gleichmäßig. Die zeitweiligen Rückgänge sind im wesentlichen saisonaler Natur.

Der Grund für den raschen Anstieg des Unternehmereinkommens liegt vor allem in der günstigen Rentabilitätssituation der westdeutschen Wirtschaft in den letzten vier Jahren, hervorgerufen durch einen lange Zeit außerordentlich starken Hang zum Verbrauch infolge des großen Nachholbedarfs und durch die notwendigen hohen Investitionen, um die Kriegszerstörungen wett zu machen. Man denke nur an die Bauwirtschaft, die Wiederherstellung zerstörter Produktionsstätten und die Notwendigkeit, Gewerbezweige, die vor dem Krieg hauptsächlich nur in der Ostzone bestanden, völlig neu zu schaffen. Auch die Kostendegression im Zuge der steigenden Erzeugung spielte eine Rolle.

Wie aus dem Bild ebenfalls hervorgeht, weicht die unmittelbare Belastung des Unternehmereinkommens durch die *Einkommen- und Körperschaftsteuer* von der Bemessungsgrundlage stark ab. Die Ursache liegt keinesfalls nur in dem zeitlichen Auseinanderfallen von Steuerveranlagung und Steuerleistung. Im übrigen ist für die konjunkturelle Betrachtung und für die Liquidität der Unternehmer das Problem der steuertechnischen Zuordnung nicht von so entscheidender Bedeutung, besonders, da sich in den vorgeführten Jahren kein Bruch in der Entwicklung des Unternehmereinkommens zeigt.

Der Ertrag dieser Steuern ging vom 1. Halbjahr 1949 bis zum 2. Halbjahr 1950 kontinuierlich um insgesamt etwa 25 vH zurück, während das Unternehmereinkommen um 45 vH anwuchs. Infolge der Auswirkung der Steuerprogression und der ab Mitte 1951 veränderten Steuerpolitik trat dann ein sprunghafter Anstieg ein; wie aber sowohl aus dem Bild als auch aus der untenstehenden Tabelle ersichtlich, liegt die Steuerbelastung des Unternehmereinkommens auch heute noch unter der des Jahres 1949, die freilich nicht als wünschenswert

Das Unternehmereinkommen und seine Belastung durch Einkommen- und Körperschaftsteuer

Zeit	Unternehmereinkommen[1] in Mrd. DM	Einkommen- und Körperschaftsteuer in Mrd. DM	E.-St. u. K.-St. in vH des U-Einkommens[1]
1949 1. Hj.	11,9	2,3	19,2
2. Hj.	12,8	1,9	14,7
1950 1. Hj.	12,5	1,8	14,5
2. Hj.	16,7	1,7	10,0
1951 1. Hj.	18,7	1,8	10,0
2. Hj.	20,8	2,7	13,0
1952 1. Hj.	20,2	3,1	15,4
2. Hj.	21,7	3,5	16,4

[1] Vgl. Anmerkung 1 auf S. 65,

angesehen werden kann. Hier handelt es sich jedoch lediglich darum, die quantitative Wirkung der steuerpolitischen Maßnahmen zu umreißen.

Auch die Entwicklung des *Arbeitseinkommens* und die der daran anknüpfenden fiskalischen Belastung ist sehr verschieden. Das Arbeitseinkommen, also die Brutto-Bezüge der Arbeiter, Angestellten und Beamten, hat in den letzten vier Jahren stetig zugenommen. Während es 1949 36,1 Mrd. DM betrug, waren es im Jahre 1952 52,0 Mrd. DM, das sind um 40 vH mehr. Der Grund für diese Entwicklung liegt nur zum Teil in der Beschäftigung, die sich in dieser Zeit um etwa 1,4 Millionen Personen, das sind 10 vH, erhöht hat. Stärker als die Beschäftigungszunahme wirkte sich die Hebung des gesamten Lohn- und Gehaltsniveaus aus. Die großen Lohnerhöhungen im Gefolge der gestiegenen Preise ließen im selben Zeitraum das durchschnittliche Monatseinkommen je Beschäftigter von 265 DM auf 345 DM ansteigen, das sind um 30 vH mehr.

Ähnlich wie bei der Einkommen- und Körperschaftsteuer bot die Entwicklung des *Lohnsteuerertrags* ein anderes Bild als die der betreffenden Einkommen. Das Steueraufkommen ging zunächst bei steigendem Arbeitseinkommen nicht unerheblich zurück. Allerdings ging hier bei steigenden Durchschnittseinkommen wegen der Steuerprogression die Entlastung, die der gesenkte Tarif und die Vergünstigungen gebracht hatten, bald verloren. Bereits im 1. Halbjahr 1951 betrug das Lohnsteueraufkommen schon wieder soviel wie im Höchstpunkt vor der Steueränderung. In den darauffolgenden zwei Jahren stieg der Steuerertrag stark an und ist heute um 70 vH höher als im Jahre 1949 bei um 50 vH gestiegenem Arbeitseinkommen. Die durchschnittliche prozentuale Belastung des Arbeitseinkommens durch die Lohnsteuer in den letzten vier Jahren geht aus untenstehender Tabelle hervor.

Das Arbeitseinkommen und seine Belastung durch die Lohnsteuer

Zeit	Arbeitseinkommen in Mrd. DM	Lohnsteuer in Mrd. DM	Lohnsteuer in vH des Arbeitseinkommens
1949 1. Hj.	17,5	1,0	5,8
2. Hj.	18,6	1,1	5,7
1950 1. Hj.	18,5	1,0	5,2
2. Hj.	20,6	0,7	3,6
1951 1. Hj.	22,2	1,1	5,1
2. Hj.	24,5	1,5	6,3
1952 1. Hj.	24,8	1,6	6,4
2. Hj.	27,2	1,9	6,9

Die Lohnsteuerbelastung verminderte sich von 5,8 vH im Jahre 1949 bis auf 3,6 vH, ist aber heute trotz der niedrigeren Steuersätze mit etwa 7 vH bereits wieder wesentlich höher. Eine derartige Belastung des Arbeitseinkommens kam durch die Auswirkung der Progression auf die wegen gestiegener Preise nominal stark erhöhten, real aber weniger verbesserten Durchschnittseinkommen zustande.

Im ganzen gesehen läßt sich sagen, daß die entlastende Wirkung der steuerpolitischen Maßnahmen beim Arbeitseinkommen erst später einsetzte als beim Unternehmereinkommen und schon eher wieder durch die Steuerprogression beendet war. Dieses Ergebnis steht im Einklang mit der bisherigen Steuerpolitik, die bei bewußter Förderung des Wiederaufbaus notwendigerweise eine größere Entlastung für das Unternehmereinkommen mit sich brachte.

Abschließend sei noch kurz die Entwicklung der *Umsatztätigkeit* betrachtet. Die Gesamtumsätze wiesen seit der Währungsreform einen starken Aufwärtstrend auf und waren 1952 um 60 vH höher als 1949. Dies war automatisch mit einem starken Anwachsen der *Umsatzsteuer* verbunden. Im Jahre 1949 erbrachte die Umsatzsteuer 4,0 Mrd. DM, 1950 waren es 4,7 Mrd. DM. Als ab Juli 1951 die Umsatzbesteuerung um ein Drittel erhöht wurde, stieg das Aufkommen sprunghaft an und erreichte 1952 8,1 Mrd. DM, das sind 31 vH des gesamten Steueraufkommens von Bund und Ländern.

Die Ausgabenpolitik seit 1948

In Westdeutschland waren die Möglichkeiten einer bewußten Ausgabenpolitik in den letzten Jahren nicht sehr groß, da ein ansehnlicher Block von Ausgaben durch die Folgen des Krieges schon vorgezeichnet war. So hatten die deutschen Stellen auf die *Besatzungskosten*, die im Jahr 1952 mit etwa 8 Mrd. DM rund ein Viertel der gesamten Ausgaben von Bund und Ländern ausmachten, fast keinen Einfluß. Ebenfalls durch die Folgen des Krieges bedingt waren die *Soziallasten*, die zwar nicht zu den „produktiven" Ausgaben zählen, aber doch eine große und sehr wichtige Leistung darstellen. Für Millionen Kriegsopfer, Arbeitsunfähige, Vertriebene usw. sind diese Unterstützungen häufig das einzige Einkommen. Für diese Zwecke wurden im Laufe der letzten Jahre immer größere Beträge in Anspruch genommen, zum Teil auf Grund erhöhter Bezüge des einzelnen Rentners, hauptsächlich aber wegen der Erweiterung des Kreises der Unterstützungsberechtigten.

Zu diesen Leistungen müssen aber auch jene Beträge gerechnet werden, die nicht direkt an Versorgungsberechtigte fließen, sondern in Form von Bundeszuschüssen an die Sozialversicherung gegeben werden. Sie tragen dazu bei, daß die Bezüge der Millionen Invaliden- und Angestelltenrentenempfänger im Verhältnis 1:1 umgestellt werden konnten, obwohl auch hier die Vermögensmasse großenteils verlorenging. Wenn trotz der Tatsache, daß im Jahr 1952 rund ein Viertel der Ausgaben von Bund und Ländern für Unterstützungszwecke benötigt wurde, die Zahlungen für den einzelnen sehr knapp bemessen sind, so ergibt sich dies aus der Vielzahl der Bedürftigen.

Eine weitere soziale Leistung stellte die Subventionierung dar, die hauptsächlich nach der Abwertung der DM im Herbst 1949 große finanzielle Beträge erforderte. Außer der Treibstoffverbilligung für die Landwirtschaft wurde z. B. einige Jahre hindurch den minderbemittelten Schichten ermöglicht, Brot und zum Teil auch Margarine unter dem Marktpreis zu kaufen. Die Mängel, die die Subventionierung in letzter Zeit mit sich gebracht hatte — es kauften nicht nur Bedürftige

Konsumbrot —, führten Anfang dieses Jahres zu ihrer Abschaffung. Die Rentner erhalten jedoch nun einen Konsumbrotausgleich, der sie in die Lage versetzt, das verteuerte Brot zu kaufen.

Eine gewisse Rolle bei den Ausgaben der öffentlichen Hand spielten auch die Mittel, die an Flüchtlinge für produktive Zwecke gegeben wurden. Dadurch konnten Gewerbezweige wie die Gablonzer Industrie oder die Strumpfindustrie in der Bundesrepublik neu aufgebaut werden.

Den *Investitionsausgaben* der öffentlichen Hand kam auf Grund des auch hier vorhandenen starken „Nachholbedarfs" in den vergangenen Jahren eine weit höhere Bedeutung zu als in normalen Zeiten. Im Jahr 1950 trugen Haushaltmittel in Höhe von 2,9 Mrd. DM zur Finanzierung der Netto-Anlageinvestition bei, im Jahr 1951 mit 4,3 Mrd. DM und 1952 mit 5,2 Mrd. DM. Dabei erreichten nicht nur die üblicherweise in den Staatsbereich gehörenden Investitionen einen hohen Stand, sondern es wurden auch Projekte ausgeführt, die sonst von privater Seite erstellt werden. Dies gilt vornehmlich für den Wohnungsbau, der u. a. wegen der Schwierigkeit langfristigen Kredit zu erhalten nicht in ausreichendem Maß von privater Seite allein hätte in Gang gebracht werden können. Hier schlugen sich die Ausgaben im Gegensatz zu den Sozialleistungen, die sich mehr in der Stille vollziehen, in sichtbaren Erfolgen nieder. So wurden in Westdeutschland seit der Währungsreform rd. 2 Millionen Wohnungen gebaut, die zu einem erheblichen Teil aus öffentlichen Mitteln erstellt wurden.

Der Wiederaufbau der deutschen Handelsflotte erfuhr — abgesehen von der steuerlichen Begünstigung — ebenfalls eine weitgehende Unterstützung durch öffentliche Gelder. Während nach Kriegsende sämtliche Überseefrachten von ausländischen Schiffen übernommen werden mußten, was die deutsche Devisenbilanz entsprechend belastete, führt heute die neu erstellte Handelsflotte einen großen Teil der Transporte wieder selbst aus.

Ein wesentlicher Teil der „eigentlichen" staatlichen Investitionen lag in dem unermüdlichen Wiederaufbau des westdeutschen Verkehrsnetzes. Man führe sich hier noch einmal die Unzahl der gesprengten Brücken und die durch jahrelange Nichtausbesserung und schwere Raupenfahrzeuge zerstörten Straßen vor Augen. Die Wiederherstellung dieser Schäden erforderte hohe Beträge. Neben diesen Positionen mußten vor allem bei den Gemeinden beträchtliche Summen für die Wiederinstandsetzung und den jahrelang zurückgebliebenen Neubau von Schulen, Krankenhäusern, Schlachthäusern usw. ausgegeben werden.

Ein großer Teil der geschilderten Investitionen hätte an sich nach den alten Finanzierungsregeln mit Hilfe langfristiger Anleihen aufgebracht werden müssen. Bekanntlich war aber auch für die öffentliche Hand der Rückgriff auf den Kapitalmarkt nur in verschwindendem Ausmaß möglich, weshalb der größte Teil dieser Investitionen direkt aus Steuermitteln, d. h. also letztlich in einem kollektiven Zwangssparprozeß finanziert wurde.

Abschließend sei noch die *Schuldenregelung* in London und das Abkommen mit Israel erwähnt, die beide geeignet sind, die Kreditwürdigkeit und das Ansehen der Bundesrepublik zu bessern.

Die heutige Situation

Nachdem im vorigen Abschnitt die westdeutsche Steuer- und Ausgabenpolitik der letzten fünf Jahre betrachtet wurde, soll nun versucht werden, auf einigen Gebieten das Bild durch die Darstellung des heutigen Standes abzurunden.

Die *Aufteilung des Steuerertrags* zwischen Bund, Ländern und Gemeinden zeigt heute den Bund in einer dominierenden Stellung. 61 vH aller Steuereinnahmen fließen dem Bund zu und nur 26 vH den Ländern, der Rest von 13 vH den Gemeinden. Dieses Verhältnis hat sich, wie aus untenstehendem Bild ersichtlich, erst allmählich ergeben und zwar als zwangsläufige Folge der Ausgabenverteilung.

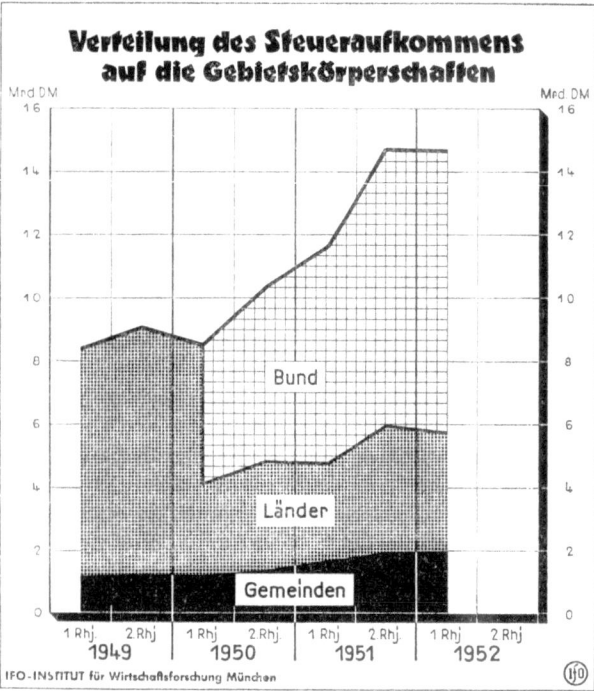

Verteilung des Steueraufkommens auf die Gebietskörperschaften

IFO-INSTITUT für Wirtschaftsforschung München

Im Zeitpunkt der Währungsreform lag das Schwergewicht — da es den Bund noch nicht gab — bei den Ländern. Dieses Nichtvorhandensein einer finanziellen Zentralinstanz machte sich außerordentlich störend bemerkbar, da die Finanzkraft der einzelnen Länder sehr unterschiedlich war und nur unbefriedigend ausgeglichen wurde. Es sei hier nur kurz daran erinnert, daß nach der Währungsreform z. B. die beiden Länder Hamburg und Bremen auf Grund der steuertechnischen Abwicklung 35 vH des Tabaksteuerertrags im Bundesgebiet erhielten und praktisch behielten, während die drei Flüchtlingsländer Bayern, Niedersachsen und Schleswig-Holstein nur 25 vH für sich erbrachten. Als mit der Gründung des Bundes die Umsatzsteuer, die Zölle und Verbrauchsteuern auf diesen übergingen, wurden die krassen Unterschiede stark gemildert; beseitigt wurden sie nicht.

Die im Grundgesetz vorgesehene *endgültige* Verteilung der einzelnen Steuerquellen wurde zwar bis zum Jahre 1955 verschoben; trotzdem hat sich schon in den letzten Jahren die Verteilung dadurch stark gewandelt, daß der dem Bund zustehende Anteil an dem Ertrag der Einkommen- und Kör-

perschaftsteuer immer mehr erhöht wurde. Er beträgt jetzt 37 vH. Zur Zeit laufen noch Verhandlungen darüber, ob der Bund im Rechnungsjahr 1953 mit 38 vH am Ertrag der Einkommen- und Körperschaftsteuer beteiligt werden soll. Bei einer längerfristigen Betrachtung kann aber gesagt werden, daß in der rein quantitativen Verteilung des Steuerertrags ein gewisser Abschluß eingetreten ist und sich eine erkennbare Struktur zwischen dem Verhältnis von Bund, Ländern und Gemeinden herausgebildet hat.

Wie haben sich nun all die im ersten Abschnitt dargestellten Maßnahmen auf die *Zusammensetzung des Steueraufkommens* ausgewirkt? Aus untenstehender Tabelle geht deutlich hervor, daß die Einkommenbesteuerung im gesamten Steuersystem heute etwa den gleichen Raum einnimmt wie im Durchschnitt der Jahre 1936 und 1937. Auch innerhalb der Einkommenbesteuerung erbringen die veranlagte Einkommensteuer, die Lohnsteuer und die Körperschaftsteuer anteilmäßig die gleichen Beträge. Die zunächst etwas überraschende Tatsache, daß trotz der erheblich erhöhten Einkommensteuersätze der Anteil am Gesamtsteuerertrag nicht gewachsen ist, findet ihre Erklärung nur zum Teil darin, daß auch die anderen Steuern durch Erhöhung ihrer Sätze und durch Aufblähung ihrer Bemessungsgrundlagen infolge der Preissteigerung erheblich zunahmen. Eine wichtige Ursache liegt darin, daß die hohen Einkommensteuersätze zwar vorhanden, aber nicht in vollem Maße effektiv werden, wegen der Möglichkeit *vor* Anlegung des Steuertarifs Teile des Einkommens auf Grund von Vergünstigungen abzusetzen. Hier geht die „kleine Steuerreform" einen Schritt zur Tarifwahrheit, d. h. der stark progressive Tarif wird allgemein gesenkt, dafür werden spezielle Begünstigungen aber abgeschafft.

Eine starke Verschiebung zeigt jedoch der Anteil der Umsatzsteuer, die heute fast ein Drittel des gesamten Steuerertrags erbringt. Hier liegen die Gründe in dem gegenüber der Vorkriegszeit doppelt so hohen Satz bei gleichzeitig durch die Preissteigerung stark erhöhten Umsatzwerten. Trotz dieses Anwachsens des Umsatzsteueranteils hat sich die gesamte indirekte Steuerbelastung nicht erhöht, da sich der Anteil der Zölle und Verbrauchsteuern am Gesamtaufkommen verringerte. Die Hauptursache liegt in dem erheblich reduzierten Zoll-

Gliederung des Steueraufkommens[1]
in vH

Steuerart	Rj. 1936-37[2]	Rj. 1949	Rj. 1950	Rj. 1951	Rj. 1952
Einkommensteuern[3]	38	36	28	33	37
Vermögensteuer[4] ...	3	8	10	7	6
Umsatzsteuer	21	24	28	30	29
Zölle u. Verbrauchs- steuern	30	25	26	22	21
Sonstige Steuern ...	8	7	8	8	8
Gesamtes Steueraufkommen	100	100	100	100	100

[1] Bundes- und Ländersteuern einschl. Soforthilfeabgabe bzw. Vermögensabgabe. — [2] Reichsgebiet. — [3] Lohn-, Einkommen- und Körperschaftsteuer. — [4] Einschl. Soforthilfe bzw. Lastenausgleichsabgabe.

ertrag. So kamen im Jahre 1936 im Deutschen Reich bei einer Einfuhr von 4,2 Mrd. RM Zölle in Höhe von 1,3 Mrd. RM auf, während die Einfuhr in das Bundesgebiet im Jahre 1952 im Werte von 16,2 Mrd. DM — selbst unter Einbeziehung der Kaffee- und Teesteuer — nur 1,6 Mrd. DM an Zöllen erbrachte.

Wenn auch nicht von so großer Bedeutung für das Gesamtsteueraufkommen, so soll doch die erhöhte Besteuerung des Vermögens nicht unerwähnt bleiben. Zwar bringt die eigentliche Vermögensteuer einen weit geringeren Ertrag, es muß aber das Aufkommen des Lastenausgleichs hinzugerechnet werden. Dieser wurde geschaffen, um aus dem erhalten gebliebenem Vermögen eine Entschädigung an die Personen zu zahlen, die ihren Besitz durch Kriegsereignisse verloren hatten.

Wie dargestellt, hat sich die Struktur des Steueraufkommens gegenüber der Vorkriegszeit nicht wesentlich verschoben, die Heraufsetzung des Einkommensteuertarifs hat jedoch für den einzelnen eine sehr erhebliche Veränderung der Steuerbelastung hervorgerufen. Dies soll in einem Vergleich der *individuellen Einkommensteuerbelastung* der Vorkriegszeit mit der nach dem neuen Tarif gezeigt werden.

Bei einem solchen Vergleich[1] der Steuerbelastung ist es notwendig, die gegenüber der Vorkriegszeit erhöhten Preise und die damit verbundene Realwertschmälerung der Einkommen mit dem Preisindex für die Lebenshaltung[2] auszuschalten. Die Betrachtung läuft also darauf hinaus, festzustellen, welchen Teil von „gleichwertigen" Bezügen in der Vorkriegszeit bzw. heute der Gesetzgeber einfordert. Das Einkommen eines verheirateten Steuerpflichtigen mit einem Kind von z. B. 10 000 RM jährlich war in den Jahren 1934 bis 1938 mit 10 vH belastet, während ein gleichwertiger Betrag von rund 17 500 DM jetzt mit 25 vH besteuert wird.

Führt man diesen Vergleich in den einzelnen Einkommensschichten durch, so zeigt sich, daß die Steuerbelastung bei niedrigen Einkommen geringer ist. Verheiratete mit einem Kind und mit Monatsbezügen bis zu 350 DM geben einen geringeren Teil ihres Einkommens an Lohnsteuer ab als Steuerpflichtige mit real vergleichbaren Löhnen von 200 RM in der Vorkriegszeit. Bei Einkommen von Ledigen liegt die Grenze bis zu der real gleiche Bezüge geringer besteuert werden als vor dem Kriege sogar bei etwa 500 DM[3]. Der überwiegende

Teil aller Arbeitnehmer in Westdeutschland befindet sich innerhalb der dargestellten Einkommensgrenzen und zahlt somit realiter weniger Lohnsteuer als vor dem Kriege.

Daraus läßt sich aber nicht ohne weiteres schließen, daß die Besteuerung der unteren Gruppen insgesamt geringer als vor dem Kriege ist. Hier muß beachtet werden, daß die Massenbesteuerung zum Teil in einer anderen Form Platz greift, nämlich mehr in der Besteuerung des Verbrauchs. Dies wird zum Teil aus der stärkeren Bedeutung der Tabaksteuer im Gesamtsystem deutlich. Während diese im Jahre 1938 knapp halb so viel wie die Lohnsteuer brachte, ist das Verhältnis heute wie 3 : 4.

Für höhere Einkommen ist, wie die untenstehende Tabelle verdeutlicht, die Besteuerung weit stärker als vor dem Kriege. Während damals allenfalls 40 vH[1] des gesamten Einkommens weggesteuert wurden, liegt heute die Höchstgrenze bei 70 vH.

Die heutige Steuerbelastung im Vergleich zu der vor dem Kriege

Einkommen in RM i. Jahre 1934 – 38	Steuer in vH des Einkommens	„gleichwertiges" heutiges Einkommen in DM	Steuer in vH des Einkommens
10 000	11	17 500	27
25 000	18	43 750	37
50 000	26	87 500	46
75 000	31	131 250	52
100 000	33	175 000	57
125 000	40	218 750	60

Auf die verschiedenen, ja allgemein bekannten Folgen der Besteuerung der höheren Einkommen soll hier nicht näher eingegangen werden, lediglich eine Auswirkung im Lohn- und Gehaltsbereich sei kurz erwähnt. Hier zeigt sich, daß die Kaufkraft von Löhnen und Gehältern in sehr unterschiedlicher Weise durch das Zusammenwirken von Preissteigerung und Steuererhöhung betroffen wurde. Ein Lohnsteuerpflichtiger, der vor dem Krieg etwa 200 RM Einkommen bezog, braucht heute etwa 350 DM, um sich einen gleichen Lebensstandard zu sichern, also um 75 vH mehr. Jemand der 600 RM in der Vorkriegszeit bezog, braucht heute fast 1400 DM, das sind 130 vH mehr! Es wurde an anderer Stelle[2] ausführlich dargestellt, daß die Entwicklung in den einzelnen Einkommensschichten und Berufsgruppen zu einer Nivellierung des Lohn- und Gehaltsniveaus führte.

---

[1] Vgl. auch „Wirtschaftskonjunktur" 1/1953, S. 20 f.
[2] Die ermittelten Werte können dabei freilich nur als Anhalt dienen und sind für die höheren Einkommen wahrscheinlich zu niedrig, weil von diesen u. a. die im Preis stärker gestiegenen Investitionsgüter gekauft werden.
[3] Daß diese Grenze für Verheiratete tiefer liegt, beruht auf der heute geringeren steuerlichen Berücksichtigung des Familienstandes.

[1] Bei ledigen Steuerpflichtigen 50 vH.
[2] Schriftenreihe des Ifo-Instituts für Wirtschaftsforschung Nr. 17: „Die Nivellierung des Lohn- und Gehaltsniveaus in Westdeutschland gegenüber der Vorkriegszeit."

Der Handel im Zeichen der Marktwirtschaft

Einzelhandel und Gewerbefreiheit

Im Dezember 1948 wurde durch die Besatzungsmächte wieder die Gewerbefreiheit eingeführt, die in Deutschland bereits von 1870 bis 1935 bestanden hatte. Diese Regelung, die in der amerikanischen Zone zur vollen Gewerbefreiheit und in den britisch besetzten Ländern nur zu einer großzügigeren Handhabung der Zulassungsbestimmungen führte, erhöhte in den nächsten Jahren die Zahl der Einzelhandelsbetriebe erheblich. Wenn auch nicht verhehlt werden soll, daß die volle Gewerbefreiheit zu einigen Mißständen führte, so kann sie doch nicht für die gesamten Wettbewerbs- und Absatzschwierigkeiten der folgenden Jahre verantwortlich gemacht werden.

Nach den Ergebnissen der Arbeitsstättenzählung von 1950 hatte sich die Zahl der Einzelhandelsbetriebe im Bundesgebiet von 396 000 Firmen im Jahre 1939 auf 468 000 im Erhebungsjahr erhöht. Dieser Steigerung der Betriebszahl um 18 vH stand aber eine gleichzeitige Bevölkerungsvergrößerung von 21 vH gegenüber, das heißt das frühere Verhältnis von 100 Personen je Einzelhandelsgeschäft verbesserte sich auf 102 Personen. Dabei ist aber noch gar nicht berücksichtigt, daß die 1939er Zahlen wesentlich das Ergebnis erschwerter Zulassungsbedingungen waren. Durch das 1935 erlassene Einzelhandelsschutzgesetz war das organische Wachstum des Einzelhandels beeinträchtigt worden. Dennoch sind die Beschwerden der Einzelhandelsverbände und der ihnen angeschlossenen Firmen über die mangelnde Fachkenntnis und die geringe personelle Zuverlässigkeit vieler neugegründeter Betriebe zum großen Teil berechtigt. Die Forderung nach einer Modifizierung der Gewerbefreiheit in dem Sinne, daß der Bewerber auf Fachkenntnis und personelle Zuverlässigkeit geprüft werden soll, ist deshalb verständlich. Allzugroße praktische Auswirkungen dürfte aber eine Modifizierung der Gewerbefreiheit im Hinblick auf die Betriebszahl nicht mehr haben. Der größte Teil der Neueröffnungen erfolgte in den Jahren 1948 bis 1950; 1951 nahm die Betriebszahl nur noch geringfügig zu und 1952 ist sie vermutlich sogar schon wieder etwas zurückgegangen. Die geforderte „Mittelstandspolitik" richtet sich aber nicht nur gegen die Neueröffnung von Betrieben, sondern auch gegen die „Expansion" der Warenhäuser. Hierbei wird nur allzu oft übersehen, daß die Groß- und Konzernbetriebe nach 1933 in ihrer Ausdehnung und in ihrer Umsatztätigkeit stark behindert wurden. Hinzu kommt noch, daß die Großbetriebe, meistens in den Innenvierteln von Großstädten gelegen, viel schwerere Luftkriegszerstörungen hinzunehmen hatten, als der Durchschnitt der Einzelhandelsbetriebe. Die unzerstörten Geschäfte der Mittel- und Kleinstädte und der Großstadt-Vororte waren daher besonders in den ersten Nachkriegsjahren begünstigt. Als dann mit dem Wiederaufbau der Warenhäuser und der Einheitspreisgeschäfte die Käufermassen wieder in die Innenstädte zurückströmten, verschlechterte sich für die Vorortsbetriebe die Absatzlage. Die starken Ressentiments gegen die Expansion der Warenhäuser sind also verständlich. Die Warenhäuser haben — zumindest was die räumliche Ausdehnung anbetrifft — den Vorkriegsstand noch nicht wieder erreicht. Sollten sie ihren Vorkriegsanteil am Gesamtumsatz des Einzelhandels (5 vH) überschritten haben, so war diese Zunahme doch nur geringfügig. Auf keinen Fall ist der Anteil der Warenhausumsätze am Gesamtumsatz so groß wie z. B. in den USA (18 vH) und in England (20 vH).

Umsatzentwicklung

Als kurz nach der Währungsreform der größte Teil der Bewirtschaftungsvorschriften aufgehoben wurde, setzte eine sehr starke Konsumentennach-

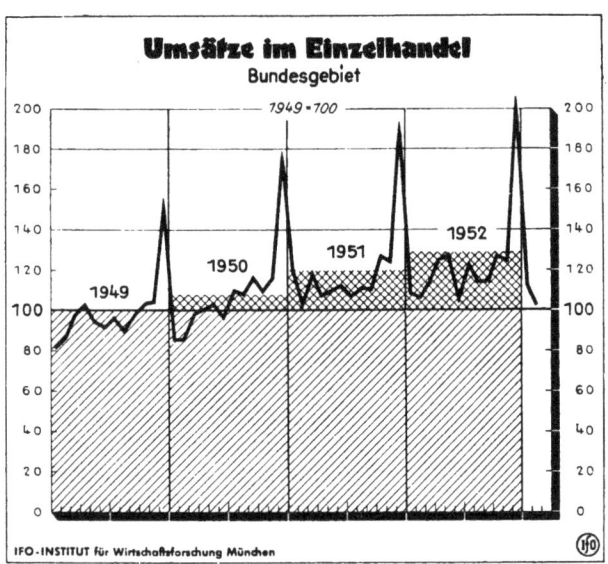

frage ein. Als jedoch die Kopfgeld-Beträge ausgegeben und die Konsumenten auf die laufenden Einnahmen angewiesen waren, brach die Nachfrage im Dezember 1948 plötzlich ab. Auch die folgenden 8 Monate des Jahres 1949 verliefen sehr ruhig. Erst im September rief die DM-Abwertung (anläßlich der Pfundregulierung) eine kleine Kaufwelle hervor. Diese Geschäftsbelebung hielt bis zum Jahresende 1949 an und wurde erst Anfang 1950 durch eine erneute Umsatzflaute abgelöst. Mit dem Ausbruch des Koreakonflikts trat erneut eine Geschäftsbelebung ein. Die mißtrauischen Konsumenten kauften während der ersten Korea-Kaufwelle (Juli bis September 1950) in erster Linie Lebensmittel; bei der zweiten Korea-Kaufwelle anläßlich des Eintritts Rot-Chinas in den

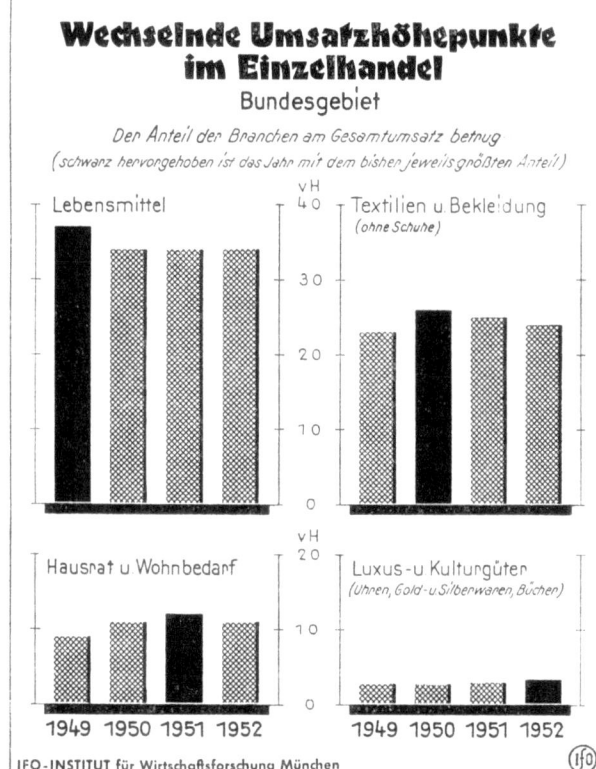

Koreakonflikt (November 1950 bis Januar 1951) wurden Textilien und Schuhe bevorzugt. In zahlreichen Textilgeschäften waren zum ersten Male die Januar-Umsätze höher als der Dezember-Absatz. Da der Einzelhandel damit rechnete, daß die Korea-Hausse nur der Anfang einer langfristigen Rüstungskonjunktur sei, gab er damals sehr hohe Bestellungen auf. Um so unangenehmer empfand er es, als Ende Januar 1951 die Belebung plötzlich wieder abbrach. Die nächsten Monate brachten eine Umsatzflaute. Der Einzelhandel schränkte zwar seine Bestellungen sofort ein, aber die Warenlieferungen von Industrie und Landwirtschaft konnten nicht so schnell abgestoppt werden, da vom Handel vielfach langfristige Dispositionen aufgegeben worden waren. Die Insolvenzen des Handels (Konkurse und Vergleiche) stiegen von 124 im Monatsdurchschnitt 1950 auf 141 im März 1951; der Anteil des Einzelhandels an der Gesamtzahl der Insolvenzen in der gesamten Wirtschaft erhöhte sich von 25 vH im Monatsdurchschnitt 1950 auf 29 vH im März 1951. Ab August 1951 normalisierte sich dann die Umsatztätigkeit wieder. Während die ersten Monate nach der Währungsreform noch kaum eine Saisonbewegung aufwiesen, entsprach die Umsatzentwicklung ab Sommer 1951 wieder weitgehend der Vorkriegszeit. Die saisonbereinigten Einzelhandelsumsätze halten sich seitdem in einer Grenze von ungefähr 120 bis 128 vH (MD 1949 = 100). Der Monatsdurchschnitt hat sich 1952 gegenüber dem Vorjahr nur um etwa 2 vH erhöht.

Während sich schon in der Gesamtentwicklung der Einzelhandelsumsätze — vor allen Dingen in den Jahren 1948 bis 1951 — starke Bewegungen abzeichneten, waren Nachfragestöße und -flauten in den einzelnen Branchen noch häufiger und kräftiger. Naturgemäß richtete sich in den ersten 1¹/₂ Jahren nach der Währungsreform das Hauptinteresse der Verbraucher auf eine bessere Verpflegung. Auf die Versorgung mit Textilien und Schuhen erstreckten sich die nächsten Verbrauchswünsche; Ende 1950 erhöhten sich die Umsätze der Bekleidungsbranchen. Der zunehmende Wohnungsbau brachte 1951 den Fachgruppen „Hausrat und Wohnbedarf" eine Sonderkonjunktur. Im Jahre 1952 verstärkte sich schließlich die Nachfrage nach kulturellen und Luxusgütern; sie konnten ihren Anteil am Gesamtumsatz erhöhen und werden vermutlich den steigenden Trend noch einige Jahre halten können.

Einkauf, Wareneingang und Lager

Da sich der Einzelhändler in den 15 Jahren vor der Währungsreform an die gelenkte Wirtschaft gewöhnt hatte, war es anfangs nicht leicht für ihn, sich in der freien Marktwirtschaft zurecht zu finden. Bis Ende 1948 war der Einzelhandel nicht sehr wählerisch in seinen Einkäufen; er nahm, was er bekommen konnte. Als aber wieder Qualitätswaren auf den Markt kamen und die Konsumenten kritischer und zurückhaltender wurden, blieben beim Einzelhandel beträchtliche Warenbestände liegen. Der größte Teil wurde in den folgenden Schlußverkäufen mit Verlust abgegeben; Jedermannschuhe und Lebensmittelkonser-

ven konnten erst in den Korea-Kaufwellen abgesetzt werden. Daraufhin disponierte der Handel nur mehr vorsichtig und gab vorwiegend kurzfristige Bestellungen auf. Während der beiden Korea-Kaufwellen ließ sich der Einzelhandel allerdings noch einmal aus seiner Zurückhaltung herauslocken und disponierte großzügiger. Die in den Monaten Dezember 1950 bis Januar 1951 aufgegebenen Bestellungen reichten dann aus — obwohl der Einkauf bereits im Februar schon wieder stark gedrosselt wurde —, um den Wareneingang bis Mai 1951 in beachtliche Höhe zu treiben. In den Monaten Juli und August 1951 sank der Wareneingang wieder weit unter den Vorjahresstand. Beim Wareneingang des Schuheinzelhandels wurde dieser Umschwung besonders deutlich; er ging z. B. im Juli 1951 auf 37 vH des 1949er Durchschnitts zurück. Die leichte Absatzbelebung im zweiten Halbjahr 1951 machte sich allerdings auch im Einkauf etwas bemerkbar, aber es wurde noch immer relativ vorsichtig disponiert. Erst im Sommer 1952 trat eine gewisse Änderung ein. Der stark gedrosselte Wareneingang hatte die Lager verringert, während sich gleichzeitig in einer Reihe von Branchen (Textilien und Bekleidung) die Umsatzsituation verbessert hatte. Infolgedessen wurde in diesen Branchen zum ersten Mal seit Kriegsbeginn teilweise wieder langfristig disponiert. Ob diese Rückkehr zu langfristigen Bestellungen anhält, kann allerdings nicht gesagt werden. Es wird häufig übersehen, daß die Mehrheit der heutigen Einzelhandelsbetriebe noch nicht über jene Kapitaldecke verfügt, die langfristige Dispositionen erst ermöglicht. Der Einzelhandel wird zu den in den Vorkriegsjahren beobachteten Einkaufsgewohnheiten vermutlich wieder zurückkehren, wenn die dafür notwendigen Kapitalien vorhanden sind.

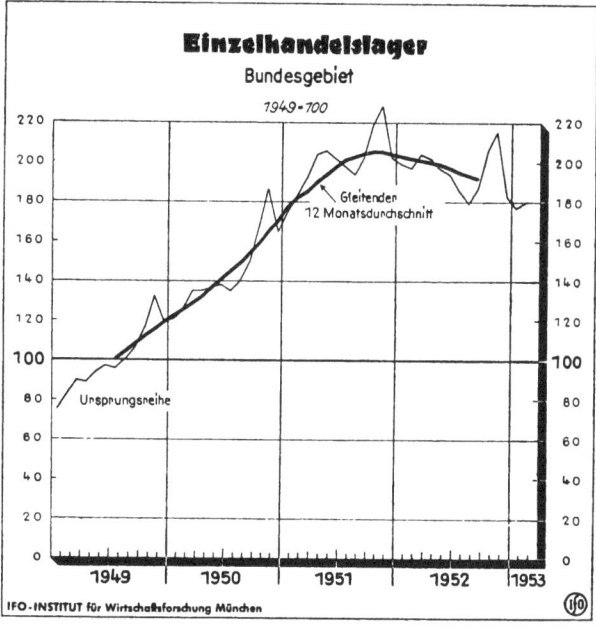

Ähnliche Beweggründe bestimmten den Lagerausbau und die Beurteilung der jeweiligen Lagerhöhe durch die Einzelhändler. Im Zeitpunkt der Währungsreform waren die Lager des Einzelhandels niedriger als allgemein angenommen wurde. Da man in der gesamten Wirtschaft schon seit Anfang 1948 mit der Währungsreform rechnete, versuchten die Produzenten ihre Waren möglichst lange zurückzuhalten. Im Mai und Juni 1948 dürften die Hersteller, mit Ausnahme der durch die Bewirtschaftung größtenteils erfaßten Lebensmittel, kaum noch Waren an den Handel geliefert haben. Über die Höhe der Lagerbestände zum Zeitpunkt der Währungsreform gibt es keine statistischen Angaben. Nach Schätzungen des Ifo-Instituts hatten die Lager Ende 1948 nur einen Wert von etwa 2,2 Mrd. DM. Dabei ist zu berücksichtigen, daß der größte Teil der Waren erst nach der Abwertung hereingenommen wurde. Die nächsten Jahre stellten an das Dispositionsgeschick des Einzelhandels große Anforderungen. Das durchschnittliche Betriebskapital des Einzelhandels war damals außerordentlich niedrig, zudem mußte ein großer Teil der Händler den Neubau bzw. den Wiederaufbau seiner Verkaufsstellen finanzieren. Trotzdem wurden die Lager bis Ende 1951 ausgebaut. Vor dem Weihnachtsgeschäft 1951 wurde der bisher höchste Lagerbestand mit rund 7,5 Mrd. DM erreicht. Der Einzelhandel empfand diese Lager aber bereits als drückend. Um sie zu verringern, schränkte er im Jahre 1952 — trotz einer befriedigenden Umsatzentwicklung — den Wareneingang ein. Das Ergebnis war im Branchendurchschnitt eine Lagerverkleinerung um 7 vH.

Ertragslage

Über die Ertragssituation des Einzelhandels bestehen sowohl bei den Produzenten als auch bei den Konsumenten weitgehend unzutreffende Vorstellungen. Es ist anzunehmen, daß der Einzelhandel im zweiten Halbjahr 1948 im Rahmen des Verkäufermarktes ziemlich hohe Spannen auf die Einkaufspreise aufschlug. Aus einer starken Erhöhung der Herstellerpreise wurde eine noch stärkere Zunahme der Einzelhandelsverkaufspreise. Als sich aber dann im Frühjahr 1949 eine Absatzstockung bemerkbar machte, gingen zunächst die Einzelhandelsverkaufspreise und anschließend auch die industriellen Herstellerpreise zurück. Diese Entwicklung dauerte bis zum Ausbruch des Korea-Konflikts im Juni 1950. Während jedoch die Rohstoff- und Produzentenpreise sofort anzogen, folgte der Einzelhandel größtenteils erst mehrere Monate später. Auf Grund des scharfen Wettbewerbs konnte er es sich nicht gestatten, seine Verkaufspreise sofort den Herstellerpreisen anzupassen, da er sonst mit einer starken Umsatzabnahme hätte rechnen müssen. Die Einzelhandelsverkaufspreise erhöhten sich daher erst ab Jahresanfang 1951 und erreichten — was industrielle Fertigwaren betrifft — im Mai jenes Jahres ihren Höhepunkt. Ab Januar 1952 sind die Preise für industriell hergestellte Fertigwaren wieder laufend zurückgegangen. Da die Lebensmittelpreise sich aber noch erhöhten, stieg der Gesamtindex der Einzelhandelsverkaufspreise bis einschließlich Mitte 1952 leicht an. Erst vom August 1952 ab machte sich auch im Gesamtdurchschnitt ein leichter Rückgang bemerkbar, da inzwischen — bei festen Lebensmittelpreisen — die Verkaufspreise für die meisten industriellen Fertigwaren weiter nachgegeben hatten.

Durch den im Jahre 1949 einsetzenden scharfen Konkurrenzkampf, der weit über den Wettbewerb in anderen Wirtschaftsgruppen hinausging, wurden die Spannen reduziert. Hinzu kam noch die Notwendigkeit, den Konsumenten Kredite zu gewähren.

Während das Teilzahlungsgeschäft in den Jahren 1939 bis 1948 vollkommen zum Erliegen gekommen war, setzte es im Frühjahr 1949 mit der ersten Absatzstagnation wieder ein. Anfänglich wurde der größte Teil der Kreditverkäufe im „freien", vom Einzelhandel selber finanzierten Teilzahlungsgeschäft getätigt; die ersten im Frühjahr 1949 wieder auftretenden Teilzahlungsbanken hatten nur einen minimalen Anteil. Inzwischen erhöhte sich aber der Anteil der Kreditverkäufe am gesamten Einzelhandelsumsatz laufend. Er stieg von 11 vH im Jahre 1949 bis auf etwa 15 vH im Jahre 1952. Innerhalb dieser gesamten Kreditgeschäfte vergrößerte sich stetig der Anteil der Teilzahlungsbanken. Er betrug im Jahre 1951 — ohne Investitionsfinanzierungen — schon etwa 570 Mill. DM und dürfte im folgenden Jahr rund 910 Mill. DM ausgemacht haben. Die gesamten Kreditverkäufe des Einzelhandels werden 1949 etwa 3,6 Mrd. DM betragen und sich bis 1952 auf rund 5,6 Mrd. DM erhöht haben. Die Außenstände des Einzelhandels aus diesem Teilzahlungsgeschäft nahmen stärker zu als die Kreditverkäufe selber. Sie betrugen 1952 im Jahresdurchschnitt etwa 25 vH eines Monatsumsatzes und machten in absoluter Höhe am Jahresende 1952 knapp 1 Mrd. DM aus. Noch überwiegen die kritischen Stimmen, die den Kreditverkauf grundsätzlich ablehnen bzw. nur unter bestimmten Bedingungen gelten lassen wollen. Trotzdem ist anzunehmen, daß sich der Anteil der Kreditverkäufe am Gesamtumsatz des Einzelhandels weiterhin erhöhen wird.

Die Kreditgewährung bringt dem Einzelhandel zwar in den meisten Fällen eine Umsatzsteigerung, bindet aber andererseits auch erhebliche Betriebsmittel und verursacht zusätzliche Kosten. Denn nicht immer können die gesamten Finanzierungskosten auf den Kreditnehmer abgewälzt werden.

Zu dieser Belastung kommt noch die anhaltende Steigerung aller übrigen Handelskosten hinzu. Die Löhne, die in den meisten Branchen rund 50 vH der gesamten Kosten ausmachen, haben sich seit 1948 laufend erhöht. Die Reklamekosten sind ebenfalls beachtlich gestiegen. Anteilmäßig haben sich die Kosten für Unternehmerlohn, Zinsen für Eigenkapital und Abschreibungen etwas gesenkt. Gleichzeitig haben sich aber die Handelsspannen des Einzelhandels seit Dezember 1948 laufend — wenn auch nur sehr geringfügig — ermäßigt. Die Ertragslage des Einzelhandels hat sich daher dauernd etwas verschlechtert, obwohl sie noch immer als befriedigend bezeichnet werden kann. Die durchschnittlichen Handelsspannen des gesamten Einzelhandels dürften zur Zeit noch nicht ganz 25 vH vom Umsatz betragen. Da aber allein der Kostenanteil am Umsatz im letzten Jahr schon 22 vH betragen haben dürfte, bleibt im Gesamtdurchschnitt nur ein Reingewinn von rund 3 vH vom Umsatz übrig. Zu berücksichtigen ist dabei allerdings, daß in den Kosten auch Beträge enthalten sind, die dem Unternehmer zufließen (Unternehmerlohn, kalkulatorische Zinsen für Eigenkapital). Im Durchschnitt des gesamten westdeutschen Einzelhandels dürfte sich also für die Jahre von 1949 bis 1952 ein Bruttogewinn (Unternehmerlohn, kalkulatorische Zinsen und Reingewinn) von höchstens 5—10 vH der Umsätze ergeben haben.

Trotz des raschen Aufbaus der Betriebe hat der Einzelhandel im Bundesgebiet räumlich seinen Vorkriegsumfang noch nicht erreicht. In der Zukunft wird sich der Ausbau verlangsamen. Die Warenhäuser haben den Mittel- und Kleinbetrieben einen Expansionsstop zugesagt, so daß auch hier vorläufig nicht mit weiteren Bauten zu rechnen ist.

Stellung des Handels in der Volkswirtschaft

Die Wertschätzung des Handels in der Öffentlichkeit hat sich in den letzten Jahrzehnten bedeutend verschlechtert. In den drei Jahrzehnten Kriegswirtschaft der beiden letzten Kriege, hat sich das Gewicht der Rohstoffversorgung und der industriellen Produktion so erhöht, daß die Bedeutung der produzierenden Wirtschaftsgruppen überbewertet wurde. Die Unterschätzung des Vertriebs hatte nicht nur stimmungsmäßige Folgen; die beiden Handelsstufen waren die einzigen Wirtschaftsgruppen, die in Westdeutschland nicht in den Genuß verbilligter Wiederaufbaukredite kamen. In zahlreichen Fällen konnten vor dem Krieg florierende Betriebe den Wiederaufbau aus eigenen Mitteln nicht durchführen und mußten gutgelegene Plätze den zahlungskräftigeren Konzernunternehmen überlassen. Der zur Zeit ausgetragene Kampf zwischen Mittel- und Kleinbetrieben einerseits und Großfirmen andererseits ist u. E. nicht die Folge einer rücksichtslosen Ausdehnungspolitik der Großbetriebe, sondern ein Ergebnis der allgemeinen Benachteiligung der Handelsgruppen bei der Kreditbereitstellung. Der neuerdings dem Handel in Aussicht gestellte Kreditbetrag von 4 Mill. DM (Erhöhung auf 16 Mill. DM wahrscheinlich), mutet im Vergleich zu den Beträgen, die Industrie, Verkehr und Handwerk erhalten haben, gering an. Im Rahmen der wirtschaftspolitischen Diskussion haben sich in neuester Zeit anscheinend die Verfechter der „Mittelstandspolitik" durchgesetzt. U. a. wurde gefordert, daß Maßnahmen gegen die „Expansion der Großbetriebe" in die Kartellgesetzgebung eingebaut werden sollen. Selbstverständlich muß abgewartet werden, wie die betreffenden Anordnungen und Gesetze abgefaßt und ausgelegt werden. Nach den bisherigen Verlautbarungen ist jedoch anzunehmen, daß gewisse Korrekturen der Gewerbefreiheit vorgenommen werden. Hoffentlich wird es nicht zu Präzedenzfällen kommen, die schließlich einmal die freie Marktwirtschaft im Handel erschüttern und die mit Recht erkannten Nachteile des Dirigismus (Zulassungen, Kontingentierungen, Bewirtschaftung, Preiskontrollen) allmählich wieder in Erscheinung treten lassen.

Der Großhandel im Zeichen der Gewerbefreiheit

Neben einer Reihe von Spezialproblemen, die nur für den Großhandel oder den Einzelhandel Bedeutung haben, gibt es einige grundsätzliche Fragen, die für beide Handelsstufen gleich wichtig sind. Dies trifft in erster Linie auf die 1948 von den Besatzungsmächten angeordnete Gewerbefreiheit zu. Auch im Großhandel stieg die Zahl der Betriebe daraufhin bis in das Jahr 1950 erheblich an. Die stärkste Zunahme war in Bayern zu beobachten. Während sich die Zahl der Großhandelsbetriebe in den übrigen Bundesländern im Durchschnitt nur um 44 vH erhöhte, stieg sie in Bayern um 83 vH. Im folgenden Jahr dürfte nur noch eine geringe Erhöhung stattgefunden haben, 1952 ist die Betriebszahl vermutlich wieder etwas zurückgegangen.

Ähnlich wie im Einzelhandel war diese plötzliche, starke Zunahme der Großhandelsbetriebe zum Teil eine Folge der bis 1948 erschwerten Zulassungsbestimmungen. Hinzu kam noch eine Reihe von Umständen, die die Erhöhung der Betriebszahl im Großhandel zusätzlich begünstigten: In der Zeit nach dem Zusammenbruch war der Einkauf — gleichgültig ob es sich um Rohstoffe, Halberzeugnisse oder Fertigwaren handelte — sowohl für die Produzenten wie auch für den Handel und die Verbraucher so erschwert worden, daß die Unternehmer aller Wirtschaftsstufen zur Bewältigung dieser Aufgabe einen großen Personenkreis beschäftigten. Das betrifft nicht nur den „Schwarzhandel", sondern auch im legalen Warenverkehr wurde eine Großzahl von Agenten, Maklern und anderen Vermittlern eingeschaltet. Der größere Teil dieser Vermittler nahm bei der Verkündung der Gewerbefreiheit an, daß der „Verkäufermarkt" noch einige Jahre anhalten und die Gewinnchancen im Handel weiterhin günstig bleiben würden. Da sie in den meisten Fällen nicht direkt die Konsumenten beliefert hatten, sondern zwischen den einzelnen Produktionsstufen bzw. Handelsstufen tätig gewesen waren, meldeten sie ihre Gewerbe größtenteils als „Großhandel" an. Einige dieser Vermittler haben sich dem Geschäftsgebaren des traditionellen Großhandels weitgehend angepaßt und üben heute — wenn in den meisten Fällen auch nur als Kleinbetriebe — eine echte Großhandelsfunktion aus, das heißt, daß sie nicht nur vermitteln und verkaufen, sondern daß sie auch für ihre Abnehmer — Einzelhandel und Handwerk — ein Lager unterhalten und Kredite geben. Die Mehrheit der neuentstandenen Großhandelsbetriebe hat es aber zu dieser vollen Großhandelstätigkeit nicht gebracht. Diese Klein- und Kleinstbetriebe würden ihrer Tätigkeit nach zum Teil besser dem Handelsmakler- oder Vertreterberuf zugeordnet; vorläufig erscheinen sie in der Statistik aber als „Großhändler" und erhöhen dadurch die offizielle Betriebszahl.

Nach den Ergebnissen der Arbeitsstättenzählung des Jahres 1950 gab es im Erhebungsjahr zwar rund 130 000 Großhandelsbetriebe, aber davon waren allein 36 000 Kleinstbetriebe (1 Beschäftigter) und 60 000 Kleinbetriebe (2—4 Beschäftigte). Ähnlich wie im Einzelhandel bestehen auch im Großhandel erhebliche Ressentiments gegen die neue Konkurrenz, die entweder wegen ihrer nicht voll ausgeführten Großhandelsfunktion nur „Auch-Großhändler" genannt oder wegen ihrer geringen

Umsätze als „Rucksack-Grossisten" bezeichnet werden. Trotz dieser skeptischen Einstellung sind offizielle Proteste des Großhandels gegen die Gewerbefreiheit relativ selten erhoben worden. Zweifellos ist der Großhandel diejenige Wirtschaftsgruppe, die sich im Klima der freien Marktwirtschaft am wohlsten fühlt und die deshalb grundsätzlich jeden Faktor der Marktwirtschaft, das heißt also auch die Gewerbefreiheit, bejaht. Erst das Verlangen der Einzelhandelsverbände nach einer „Berufsordnung" und nach der „Mittelstandspolitik" hat im Großhandel kritische Stimmen laut werden lassen. Man weist mit Recht darauf hin, daß der durch eine neue Einzelhandels-Berufsordnung zurückgewiesene Bewerber sich höchstwahrscheinlich dem Großhandel zuwenden würde; wenn dieser dann nicht durch eine ähnliche Berufsordnung geschützt wäre, würde der Großhandel zu einem Sammelbecken der aus anderen Berufsgruppen abgewiesenen Bewerber werden. Bei der Diskussion über die Gewerbefreiheit sollte man — genau so wie beim Einzelhandel — die 1950er Betriebszahl nicht mit der Summe der Betriebe des Jahres 1939 vergleichen, sondern sie mit der Firmenzahl von 1933 in Beziehung setzen. Im Jahre 1933 bestanden im Reichsgebiet etwa 151 000 Großhandelsbetriebe; 1950 gab es im Bundesgebiet 130 000 Großisten. Vergleicht man die Zahl der Großhandelsfirmen mit der Einwohnerzahl des jeweiligen Gebietes, so ergibt sich, daß 1933 auf je einen Großhändler 437 Personen kamen; im Jahre 1950 hat sich diese Relation auf einen Großhandelsbetrieb zu 377 Personen verschlechtert. Selbstverständlich ist dieser Vergleich zwischen der Zahl der Großhandelsbetriebe und der Summe der Einwohner nicht ganz beweiskräftig. Ein beachtlicher Teil des Großhandels (Rohstoffgroßhandel, Investitionsgütergroßhandel, Fabrikationszwischenhandel usw.) hat mit dem Verbrauch direkt, also auch mit der Bevölkerungszahl, nichts zu tun; man sollte also eigentlich nur den Konsumgütergroßhandel mit der Bevölkerungszahl vergleichen. Wenn man aber bedenkt, daß die Industrieproduktion im Bundesgebiet heute weit höher ist als in der Zeit vor dem Kriege, so würde eine entsprechende Steigerung der Betriebszahl als angemessen erscheinen. Die augenblickliche Relation zwischen der Zahl der Großhandelsbetriebe und der Einwohnerzahl zeigt also, daß die „Übersetzung" nicht so stark ist wie häufig angenommen wird. Dabei darf nicht verkannt werden, daß der Wettbewerb und die Übersetzungserscheinungen in den einzelnen Branchen unterschiedlich sind. Berücksichtigt man weiterhin noch, daß die Produktionsgruppen und auch einige Abnehmer (Industrie, Landwirtschaft, Handwerk) straffer organisiert sind und daß sich deshalb der Preis- und Wettbewerbskampf zum großen Teil in der Handelssphäre abwickelt, so erscheint die Ablehnung eines Teils des Großhandels gegen die Gewerbefreiheit und die neuentstandene Konkurrenz verständlich.

Umsatzentwicklung des Großhandels

In den Kriegs- und Bewirtschaftungsjahren hatte der private Großhandel seine Position in der deutschen Vertriebswirtschaft ausbauen können. Er hatte nicht nur seine Beziehungen zu den verschiedenen Herstellergruppen ausnutzen können, sondern war auch von staatlicher Seite weitgehend in den Bewirtschaftungsapparat (Umtauschstelle zwischen Bezugsrechten des Handwerks und Einzelhandels gegen Einkaufsschecks der Hersteller) eingeschaltet worden. Beides hatte seine Bedeutung als Lieferant von Industrie, Landwirtschaft, Einzelhandel und Handwerk erhöht. Als jedoch in den Damm der Bewirtschaftungsvorschriften mit der Genehmigung der Kompensationsgeschäfte eine Lücke gerissen wurde, fanden in zahlreichen Fällen Produzenten und Letztverteiler (Einzelhandel, Handwerk) in direktem Geschäftsverkehr zueinander. Vielfach war die Großhandelsspanne bei den damaligen sehr geringen Umsätzen auch nicht mehr tragbar, insbesondere bei den Geschäften, bei denen die Leistungen nicht durch Barzahlung, sondern durch Warenkompensationen reguliert wurden. Die während des Zusammenbruchs der Bewirtschaftung angeknüpften direkten Beziehungen zwischen Erzeuger und Letztverteiler blieben in zahlreichen Fällen bestehen; insbesondere Mittel- und Großbetriebe des Einzelhandels verstärkten ihren Direktbezug. Diese Entwicklung war aber nicht einheitlich. Während die Branchen des Konsumgütergroßhandels in schärfstem Wettbewerb gegen Direktbezug, Einkaufsvereinigung und Genossenschaften standen, konnten andere Gruppen im Zeichen eines verhältnismäßig regelmäßigen konjunkturellen Anstiegs ihre Umsätze erhöhen und ihren Wiederaufbau durchführen.

So war z. B. die Situation für die Fachgruppen des Rohstoffgroßhandels, des Investitionsgütergroßhandels und des Fabrikationszwischenhandels verhältnismäßig günstig. Die Kriegszerstörungen und Demontagen hatten in Industrie, Landwirtschaft und Handwerk erhebliche Produktionslücken gerissen, die diese — mit Hilfe von verbilligten Wiederaufbaukrediten — wieder aufzufüllen trachteten. Die Nachfrage nach Rohstoffen, Investitionsgütern und Halberzeugnissen stieg deshalb bis Ende 1952 laufend an und erst im Laufe dieses Jahres waren auf einigen Sektoren Depressionserscheinungen zu bemerken. Wenn auch in diesen Gruppen der interne Wettbewerb relativ scharf war und außerdem noch zunahm, so waren doch andere Wettbewerbsgruppen wie Einkaufsvereinigungen und Genossenschaften — wenn man von den Häuteverwertungsgesellschaften, den „Lederringen" und den Baustoffzentralgesellschaften absieht — hier nicht so häufig wie z. B. im Konsumgütergroßhandel. Die Branchen des Großhandels mit Rohstoffen, Halberzeugnissen und Investitionsgütern haben deshalb in den Jahren nach der Währungsreform den Wiederaufbau von Räumen und Lagern verhältnismäßig schnell durchführen und auch in gewissem Umfang Kapital ansammeln können. Da die Produzenten (Industrie, Landwirtschaft) häufig feststellen mußten, daß die Summen, die sie für eigenen Einkauf, Marktbeobachtung und Vertrieb anlegen mußten, vielfach größer waren als die Spannen, die der private Großhandel aufschlägt, eröffneten sich in zahlreichen Fällen neue Betäti-

gungsgebiete für die Grossisten. Der private Großhandel hat sich daraufhin vielfach noch weiter
spezialisiert und hat — im Gesamtergebnis seiner
Gruppe — noch an Bedeutung gewonnen.

Die Situation des Konsumgütergroßhandels war
wesentlich ungünstiger. Nicht nur, daß sich der
Direktbezug des Einzelhandels von der Industrie
erhöhte und der Umsatz der Einkaufsvereinigungen
stieg, sondern auch die Genossenschaften entwickelten eine außerordentliche Aktivität. Hinzu kam,
daß es bei den Abnehmern des privaten Konsumgütergroßhandels, beim Einzelhandel und beim
Handwerk, immer wieder zu Absatzstockungen
kam, auf die diese Gruppen ihrerseits wieder mit
Einkaufsstops reagierten. Wenn im Gesamtdurchschnitt die Umsatzentwicklung der meisten Kon-
sumgüterbranchen im Trend zwar anstieg, so wurde
sie doch immer wieder durch kleine Rückschläge
gestört. Durch den außerordentlich scharfen Wettbewerb war der private Konsumgüter-Großhandel
zu einer weitgehenden Modernisierung und Rationalisierung gezwungen. Er dürfte zur Zeit auch
gegenüber den durch gewisse Umstände begünstigten anderen Wettbewerbsgruppen voll wettbe-
werbsfähig sein und wird vermutlich den derzeitigen Umsatzanteil in den nächsten Jahren halten
bzw. verbessern können.

Statistisch nachweisbar ist bisher nur die Um-
satzbewegung von drei Konsumgütergroßhandels-
Fachgruppen (Lebensmittel, Textilien, Beleuch-
tungs- und Elektroartikel). Der Absatz des Lebens-
mittelgroßhandels erhöhte sich nach den Berichten
des Statistischen Bundesamts von 1949 auf 1950 um
2 vH; seitdem ist keine Veränderung erfolgt. Der
Textilgroßhandel konnte 1950 — im Zeichen der
Bekleidungswelle — seinen Umsatz gegenüber dem
Vorjahr um fast 20 vH erhöhen. Im folgenden Jahr
nahm der Warenabsatz nur noch um 2 vH zu. Im
Jahr 1952 gingen die Umsätze durch die „Textil-
krise" um 7 vH zurück.

Einkauf, Wareneingang und Lagerhaltung des Großhandels

Die Hauptaufgabe der Großhandelsstufe besteht
darin, daß sie ihren Abnehmern — im Gegensatz
zum einzelnen, meistens spezialisierten Indu-
striebetrieb — ein voll sortiertes Lager der
gesamten Warengruppe hält und ihren Kunden
für die Bezahlung mehr oder minder lange
Ziele einräumt. In all den Fällen, in denen
der Grossist die notwendigen Mittel für den
Wiederaufbau der Räume und des Lagers und
die Kreditierung der Lieferung bereitstellen
konnte, schlug er die Konkurrenz der anderen
Wettbewerbsgruppen bzw. blieb zumindest wett-
bewerbsfähig. Konnte er dagegen seine Lager nicht
schnell genug und ausreichend sortieren und die
üblichen Ziele gewähren, ging sein Umsatz zurück.
Deshalb war der Lageraufbau für den privaten
Großhandel eine Existenzfrage. Er hat oft mit seinen langfristigen Bestellungen für die Konsumgüterindustrie, die daneben nur die kurzfristigen
und stoßartigen Aufträge des Einzelhandels und
des Handwerks zu erfüllen hatte, die Konjunktur-
stütze gebildet. Die Lagerbewegung der diversen
Großhandelsgruppen verlief langsamer als die des

Einzelhandels aber auch viel stetiger. Von der
Korea-Einkaufspsychose wurde z. B. der Großhandel bei weitem nicht so stark erfaßt wie der Einzelhandel; er kam deshalb in der Nachkorea-Baisse
auch nicht in dieselben Schwierigkeiten wie die
Letztverteiler. Im großen und ganzen dürfte der
Lagerausbau des Konsumgütergroßhandels am
Jahresende 1951 vorläufig beendet gewesen sein.
Da Einzelhandel und Handwerk weiterhin sehr
vorsichtig disponierten, die Außenstände laufend
zunahmen und die Preise bis in die jüngste Zeit
hinein leicht zurückgingen, war auch der Konsumgütergroßhandel seinerseits im Jahre 1952 vorsichtig im Einkauf. Seine Lager werden geringfügig
abgenommen haben.

In den Fachgruppen des Rohstoffgroßhandels, des
Investitionsgütergroßhandels und des Fabrikationszwischenhandels hielt der Lagerausbau größtenteils noch weit bis in das Jahr 1952 hinein an; insbesondere die Branchen, bei denen noch Bewirtschaftungsvorschriften, Preisstopps, „graue" und
„schwarze Märkte" vorhanden waren, versuchten
ihre Lagerbestände zu vergrößern, weil sie — bei
der Aufhebung der Bewirtschaftung und Preisfreigabe — mit Preissteigerungen rechneten. In einigen anderen Branchen, deren gehandelte Rohstoffe
auf dem Konsumgüter-Fertigwarensektor schon
Absatzschwierigkeiten hatten, wurden die Lager
im Jahre 1952 bereits geringfügig verringert. Gemessen am Umsatz hat bis jetzt keine einzige Groß-
handelsbranche den Vorkriegslagerstand erreicht,
das heißt, daß die Lager — im Vergleich zu einer
normalen Zeit — noch immer etwas zu klein sind.
Diese Situation ist ausschließlich eine Folge der
Tatsache, daß bis heute keine einzige Großhandels-
firma den Betriebsmittelstand erreicht hat, den sie
vor Ausbruch des Krieges hatte. Sollten die beiden
Handelsgruppen, Einzelhandel und Großhandel,
einmal in die bevorzugten Bezieher verbilligter
Wiederaufbaukredite eingereiht werden, so werden
sie zweifellos versuchen, ihre Lager wieder auf die
aus den Vorkriegsjahren bekannte Relation „Umsatz: Lagerhöhe" zu bringen

Ertragslage des Großhandels

Während die Kosten in den meisten Großhandelsgruppen einheitlich stiegen, entwickelten sich
die anderen, die Wirtschaftlichkeit eines Betriebes
bestimmenden Vorgänge wie z. B. die Preise, der
Zinsaufwand für die Finanzierung, die Außenstände usw. in den einzelnen Gruppen unterschiedlich. Der Konsumgütergroßhandel hatte — soweit
er industriell hergestellte Fertigwaren absetzte —
bereits seit Mai 1951 leicht sinkende Preise. Außerdem mußte er in den gesamten Nachkriegsjahren
bei Preissenkungen stärker nachgeben als der ihn
beliefernde Produzent und in Haussezeiten konnte
er nicht den gesamten Umfang der Preissteigerung auf seine Kunden abwälzen. Das heißt,
daß sich im Konsumgütergroßhandel, mit Ausnahme der Nahrungs- und Genußmittelbranchen,
die Ertragslage laufend — allerdings nur sehr geringfügig — verschlechtert hat. Nur der Lebens-
mittelgroßhandel konnte im großen und ganzen
Preise, Spannen und Ertragslage halten.

Wesentlich günstiger war die Situation in den Branchen des Rohstoffgroßhandels, des Investitionsgütergroßhandels und des Fabrikationszwischenhandels. Alle diese Fachgruppen erzielten — im Durchschnitt — bis Mitte 1952 verhältnismäßig „gute" Preise. Die Ertragslage dieser Firmen war — von einigen Ausnahmen abgesehen — seit der Währungsreform verhältnismäßig gut. Ausnahmen wurden in denjenigen Rohstoffbranchen festgestellt, in denen der Korea-Konflikt die Preise in außerordentliche Höhen getrieben hatte (NE-Metalle, Wolle, Holz, Leder und Häute, Papier und Pappe).

Die Außenstände sind in allen Branchen gestiegen. Durch den scharfen Konkurrenzkampf gegen Einkaufsvereinigungen, Genossenschaften und direktverkaufende Industriefirmen ist der Großhandel zu großzügigen Zielgewährungen gezwungen. Der Zinsaufwand für diese Finanzierungen ist erheblich, da der Großhandel in beachtlichem Umfang mit Bankkrediten arbeitet. Die Kosten sind in allen Großhandelsgruppen in den letzten 5 Jahren laufend gestiegen. Die Personalkosten betragen zur Zeit etwa 60 vH der Gesamtkosten und zeigen weiterhin steigenden Trend. Die Kosten für Werbung, Porti, Telephon und Transporte haben sich ebenfalls erhöht. Während früher in einer Reihe von Branchen der Großhandel seine Abnehmer nur einmal wöchentlich belieferte, senden heute einige Fachgruppen ihren Kunden die bestellten Waren bis zu zweimal täglich in das Haus. Zusammenfassend ist also festzustellen, daß sich die Ertragslage des Konsumgütergroßhandels ab Frühjahr 1949, die der anderen Branchen im groben Durchschnitt etwa seit Mitte 1952 leicht verschlechtert hat, nachdem die letztgenannten Fachgruppen bis zum Jahre 1951 einschließlich befriedigende Gewinne erzielen konnten.

Strukturwandel im Verkehrswesen

Lage vor der Geldreform

Das Verkehrswesen gehört zu den lebenswichtigen Wirtschaftszweigen, die nach dem Zusammenbruch von 1945 als erste wieder in Gang gebracht wurden. Fast alle Bahnlinien, Straßen und Binnenwasserwege waren damals unterbrochen, mehr als 7600 Eisenbahn- und Straßenbrücken ganz oder teilweise zerstört, der größte Teil der Fernmeldeanlagen betriebsunfähig. Dazu kamen beträchtliche Ausfälle und Schäden an Fahrzeugen und sonstigen Betriebsanlagen, der Verlust der Seehandelsflotte und die Beschlagnahme zahlreicher gerade der besten noch vorhandenen Verkehrsmittel für Zwecke der Besatzungsmächte.

Trotz der gewaltigen Schwierigkeiten, die sich einem raschen Wiederaufbau des Verkehrswesens durch Mangel an Stahl, Zement, Holz, Fachkräften, durch unzureichende Ernährung, Bekleidung usw. entgegenstellten, gelang es bis zur Währungsreform, die Verkehrseinrichtungen, in erster Linie die Bahn, soweit instand zu setzen, daß die Anforderungen aus der Mitte 1948 beginnenden wirtschaftlichen Wiederbelebung bei allen noch gegebenen Unzulänglichkeiten des Verkehrsapparates im großen ganzen bewältigt werden konnten.

Während jedoch fast alle anderen Wirtschaftszweige sich seither allmählich in die Gesamtentwicklung einfügten und ihre Lage festigen konnten, trifft dies für das Verkehrswesen als Ganzes — das heute mehr als 7 vH aller Arbeitnehmer des Bundesgebietes beschäftigt und etwa den gleichen Anteil zum Sozialprodukt beiträgt — so wenig zu, daß wir heute immer noch bedeutenden Schwierigkeiten, ja teilweise einer Notlage im Transportgewerbe gegenüberstehen und das Verkehrswesen ein Sorgenkind unserer Wirtschaftspolitik darstellt.

Die Verkehrslage vor der Währungsreform war durch zwei entgegengesetzte Kräfte gekennzeichnet: ungemein hohe Beanspruchung des Personensowie teilweise des Nachrichtenverkehrs und sehr geringes Aufkommen an Gütertransporten. Bei der Bahn führte dies zu einer völligen Umkehrung der Ertragsstruktur. Während vor dem Kriege zwei Drittel der Einnahmen aus dem Güterverkehr und ein Drittel aus dem Personenverkehr stammten, verhielten sich die Erträge aus Güter- und Personenbeförderung nunmehr wie 1 : 2.

Die zunehmenden Ernährungsschwierigkeiten, der umfangreiche Schwarzhandel und die zahlreichen Fahrten einer wachsenden, durch Heimatvertriebene und Flüchtlinge vermehrten Bevölkerung, um verstreute Familien zusammenzuführen, Eigentums- und andere Rechte zu wahren sowie berufliche und geschäftliche Verbindungen zu pflegen, bedingten trotz der Verdoppelung der Eisenbahnfahrpreise am 1. April 1946 eine lebhafte, ständig steigende Reisetätigkeit auch über längere Entfernungen. Dazu kam ein erheblicher, durch Evakuierungen und Betriebsverlagerungen noch vergrößerter Berufs- und Schülerverkehr. Bis Mitte 1946 wurden auch Güterwagen zur Beförderung von Personen eingesetzt. Sie waren ebenso überfüllt wie die noch bis in die DM-Zeit in großer Zahl ohne Fensterglas, Beleuchtung und Heizung fahrenden Personenwagen. Für Fernzüge brauchte man bis 1947, nach der französischen Zone bis Mitte 1948, Zulassungskarten und nur einem begünstigten Kreis von Verwaltungsbeamten und Geschäftsleuten standen seit März 1946 Dienst-D-Züge, seit Mai 1947 Sonderabteile 2. Klasse, Schlafwagen und Kurswagen und seit dem Frühjahr 1948 vereinzelt auch schon Speisewagen zur Verfügung. Im Straßenverkehr, der im dauernden Kampf um die Treibstoffmengen aus knappen Zuteilungen oder teueren „schwarzen" Beschaffungen lag, waren die relativ wenigen Fahrzeuge ebenfalls überbesetzt.

Der Güterverkehr bewegte sich wegen der geringen, vielfach zunächst gar nicht für den Markt bestimmten Produktion, auf einem sehr niedrigen Niveau. Die Zerstörung der früheren Wirtschafts- und Verkehrsbeziehungen zu Mittel- und Ostdeutschland und den angrenzenden ausländischen

Staaten und die daraufhin notwendig gewordenen Verlagerungen der Güterströme hatten in Verbindung mit der schmalen Längsform Westdeutschlands allerdings zur Folge, daß die Transportwege länger wurden und wegen oft fehlender Rückfrachten häufiger Verschiebungen leerer Fahrzeuge durchgeführt werden mußten. Da die Umlaufsgeschwindigkeit des Transportraumes außerdem durch die Lücken und Schäden an den Verkehrswegen stark herabgesetzt wurde, erwies sich vor allem die Zahl der betriebsfähigen Eisenbahngüterwagen trotz des niedrigen Transportvolumens auf die Dauer als unzureichend. Um die notwendigen Transporte sicherzustellen, erfolgten die Verladungen zunächst nach den Dringlichkeitslisten des Prioritätenausschusses der Verwaltung für Wirtschaft, in denen nach den Militär- und Besatzungsgütern die Ernährungsgüter und Brennstoffe an wichtigster Stelle standen, später nach den Weisungen der Zentralverkehrsleitung bei der Verwaltung für Verkehr bzw. dem Bundesverkehrsministerium, die in ihren Transportprogrammen den Laderaum der Bahn erst nach den Lastkraftwagen und den Binnenschiffen berücksichtigte. Während sich jedoch die Binnenschiffahrt wegen der Wiederaufbauschwierigkeiten an den unterbrochenen Binnenwasserwegen und bei der Binnenflotte nicht überdurchschnittlich in den Güterverkehr einschalten konnte, erhielt der Güterkraftverkehr bereits einen Anreiz, sich auszuweiten, zumal relativ leicht frühere Wehrmachtsfahrzeuge erworben werden konnten.

Durch die Währungsumstellung änderten sich die Voraussetzungen für die Inanspruchnahme des Personen- und Güterverkehrs grundlegend. Der übermäßige Personenverkehr wurde auf ein „normales" Maß zurückgeführt, wobei sich der Berufsverkehr etwa hielt, die Hamster- und sonstigen genannten Fahrten jedoch eingestellt bzw. stark reduziert wurden. Für den Güterverkehr entstanden aus der in Gang kommenden Produktion zunehmende Aufgaben. Die Struktur der Bahneinnahmen kehrte sich nach der 25 %igen Senkung der Personenfahrpreise am 25. Juli 1948 und der Erhöhung der Eisenbahngütertarife um 40 vH am 16. August 1948 wieder um und zeigte bereits im zweiten Halbjahr 1948 wieder doppelt so hohe Einnahmen aus dem Güterverkehr wie aus der Personenbeförderung.

Engpässe und ungenutzte Kapazitäten

Mit den wachsenden Anforderungen, die der wirtschaftliche Anstieg seit Mitte 1948 an das Verkehrswesen richtete, standen Wiederaufbau und Ausgestaltung des Verkehrsapparates nicht im Einklang. Bedeutenden, durch Überalterung bedingten Ausfällen an rollendem Material auf der Schiene traten bei nur geringer Vergrößerung der Binnen- und allmählichem Neuaufbau der Seehandelsflotte die rasche Ausweitung des Bestandes an Kraftfahrzeugen gegenüber, während der Ausbau von Verkehrswegen und zugehörigen Anlagen allenthalben hinter den Erfordernissen zurückblieb, die Wirtschaft, technischer Fortschritt und vielfach selbst Verkehrssicherheit an sie stellten. Es ergaben sich einerseits Engpässe an Fahrzeugen, namentlich Eisenbahngüter- und Personenwagen, Schienen-

strecken, Straßenverbindungen, Wasserwegen und Fernmeldeeinrichtungen, andererseits konnten die Beförderungskapazitäten hauptsächlich der Kraftfahrzeuge, zeitweise auch der Binnenschiffahrt, sowie Anlagen der Seehäfen nicht immer und überall befriedigend ausgenutzt werden. Schlechte Beschäftigung dieser Verkehrszweige verstärkte den harten Konkurrenzkampf, der sich unter den großen Verkehrsträgern namentlich um das oft nur schwach steigende Gütertransportaufkommen abspielte. Mangels zweckmäßiger Organisation der Vielzahl von Einzelunternehmern vor allem des Straßenverkehrs und wegen unzulänglicher gegenseitiger Abstimmung des Mengen- und Preisangebotes an Transportraum, nahm dieser Kampf schließlich Formen an, die volkswirtschaftlich als ungesund bezeichnet werden müssen. Der Wettbewerb innerhalb des Verkehrsgewerbes verschärfte sich noch durch das Vordringen der werkeigenen Gütertransporte und dem sich immer stärker ausdehnenden Personenverkehr mit privaten Kraftwagen und Krafträdern.

Im Gegensatz zu den meisten übrigen Wirtschaftszweigen besaß der gewerbliche Verkehr bei der Währungsumstellung nicht die Möglichkeit, Waren- oder Rohstoffvorräte in die DM-Zeit herüberzuretten, um sich dadurch rasch größere liquide Mittel in neuer Währung zu beschaffen oder die Produktion mit billigeren Grund- bzw. Betriebsmaterialien aufzunehmen. Der Start Mitte 1948 wurde für Bundesbahn und Bundespost noch dadurch erschwert, daß ihnen anders als in zahlreichen ausländischen Staaten neben verschiedenen betriebsfremden Finanzauflagen die Beseitigung der Kriegs- und Kriegsfolgeschäden in vollem Umfange zur Last fiel. Der Kapitalmarkt war unergiebig und speziell für Bahn und Post wegen der ungeklärten Regelung ihrer langfristigen RM-Verpflichtungen schwer zugänglich. An großen Krediten flossen der Deutschen Bundesbahn lediglich im Jahre 1949 340 Mill. DM aus einer 6%igen Anleihe und 1950/51 250 Mill. DM aus dem Arbeitsbeschaffungsprogramm der Bundesregierung für Oberbauarbeiten zu. Die Erträge der Bundesbahn-Anleihe dienten allerdings im wesentlichen der Konsolidierung kurzfristiger Verbindlichkeiten. Die Deutsche Bundespost bemüht sich vor allem seit 1950, einen langfristigen Kredit für den notwendigen Ausbau und die Modernisierung der Fernsprechanlagen zu erhalten. Auch dem übrigen Verkehrswesen fehlen Kredite. Vor allem wird eine ausreichende Hilfe der Öffentlichen Hand vermißt, um die im Güter-, Personen- und Nachrichtenverkehr zutage getretenen Engpässe zu beheben. Unterstützung des Bundes fand in erster Linie der Wiederaufbau der Seehandelsflotte. Auch gaben einige Länder zweckgebundene Mittel hauptsächlich für Bahn und Straßenbau, um Verkehrsschwierigkeiten in ihren Bereichen zu umgehen oder Verbesserungen zu veranlassen. Im ganzen blieben jedoch die Investitionen im Verkehr hinter der Investitionstätigkeit der Industrie zurück. Es ließ sich auch nicht durchsetzen, die sogenannte Investitionshilfe stärker auf wichtige kapitalbedürftige Verkehrszweige auszudehnen, und von der vorgesenen Umlage wurden lediglich der Deutschen Bundesbahn 50 Mill. DM für Waggonbau zugedacht. Allerdings sind Hochsee-, Küsten- und Binnenschiffahrt von der Aufbringung der Investitionshilfe befreit worden.

Neuinvestitionen vor allem im Kraftverkehr

Die Selbstfinanzierung, die beim Neuaufbau vieler Wirtschaftszweige eine so große Rolle spielte, trat bei den öffentlichen Verkehrsunternehmungen allein schon deswegen zurück, weil für deren Wirtschaftsführung primär nicht die Bildung von Gewinnen, sondern die Wahrung volkswirtschaftlicher Interessen ausschlaggebend ist. Außerdem entwickelte sich ihre Ertragslage nach anfänglich erfreulichen Ansätzen besonders seit Mitte 1952 recht unbefriedigend. Das Verhältnis von Beförderungspreisen zu Kosten verschlechterte sich in dem Maße, in dem Preise für Sachaufwendungen und Löhne stiegen; denn die Tarif- und Gebührenpolitik konnte wegen gesetzlicher Bindungen und gemeinwirtschaftlicher Rücksichten bezüglich Höhe und Staffelung zahlreicher Beförderungszweige nicht elastisch genug dem allgemeinen Konjunkturverlauf angepaßt werden. Schließlich führte bei der Bahn die starke Konkurrenz vor allem des Kraftverkehrs zu Verkehrs- und damit Einnahmeverlusten. Die Ersatzbeschaffungen der Deutschen Bundesbahn blieben daher zunehmend hinter dem Erneuerungs-Soll zurück; selbst die laufende Unterhaltung der Anlagen und Fahrzeuge konnte nicht im erforderlichen Umfang vorgenommen werden. So beachtlich

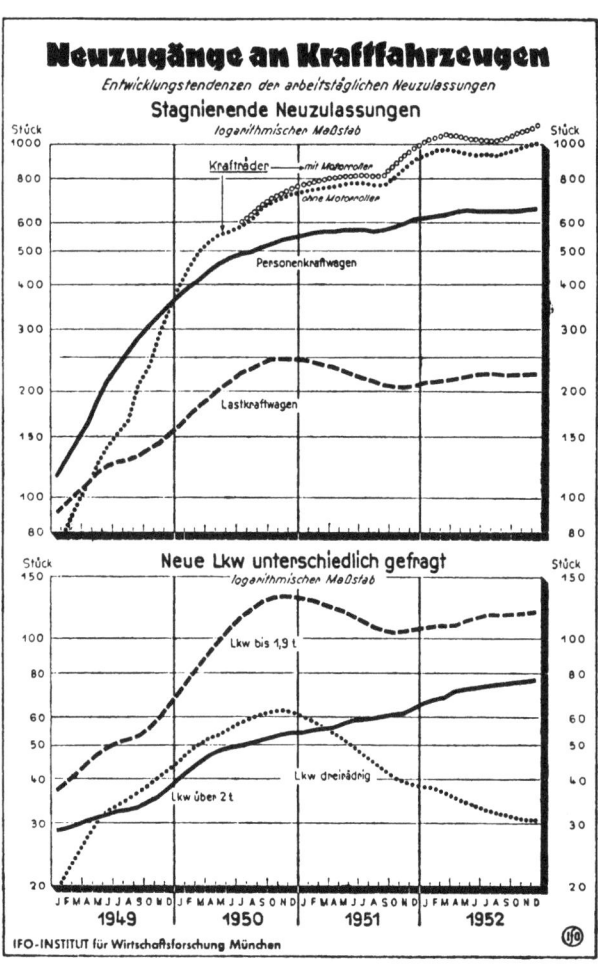

bisher der Wiederaufbau im Eisenbahnverkehr gewesen ist, er war von anhaltenden Substanzverlusten begleitet, die — wie beispielsweise die gehäuften Schienenbrüche der letzten Jahre zeigten — nicht selten sogar die Sicherheit des Bahnverkehrs gefährdeten. Neuinvestitionen ließen sich von der Deutschen Bundesbahn nicht im ausreichenden Maße durchführen. Ihr gesamter Nachhol-Investitionsbedarf wird gegenwärtig noch auf mehr als 4 Mrd. DM geschätzt.

Demgegenüber hatten die Konkurrenten der Bahn, vor allem der Kraftverkehr, weit günstigere Startbedingungen, da sie weder für die Kriegsschäden an ihren Verkehrswegen und für deren Ausbau und Sicherung aufkommen müssen, noch die gemeinwirtschaftlichen Verpflichtungen der Bahn besitzen. Im gewerblichen Güterkraftverkehr bestand bis zu Beginn dieses Jahres so gut wie keine Möglichkeit, die Einhaltung der Tarife zu überwachen. Der nicht an eine Beförderungspflicht gebundene Kraftverkehr kann außerdem weniger rentable Beförderungen ablehnen und dementsprechend höhere Gewinne erzielen. Die vorwiegend günstige Gestaltung der Erträge ließ im Straßenverkehr eine weit stärkere Selbstfinanzierung zu als etwa bei der Bahn. Unterstützt wurde diese Entwicklung durch die bis 1951 wirksame steuerliche Begünstigung der Beschaffung kurzlebiger Wirtschaftsgüter, in unserem Falle Kraftfahrzeuge. Von dieser Möglichkeit machten besonders auch Industrie, Handel und Landwirtschaft Gebrauch, um sich eigene Beförderungsmittel zuzulegen. Die Neuzulassungen von Kraftfahrzeugen überschritten sehr rasch das Maß der Ersatzbeschaffungen. Durch umfangreiche Neuinvestitionen von Kraftfahrzeugen entstand im Vergleich zum Wachstum des Verkehrsaufkommens allmählich ein Überangebot an Transportraum auf der Straße, während die Deutsche Bundesbahn, auf die fast zwei Drittel des Güterverkehrs und etwa drei Fünftel des öffentlichen Personenverkehrs (außerhalb des Ortsbereiches) entfallen, den gestiegenen Verkehr mit einem Fahrzeugbestand bewältigen muß, der sowohl bei den Güter- als auch bei den Personenwagen beträchtlich unter dem Stand des Jahres 1936 liegt und zudem erheblich überaltert ist.

Güterwagenverknappung

Gegenüber dem mittleren Stand von 1936 dürfte die gesamte Transportleistung von Eisenbahnen, Binnenschiffahrt und Kraftverkehr bis zum Frühjahr 1953 um etwa ein Drittel gestiegen sein. Die Zahl der Lastkraftwagen erhöhte sich seither aber auf mehr als das Dreieindrittelfache, während der betriebsfähige Güterwagenpark der Deutschen Bundesbahn um fast ein Drittel zurückging. Der Mangel an Güterwagen zeigt sich seit 1947 in steigendem Maße vor allem im Herbst, wenn der Ernteverkehr abzuwickeln ist und in großem Umfange gleichzeitig Kohle abgefahren werden soll. Am schlimmsten war die Lage im Herbst 1951, als — trotz behelfsmäßigen Einsatzes beschädigter Wagen, Anmietung ausländischer Waggons, Heranziehung sogenannter Europ-Wagen, Verdoppelung des Wagenstandgeldes für offene Wagen und andere Sondermaßnahmen — bis zu ein Drittel der angeforderten offenen Wagen nicht rechtzeitig gestellt werden konnte. Auch während des Frühjahrs, das hohe Wagenanforderungen für Saatgut, Düngemittel, Kartoffeln, Baustoffe, Land- und Baumaschinen usw. bringt, bereitete die Stellung namentlich von gedeckten Wagen besonders in den beiden letzten Jahren Schwierigkeiten.

Die Kapitalnot der Deutschen Bundesbahn verhinderte bisher einen großzügigen Neubau von Güterwagen. Die verschlechterte Ertragslage erschwerte außerdem die Ausbesserung der zahlreich vorhandenen Schadwagen, deren Anteil 1936 nur 4,6 vH, 1949 jedoch 21,7 vH betrug. Immerhin ließ sich die Schadwagenquote bis zum Frühjahr 1953 auf etwa 10 vH reduzieren. Die hohen Anforderungen an den Schienenverkehr konnten nur dadurch bewältigt werden, daß die Deutsche Bundesbahn Einsatz und Ausnutzung der Güterwagen mit den verfügbaren Mitteln aufs stärkste rationalisierte und insbesondere die mittlere Umlaufzeit der Wagen, die 1948 (im VWG) noch bis zu 7,4 Tage betrug, ständig verminderte, bis sie sich im Februar 1953 (Bundesgebiet) nur noch auf 4,4 Tage belief und den Vorkriegsverhältnissen (Jahresdurchschnitt 1936: 4,5 Tage) gleichkam. Die Bemühungen, die Wagen immer wirtschaftlicher zu verwenden, führten ferner ab 1. 5. 1951 zum deutsch-französischen Abkommen über die gemeinsame Benutzung von zunächst bis zu je 50 000 westdeutschen und französischen Güterwagen. Die Übereinkunft wurde zum europäischen Güterwagenpool ausgebaut, der am 15. 3. 1953 wirksam geworden ist, und in den von den beteiligten Staaten insgesamt 160 000 Güterwagen zur freizügigen Verwendung im Partnerring eingebracht werden sollen.

Verlagerungen zum Straßenverkehr

Die in der Nachkriegszeit laufend gesteigerte Elastizität in der Bedienung des Eisenbahngüterverkehrs ermöglichte es der Deutschen Bundesbahn, ihre Transportleistungen zu erhöhen. Allerdings nahm der Güterverkehr der Bahn von Mitte 1948 bis zum Frühjahr 1953 nur um etwa ein Viertel zu, indessen die Transporte auf Binnenschiffen sich allerdings von einem weit niedrigerem Ausgangsniveau aus verdoppelten. Die beträchtliche Ausweitung des Güterverkehrs mit Lastkraftwagen läßt sich mangels laufender statistischer Nachweis nicht exakt belegen. Soweit der mäßige, von Perioden der Stagnation und der Abschwächung unterbrochene Auftrieb der Güterbeförderung auf der Bahn nicht durch allgemeinwirtschaftliche Bewegungen bedingt war, hing er in erster Linie mit der seit der Währungsreform verstärkt umsichgreifenden Bevorzugung des Kraftverkehrs zusammen. Sie wurde durch die Verteuerung der Lagerhaltung gefördert, welche sich aus den hohen Zinssätzen und dem kriegsbedingten Mangel an Lagerraum ergab und die zur Folge hatte, daß an Stelle ganzer Wagenladungen jetzt häufig kleinere Mengen versandt wurden, für die der Lastkraftwagen vielfach geeigneter erscheint. Auch infolge ihrer im Vergleich zu früher kurzfristigeren Dispositionen nehmen die Besteller nicht nur von Fertigwaren, sondern auch von Produktionsmitteln wie hauptsächlich Baustoffen gern den oft schnelleren oder

bequemeren Lastkraftwagen in Anspruch. In diesen Zusammenhängen liegt neben der schon erwähnten steuerbegünstigten Verwendung von Gewinnen eine Begründung vor allem auch für die bedeutende Ausweitung des werkeigenen Güterverkehrs mit Lastkraftwagen.

Der Güterverkehr auf der Straße, dessen tkm-Leistung 1936 nur etwa 4 vH der Transportleistung von Bahn, Binnenschiffahrt und Kraftverkehr (außerhalb des Ortsbereiches) ausmachte, sicherte sich unter diesen Umständen bis zum Jahre 1950 einen Anteil in der Größenordnung von etwa 16 vH der gesamten Verkehrsleistung. Er dürfte sich seither noch etwas erhöht haben. Die Quote der Güterverkehrsleistung der Eisenbahn ging in der gleichen Zeit von 67 auf 63 vH zurück.

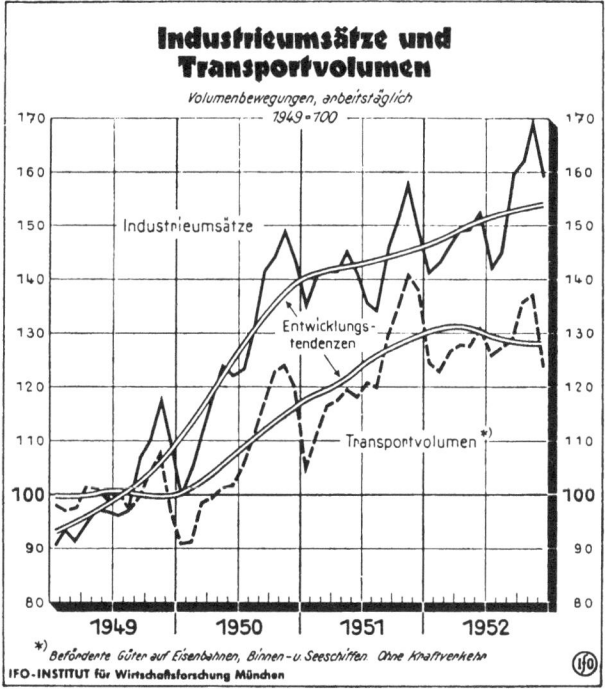

Auch die Binnenschiffahrt bleibt mit ihrer tkm-Leistung hinter ihrer Vorkriegsbedeutung (1936: 29 vH) zurück. Sie nahm am wirtschaftlichen Aufstieg seit der Währungsreform lange Zeit nur im unterdurchschnittlichen Maße teil. Bei der hohen Belastung, die Instandsetzung und Modernisierung der vom Kriege stark mitgenommenen Binnenflotte brachten, mußten die Betriebe, welche sich um die aus der Ostzone nach dem Westen gekommenen Schiffahrttreibenden vermehrt hatten, schwer kämpfen, um sich gegen den Wettbewerb der modernen ausländischen Flotten, der Eisenbahn, des Kraftwagens und zum Teil der Seehäfen zu behaupten. In vielen Beziehungen verlor die Binnenschiffahrt mindestens zeitweise Transporte an die Bahn, aber auch an den Kraftverkehr, vor allem soweit es sich um Baustoffe handelte.

Tarifänderungen und Wettbewerbslage

Einen wesentlichen Anstoß zu den genannten Transportverlagerungen gaben die Änderungen der Eisenbahngütertarife, die kurz nach der Währungsreform mit der genannten 40%igen linearen Erhöhung eingeleitet wurden. Die Krisenzu- und -ab-

schläge vom 1. 1. 1950, die den Bahntransport höher-
wertiger Güter verbilligten, den der Massengüter
verteuerten, gaben bereits zu erkennen, daß der
Bahn mit tarifpolitischen Maßnahmen allein unter
den gegebenen Voraussetzungen nicht gedient ist.
Der Lastkraftwagen konnte mangels Kontrollen
nicht nur mit den herabgesetzten Beförderungspreisen der oberen Tarifklassen weiterhin konkurrieren,
sondern auch noch in den nunmehr verteuerten
Massengutverkehr der Schiene eindringen. Die Bahn
bekam die daraufhin eintretenden Verkehrsverluste
im ersten Halbjahr 1950 deutlich zu spüren. Erst die
kräftige wirtschaftliche Belebung nach dem Ausbruch des Koreakonfliktes brachte ihr wieder Zu-
gänge an Transporten und Einnahmen. Als am
15. 10. 1951 und vor allem am 5. 8. 1952 die Eisenbahngütertarife zum vierten und fünften Male seit
der Währungsreform erhöht wurden, war die
Situation für die Bahn um so bedenklicher, als das
Wachstum der Wirtschaftstätigkeit und des Verkehrsaufkommens inzwischen nachgelassen hatte
und zeitweise stagnierte. Die Einnahmen der Deutschen Bundesbahn aus dem Güterverkehr blieben
vor allem in der zweiten Hälfte von 1952 erheblich
hinter den Erwartungen zurück. Viele Verlader
wendeten sich auf Grund der verteuerten Bahn-
transporte in noch größerem Umfange dem Straßenverkehr zu. Nicht zuletzt sah auch der werkeigene
Verkehr Veranlassung, sich weiter auszudehnen.

Die Wettbewerbsfähigkeit der Binnenschiffahrt
gegenüber der Bahn ist durch das Anheben der
Eisenbahngütertarife vor allem in den beiden letzten Jahren grundsätzlich gestärkt worden. Abweichungen ergeben sich hauptsächlich für die Verkehrsbeziehungen, in denen die Bahn Ausnahmetarife anwendet, die von den Erhöhungen der
Regeltarife häufig ausgenommen worden sind oder
diese nur in geringerem Umfange mitmachen. Dies
gilt besonders für eine Reihe von Kohle- und Erz-
Ausnahmetarifen des Binnenverkehrs, des Bahn-
Binnenschiff-Umschlages und des Außenhandels
über die deutschen Seehäfen und die trockene
Grenze, deren Spannungsverhältnis zum entsprechenden Regeltarif seit 1950 vergrößert wurde.
So kann sich die Binnenschiffahrt beispielsweise
wegen der niedrigen Bahnfrachtsätze für Kohle
nach den deutschen Seehäfen im Kohleverkehr aus
dem Ruhrgebiet nach Emden nur schwach betätigen, so daß für die Abfuhr der in Emden ankom-
menden skandinavischen Erze meist nicht genügend
Binnenschiffe zur Verfügung stehen.

Für die Wirtschaft wurden die Änderungen der
Eisenbahngütertarife nicht nur als Kostenfaktor,
sondern auch dadurch bedeutsam, daß im Gegensatz zur Behandlung der Ausnahmetarife die Tarif-
spanne innerhalb der Regelklassen, also das Preisverhältnis zwischen der höchst und der niedrigst
tarifierten Wagenklasse, seit den Krisenzu- und
-abschlägen vom 1. 1. 1950 zusammengedrückt
wurde. Infolge der dadurch bewirkten ungünstige-
ren Relation zwischen den Frachten für den Bezug
der Rohstoffe und den Absatz der Produkte haben
sich für viele Betriebe in den Randgebieten der
Bundesrepublik trotz der Entfernungsstaffelung

der Tarife die Standortbedingungen gegenüber den
frachtgünstiger gelegenen Betrieben verschlechtert.

Im Februar 1953 mußten zugunsten der Montan-
Union verschiedene Kohle- und Erztarife ermäßigt
werden. Für die Bahn bedeutet dies Einnahme-
verluste, für die Binnenschiffahrt eine Verschär-
fung der Wettbewerbslage. Außerdem wurden die
Preisvergünstigungen, die dem Verkehrswesen
beim Bezug von Kohle für Antriebsmaschinen bisher gewährt worden waren, Anfang März 1953 abgebaut. Die Kostensteigerungen treffen die nicht-
bundeseigenen Eisenbahnen besonders hart, da man
diese von den beiden letzten Erhöhungen der
Kohlepreise ausgenommen hatte.

Wiederaufbau der Seeschiffahrt

Eine Sonderstellung im Wiederanstieg des Verkehrs seit der Währungsreform nimmt die Seeschiffahrt ein. Nachdem durch Kriegseinwirkungen
und Kapitulation die deutsche Handelsflotte dezi-
miert worden und es Westdeutschland verboten
war, Seeschiffahrt zu treiben, wickelte sich der see-
wärtige Güterverkehr Westdeutschlands, der von
1948 bis 1952 um rund vier Fünftel stieg, zunächst
auf ausländischen Schiffen ab. Erst am 14. 4. 1949
wurde westdeutschen Reedern und Seeleuten gestattet, wieder, wenn auch noch nicht völlig frei-
zügig, auf See zu fahren und Schiffe zu chartern.
Gleichzeitig ist ein nach Schiffsgröße und -geschwin-
digkeit begrenzter Bau von Küsten- und Hochsee-
fahrzeugen freigegeben worden. Die Baubeschrän-
kungen fielen schließlich im April 1951 und nur die
Begrenzung der Werftkapazitäten blieb noch erhalten. Trotz Finanzierungssorgen und Material-
engpässen vor allem an Grobblechen gelang es mit
Hilfe von Krediten des Bundes und der Küsten-
länder sowie von 7d-Geldern und einiger ERP-
Mittel, den Bau von Handelsschiffen rasch voran-
zutreiben und vom Ausland Schiffe zu erwerben.
Mitte 1948 besaß Westdeutschland nur knapp
0,2 Mill. BRT kleinerer Küstenfahrzeuge. Anfang
1953 standen bereits 1,4 Mill. BRT zur Verfügung,
d. h. fast zwei Fünftel des Flottenbestandes von
Mitte 1936.

Die deutsche Flagge tauchte wieder im Tramp-
und allmählich auch im Linienverkehr auf und trug
immer stärker dazu bei, die Devisenbelastung für
Frachten im seewärtigen Außenhandel zu verringern. 1950 beliefen sich die Bruttofrachteinnah-
men der westdeutschen Flotte in Devisen und
devisensparenden DM bereits auf 24 Mill. $. Sie
erhöhten sich 1951, zum Teil allerdings wegen des
beträchtlichen Anstieges der internationalen Fracht-
raten, auf 80 Mill. $. Rechnet man hiervon die
Devisenausgaben deutscher Schiffe im Ausland ab,
so verblieb 1951 für Einnahmen und Ersparnisse
von Devisen durch die westdeutsche Handelsflotte
ein Nettobetrag von 48 Mill. $. Im vergangenen
Jahr wurde diese günstige Entwicklung durch
den Sturz der Trampraten auf ein unter dem
Jahresdurchschnitt von 1948 liegendes Niveau und
den Rückgang der Linienfrachten beeinträchtigt.
Außerdem schwächte sich der konjunkturelle Verlauf des westdeutschen und des Weltseeverkehrs
im zweiten Halbjahr 1952 merklich ab.

Im Zusammenhang mit dem hohen Angebot an Weltschiffstonnage — sie nahm von Mitte 1948 bis Mitte 1952 von 80,3 Mill. BRT auf 90,2 Mill. BRT zu — verschlechterte sich die Beschäftigung der internationalen Seeschiffahrt so stark, daß seit dem Sommer 1952 eine größere Anzahl von Schiffen aufgelegt wurde. Dies blieb nicht ohne Rückwirkungen auf Handelsschiffahrt und Schiffbau in Deutschland. Einzelne Reeder gerieten in Zahlungsschwierigkeiten, Bauaufträge des Auslandes wurden storniert. Im Frühjahr 1953 begann sich die Lage wieder zu festigen. Die Bundesregierung, durch deren Hilfe der Seeschiffahrt bis Ende 1952 für Wiederaufbauzwecke mehr als 1 Mrd. DM zugute gekommen war, wird sich weiterhin für den Ausbau der Handelsflotte einsetzen. Der deutsche Anteil an den Schiffsbewegungen in den westdeutschen Seehäfen belief sich 1950 erst auf 23 vH. Er stieg 1952 auf mehr als ein Viertel an, lag jedoch noch erheblich unter der Vorkriegsquote, die 1936 fast zwei Drittel ausmachte.

Die vier Jahre, in denen Westdeutschland überhaupt von der Seeschiffahrt ausgeschaltet war, und die in den folgenden Jahren noch auferlegten Beschränkungen und sonstigen Erschwerungen haben den Seehäfen bedeutende Nachteile gebracht. Gewinner der Zurückdrängung Westdeutschlands von der Seeschiffahrt waren in erster Linie die niederländischen und die belgischen Seehäfen, die ihren Vorkriegsumschlag bereits stärker überschritten haben, während die westdeutschen Seehäfen insgesamt den Stand des Jahres 1936 im vergangenen Jahr noch nicht erreicht hatten. Schuld an dieser Entwicklung tragen allerdings auch die Zerschneidung Deutschlands, die Unterbindung des West-Osthandels und die Isolierung vor allem Hamburgs und Lübecks von ihren früheren Einzugsgebieten in Mittel- und Ostdeutschland und den sich anreihenden ausländischen Staaten. In Hamburg wurden deshalb 1952 erst rund 70 vH der Gütermenge des Jahres 1936 umgeschlagen.

Entwicklung des Personenverkehrs

Während die Entwicklung des Güterverkehrs seit der Währungsreform und gegenüber der Vorkriegszeit sich etwa im Rahmen der allgemeinen Produktionsausweitung hielt, läßt der Personenverkehr im Vergleich zu 1936 ein bedeutendes strukturelles Wachstum erkennen. Es setzte allerdings nicht erst nach der Währungsumstellung ein, sondern hatte seine Wurzeln in regionalen Umschichtungen, nämlich Veränderungen von Besiedlung und Industriestandorten, die sich bereits vor 1939 abzeichneten, durch den Krieg und seine Folgen zur Notwendigkeit wurden und seither im Kern bleibenden Charakter angenommen haben. Im Bereich des Personenverkehrs drücken sie sich darin aus, daß die Zahl der Fahrten außerhalb des Ortsbereiches, die im Durchschnitt jeder Einwohner mit Bahn oder Kraftomnibus im Jahr ausführt, von 1936 bis 1952 auf fast das Doppelte gestiegen ist. Von 1949 auf 1952 nahm die Reisehäufigkeit um rund 8 vH zu.

Die Kräfte und Vorgänge, die dieses Anschwellen des Personenverkehrs bewirkten, waren vor dem Krieg Tendenzen zur Dezentralisierung wehrwirtschaftlicher Industrien und zur siedlungspolitischen

Auflockerung von Großstädten, dann die Flucht von Menschen und Betrieben vor dem Bombenhagel aus den Städten und schließlich die Gründung von gewerblichen Arbeitsstätten, besonders auch durch Heimatvertriebene und Flüchtlinge auf dem Lande, zum Teil als Verlegung von Werken aus dem Osten nach Westdeutschland. Im Zusammenhang damit mußten viele Erwerbstätige, Schüler und Private, die zum Besuch von Arbeitsstätte, Schule, Geschäften usw. bis dahin nur im Ortsverkehr fuhren, ein öffentliches Verkehrsmittel des Nah- oder gar Fernverkehrs benutzen. Vom eigentlichen Reiseverkehr, den Urlaubs- und Erholungsfahrten, gingen jedoch, wie noch darzulegen ist, keine Impulse für eine Verstärkung der Reisehäufigkeit aus.

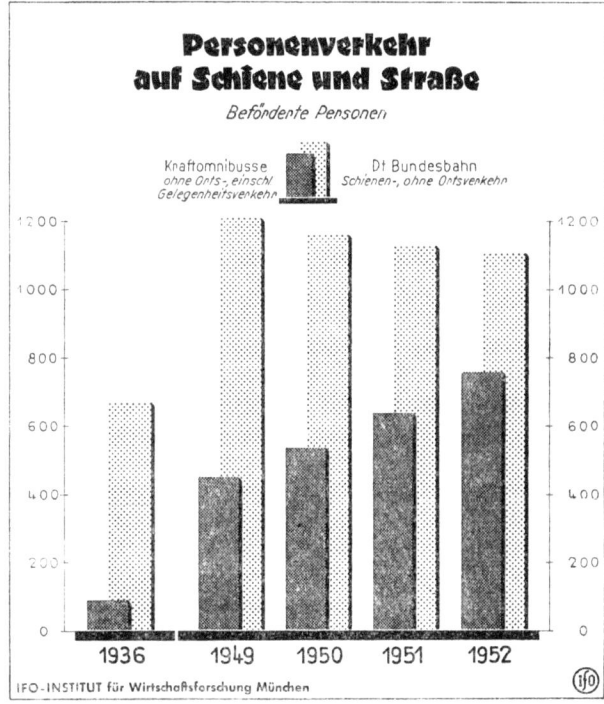

Personenverkehr auf Schiene und Straße

Beförderte Personen

Kraftomnibusse ohne Orts-, einschl. Gelegenheitsverkehr — Dt. Bundesbahn Schienen-, ohne Ortsverkehr

IFO-INSTITUT für Wirtschaftsforschung München

Als sich nach dem Kriege die Verhältnisse zu normalisieren begannen und vor allem seit der Währungsreform der Wiederaufbau der Städte und Industriezentren Fortschritte machte, war zu erwarten, daß der zusätzliche Berufsverkehr, soweit er mit den Evakuierungen von Städtern und vorübergehenden Verlagerungen von Betrieben zusammenhing, langsam wieder abgebaut würde. Dies trat auch in der Tat ein, doch wirkte die Rückbildung sich nicht im Gesamtverkehr auf Schiene und Straße aus, der sowohl absolut wie auf die Bevölkerung bezogen seit Mitte 1948 konjunkturell ständig stieg. Zwar betrifft die einsetzende Rückwanderung vom Nah- und zum Teil Fernverkehr auf den Ortsverkehr den Straßenverkehr ebenso gut wie die Schienenbeförderung. Im Kraftomnibusverkehr wurde sie aber durch die bedeutende strukturelle Ausweitung dieses Verkehrszweiges völlig überdeckt, wobei der öffentliche Personenkraftverkehr (außerhalb des Ortsbereiches) in den fünf Jahren nach der Währungsreform um etwa 70 vH zunahm. Infolge dieser starken Bevorzugung des Kraftfahrzeuges gelang es der Schiene nicht, an der allgemeinen Zunahme des Personenverkehrs teilzunehmen, so daß sich hier die Rückbildung des Berufs- und Schülerverkehrs voll auswirkte. Die Zahl der von der Deutschen Bundesbahn im Schienenverkehr beförderten Personen ging von 1949, als 1,2 Mrd. Menschen im Jahr auf der Bahn fuhren, bis 1952 um fast 9 vH zurück. Diese Abnahme ist durch die Fahrpreiserhöhungen der Bahn, für Arbeiter-, Angestellten- und Schülerkarten am 1. 1. 1951, im allgemeinen Verkehr am 5. 10. 1951, sowie durch die Überfüllung der Eisenbahnwagen im Berufsverkehr und den in den ersten Aufbaujahren noch recht mangelhaften Zustand gerade der Arbeiterzüge gefördert worden. Ferner hat die steigende Verwendung eigener Kraftfahrzeuge, im Berufsverkehr vor allem Krafträder, für Geschäftsfahrten und im Reiseverkehr außerdem auch Kraftwagen, dem Personenverkehr auf der Bahn Abbruch getan. Die Konkurrenz des Luftverkehrs fällt quantitativ nicht ins Gewicht, finanziell bringt sie der Bahn jedoch durch den Ausfall zahlungskräftiger Langstreckenreisender eine kleine Einbuße.

Im Vergleich zu 1936 lag der Personenverkehr der Deutschen Bundesbahn 1952 um rund zwei Drittel höher. Die betriebsfähigen Personenwagen blieben jedoch infolge erlittener Verluste, Schäden und Ausfälle 1948 um fast zwei Fünftel, Anfang 1953 um rund 34 vH hinter dem Stand Ende 1936 zurück. Von den Personenwagen, die die Besatzungsmächte beschlagnahmt hatten, ist inzwischen ein großer Teil zurückgegeben worden. Viele von ihnen wurden und werden noch instand gesetzt, um u. a. in besser ausgestatteten Zügen speziell dem Ferienreiseverkehr zu dienen. Der Fehlbestand an modernen Personenwagen, der vor allem auch für Nahverkehrszüge beträchtlich ist, kann auf etwa 2000 Stück geschätzt werden.

Demgegenüber hat sich die Zahl der für Personenbeförderung zugelassenen Kraftfahrzeuge von Mitte 1936 bis Anfang 1953 auf das Zweieindrittelfache erhöht. Die relativ stärkste Zunahme (+ 170 vH) wiesen die Krafträder auf. Ihnen folgten die Kraftomnibusse (+ 114 vH) und die Personenkraftwagen, die sich seither fast verdoppelt haben (+ 91 vH). Die Motorisierung ist für Fahrzeuge der Wirtschaft durch die gleichen Umstände begünstigt worden, wie die Beschaffung von Lastkraftwagen (siehe oben), für private Kraftwagen und Krafträder, vor allem durch wiederholte Verbilligung der Haltungskosten.

Fremdenverkehr und Personenbeförderung

Der Fremdenverkehr setzte nach der Währungsreform begreiflicherweise erst langsam ein und war vielfach noch durch die Zweckentfremdung von Beherbergungsraum (vor allem infolge Beschlagnahmungen für Zwecke der Besatzungsmächte usw. und für Unterbringung von Ausgebombten, Besatzungsgeschädigten, Heimatvertriebenen und Flüchtlingen) beeinträchtigt. Die Verhältnisse besserten sich jedoch von Jahr zu Jahr zusehends. Im Sommer 1952 übertraf die Zahl der Fremdenübernachtungen das Ergebnis vom Sommer 1949 bereits um das Zweieinhalbfache. Die Übernachtungen blieben je Kopf der Bevölkerung im letzten Sommer allerdings noch um rund 40 vH unter dem Stand im Sommer 1937. Die „Reisewelle", die nach der Be-

friedigung vordringlicherer Nachholbedarfs etwa seit 1951 einsetzte, hat weite Kreise vor allem der Angestellten und Arbeiterschaft noch nicht erfaßt, die vor dem Krieg infolge der damaligen Unterstützung des Reisens gerade auch von Personen mit niedrigem Einkommen am Fremdenverkehr teilgenommen hatten.

Bemerkenswert ist die rasche Steigerung des Ausländer-Reiseverkehrs, der sich vom Sommer 1949 bis Sommer 1952 auf mehr als das Siebenfache erhöhte. Die Quote der Übernachtungen der Auslandsfremden (fast 8 vH) übertraf bereits etwas den Anteil, den der Ausländer-Fremdenverkehr im Sommer 1937 in Westdeutschland hatte. Absolut gesehen erreichte allerdings die Übernachtungszahl auch der Auslandsfremden erst knapp 90 vH des Vorkriegsstandes. Die laufend gestiegenen Deviseneinnahmen aus dem Aufenthalt der Ausländer, die einen wichtigen Beitrag für die Zahlungsbilanz Westdeutschlands darstellen, betrugen (ohne Fahrtkosten) im Sommerhalbjahr 1952 fast 330 Mill. DM.

Die wachsende Beanspruchung von Personenverkehrsmitteln durch den Fremdenverkehr kommt in der Gesamtentwicklung der Personenbeförderung auf Schiene und Straße nur geringfügig zum Ausdruck, da auch außerhalb des Ortsbereichs die Hauptmasse des Personenverkehrs — bei der Deutschen Bundesbahn 60 vH — Berufs- und Schülerverkehr ausmacht. Auf die oben genannte Verdoppelung der allgemeinen Reisehäufigkeit hatte die Zunahme des Fremdenverkehrs jedenfalls keinen Einfluß. Man braucht sich nur zu vergegenwärtigen, daß beispielsweise während des Sommerhalbjahres 1952 insgesamt nur etwa 11 Mill. Fremdenmeldungen (Neuankünfte) registriert wurden, während allein die Deutsche Bundesbahn im Durchschnitt eines einzigen Sommermonats auf der Schiene fast 100 Mill. Personen beförderte. Das schmälert freilich nicht die große Bedeutung, welche das Reisen als Ertragsquelle für die Verkehrsbetriebe, speziell die Bahn, besitzt, da der Berufs- und Schülerverkehr der Deutschen Bundesbahn noch nicht einmal ein Viertel der Einnahmen des gesamten Personenverkehrs bringt.

Vorbereitung einer eigenen Luftfahrt

Nachdem Deutschland auf Grund der Potsdamer Beschlüsse von 1945 untersagt worden war, sich in der Luftfahrt einschließlich des zivilen Luftverkehrs zu betätigen, hat die Alliierte Hohe Kommission nach und nach 28 ausländischen Gesellschaften die Einrichtung und den Betrieb von Luftverkehrslinien in und über dem Bundesgebiet gestattet. Der Luftverkehr, für den deutsche Reisende erst nach der Währungsreform wieder zugelassen wurden, hat sich in seinen sämtlichen Zweigen, Personen- und Gepäckförderung, Luftpost- und Frachtverkehr, bis 1952 günstig entwickelt. Gegenüber dem Stand im Jahre 1950 — für 1948 und 1949 liegen keine vergleichbaren Zahlen vor — ist beispielsweise der Luft-Personenverkehr auf mehr als das Doppelte gestiegen. Im Vergleich zu 1937 hat er sich über dem Bundesgebiet verdreifacht. Die Steigerung blieb allerdings hinter der Entfaltung des Luftverkehrs in der übrigen Welt zurück, wo sich die Zahl der Flugreisenden auf das Sieben- bis Zwölffache erhöht hat.

Den ausländischen Gesellschaften, die das Bundesgebiet heute befliegen, müssen jährlich fast 100 Mill. DM an Devisen bereitgestellt werden, damit sie ihre Einnahmeüberschüsse transferieren können. Dieser Umstand hat neben dem allgemeinen staatspolitischen Bedürfnis nach einer eigenen Verkehrsluftfahrt wesentlich dazu beigetragen, im Rahmen der von der Alliierten Hohen Kommission hierzu eingeräumten Möglichkeiten die Errichtung einer westdeutschen Luftverkehrsgesellschaft anzustreben. Am 6. 1. 1953 wurde in Köln die Gesellschaft für Luftverkehrsbedarf AG. gegründet. Ihre Aufgabe ist es, Instandsetzung und Erweiterung der Bodeneinrichtungen, Ausbildung von Flugpersonal und Beschaffung von Flugzeugen soweit vorzubereiten, daß in kurzer Zeit, man hofft schon im Jahre 1954, mit dem Betrieb eigener Verkehrsfluglinien in Westdeutschland und nach dem Ausland begonnen werden kann.

Aufschwung des Postverkehrs

Als zutreffendes Spiegelbild der wirtschaftlichen Entwicklung hat sich der Postverkehr von dem kurzen Schock, den die Wirtschaftstätigkeit unmittelbar nach der Währungsreform erfuhr, rasch erholt und bis Ende 1952 einen bemerkenswerten konjunkturellen Anstieg erzielt. Impulse aus allen wirtschaftlichen Bereichen der Erzeugung, der Verteilung und des Verbrauchs, der Geld- wie der Güterseite der Wirtschaft, ferner aus der Verwaltung sowie dem kulturellen und privaten Leben vermischten sich mit strukturellen Tendenzen in der Beanspruchung des Postverkehrs, die zum Teil schon Jahrzehnte zurückreichen. Wie verschiedenartig diese Kräfte sich im Post- und Fernmeldewesen auswirkten, zeigen die stark auseinanderliegenden Zunahmen, welche die Verkehrszahlen der einzelnen Dienstzweige heute gegenüber 1949 und zum anderen gegenüber 1936 aufweisen. Während die Verkehrszugänge bis zum Frühjahr 1953 gegenüber 1949 sich auf etwa 25 bis 80 vH beliefen, schwankten die auf den Jahresdurchschnitt von 1936 bezogenen Meßziffern der Dienstleistungen zwischen 104 und rund 530. Das stärkste Wachstum läßt in beiden Relationen der Kraftpostdienst erkennen, der von Anfang an an der allgemeinen Ausweitung des Straßenverkehrs teilgenommen hat. Am schwächsten stiegen im Vergleich zu 1949 der Nachrichtenverkehr, gegenüber 1936 die Einlieferung von Paketsendungen. In diesen beiden Fällen waren langfristige, zum Teil mit Verlagerungen zusammenhängende Entwicklungstendenzen wirksam.

Nachrichtenwesen

Wenn sich der Nachrichtenverkehr (Briefsendungen, Telephongespräche und Telegramme) von 1949 bis 1952 nur um knapp ein Viertel erhöht hat, so ist dabei zu berücksichtigen, daß dieser Zweig des Postverkehrs bereits vor der Währungsreform in hohem Maße beansprucht worden ist. In erster Linie gilt dies für den Schnellnachrichtenverkehr

und hier sind es Ferngespräche und Telegramme, die im Vergleich zur Vorkriegszeit heute nicht nur die Belebung der allgemeinen Wirtschaftätigkeit, sondern auch eine wesentlich größere strukturelle Bedeutung erkennen lassen. Bezieht man diese beiden Nachrichtenarten auf die Zahl der Einwohner, so wurden je Kopf der Bevölkerung 1949 fast doppelt und 1952 rund zweieinhalbmal so viele Ferngespräche geführt und Telegramme aufgegeben wie 1936. Man mag darin ein Zeichen der Beschleunigung, ja Unrast unseres Lebens sehen. Sicher kommt darin die zunehmende Rationalisierung unserer Wirtschaft zum Ausdruck und die Ausbreitung des technischen Fortschritts vor allem durch das Einrichten des Selbstwähl-Fernsprechverkehrs zwischen immer mehr größeren Orten. Dabei liegt der Schwerpunkt dieser Entwicklung nicht nur der Größenordnung nach bei den Ferngesprächen. Immer stärker wurde das Ferngespräch gegenüber dem Telegramm bevorzugt, so daß der Trend des Telegrammverkehrs seit dem Ende des ersten Weltkrieges nach abwärts gerichtet ist. Die Belebung des Telegrammverkehrs während des letzten Krieges und bis 1949 dürfte nur vorübergehend, zum Teil durch Überlastung und Mangel an Fernsprechanlagen und -leitungen bedingt gewesen sein. In der Nachkriegszeit nahm außerdem der Teilnehmer-Fernschreibverkehr einen steilen Aufstieg. Ende 1952 waren im Bundesgebiet mehr als 8400 Fernschreibstellen angeschlossen. Von der Ausweitung des Schnellnachrichtenverkehrs wurde begreiflicherweise auch die Briefpost betroffen, die sich sowohl gegenüber 1949 wie gegenüber 1936 nur um rund 25 bzw. 35 vH erhöhte. Innerhalb des Ortsverkehrs hat die Einlieferung von Briefsendungen stark zugunsten der Ortsgespräche nachgelassen.

Paketpostverkehr

Die Paketpost gehört zwar insbesondere neben dem Postscheckwesen zu den Dienstzweigen, deren Leistungen im Zusammenhang mit der rasch in Gang gekommenen Verbrauchsgütererzeugung und der Zunahme der Einzelhandelsumsätze seit 1949 besonders lebhaft gestiegen sind, doch überschritt die Zahl der Paketsendungen konjunkturell erst im Frühjahr 1952 den mittleren Stand des Jahres 1936. Die wichtigste Ursache dafür ist die erfolgreiche Konkurrenz des Lastkraftwagens in der Kleingutbeförderung, wobei neben dem gewerblichen Güterkraftverkehr vor allem die Direktbelieferung des Einzelhandels mit Lastkraftwagen der Erzeugerbetriebe und die Motorisierung des Großhandels zu nennen sind. Auch der Expreßgutversand trat in gewissem Umfange in Wettbewerb zur Paketpost, zumal er in manchen Verkehrsbeziehungen Kostenvorteile bot und durch die gegenüber der Vorkriegszeit veränderten Einkaufsgewohnheiten des Handels begünstigt wurde, die auf kurzfristigere Dispositionen bei geringerer Lagerhaltung hinausliefen. Als am 1. 1. 1951 mit den Eisenbahngütertarifen auch die Expreßguttarife erhöht wurden, gingen die Kostenvorteile des Expreßgutes teilweise verloren, so daß Abwanderungen zum Kleingutversand in Paketen und Postgütern eintraten.

Erfordernisse der Verkehrspolitik

Überblickt man die Situation des Verkehrswesens nach fünf Jahren des wirtschaftlichen Wiederaufbaus und Wachstums des Verkehrsaufkommens, so fällt am stärksten die mangelnde Wirtschaftlichkeit nicht weniger Verkehrsunternehmungen auf. Zu ihnen rechnen nicht nur die Deutsche Bundesbahn, deren Fehlbetrag sich im vergangenen Jahr auf 140 Mill. DM erhöhte, und zahlreiche private Bahngesellschaften, sondern auch Binnenschiffahrtsbetriebe, darunter hauptsächlich Einzelschiffer, und selbst Unternehmer des Güterkraftverkehrs. Neuerdings verschlechterte sich auch die Lage der Deutschen Bundespost, die bis zum Rechnungsjahr 1951/52 Überschüsse erzielte und zuletzt 250 Mill. DM an den Bund ablieferte. Nach bisherigen Veröffentlichungen schloß die Deutsche Bundespost in den ersten drei Vierteln des Rechnungsjahres 1952/53 mit Verlusten ab.

Sieht man von Anlässen ab, die — wie Verkehrsabwanderungen zu Konkurrenzbetrieben, konjunkturelle Abschwächungen des Verkehrsaufkommens usw. — geschäftliche Schwierigkeiten von Verkehrsunternehmungen unmittelbar auslösten, so waren es außer den schon genannten Erscheinungen hauptsächlich folgende Zusammenhänge, die zur gegenwärtigen Notlage im Verkehr führten:

Im Gegensatz zur volkswirtschaftlichen Notwendigkeit, das Verkehrswesen als eine Einheit und als unentbehrlichen Partner der übrigen Wirtschaft zu betrachten, fehlten unserer Wirtschaftsführung lange Jahre hindurch nahezu alle rechtlichen und vielfach auch die wirtschaftlichen Voraussetzungen, um eine einheitliche Verkehrspolitik betreiben zu können. Zwischen den Belastungen und Bindungen, die einem Teil des gewerblichen Verkehrs, an erster Stelle den Vorgängern der Deutschen Bundesbahn und dieser selbst auferlegt sind, und den leichten „Startbedingungen" und Entfaltungsmöglichkeiten, die namentlich der Straßenverkehr schon vor der Währungsreform vorfand, ist erst sehr spät und zögernd versucht worden, einen Ausgleich herbeizuführen. Inzwischen hat sich das Angebot an Beförderungsmitteln im Verhältnis zum Transport-

bedarf so ungleich verändert, daß wichtige Verkehrsaufgaben mangels Eisenbahnwagen nicht rechtzeitig oder nur mangelhaft erfüllt werden, während vorhandene Straßenverkehrsmittel nicht wirtschaftlich genug ausgelastet sind. Gleichzeitig bildete sich neben der Masse keineswegs aufeinander abgestimmter gewerblicher Verkehrsmittel eine bedeutende Transportkapazität an werkeigenen Fahrzeugen in Industrie, Handel, Landwirtschaft und Verwaltung, deren Beschaffung und Haltung nicht immer notwendigen betriebswirtschaftlichen Bedürfnissen und strenger Kalkulation gerecht wird. Während in der übrigen Wirtschaft in einem solchen Falle ein „Gewerbeschutz" als erforderlich anerkannt worden wäre, hat man sich jedoch im Verkehr dazu bisher nicht entschlossen, weil nicht zuletzt die Leistungsfähigkeit mancher Betriebe durch die Verwendung eigener Transportmittel zweifellos wesentlich gehoben wird.

Die Entwicklung hat aber immer deutlicher gezeigt, daß sich im Verkehrswesen nicht zwei verschiedene wirtschaftspolitische Gesichtspunkte, nämlich einengende Bindungen für den Hauptverkehrsträger und Freiheit vor allem für den Kraftverkehr in so extremer Weise nebeneinander verwirklichen lassen. An der Forderung, den Betrieb der Bahn rentabel zu führen und gleichzeitig die Eisenbahntarife so zu gestalten, daß sie gemeinwirtschaftliche Aufgaben z. B. auf dem Gebiet der Standort-, Export-, Seehafen-, Sozialpolitik usw. erfüllen, muß jede Eisenbahnverwaltung scheitern, wenn nicht auch den übrigen Verkehrszweigen entsprechende gemeinwirtschaftliche Verpflichtungen und Lasten auferlegt werden. Einige Voraussetzungen hierfür sind vor allem durch das Güterkraftverkehrsgesetz vom 17. 10. 1952 verwirklicht worden. Aber noch sind wichtige Probleme für die Schaffung gerechter Wettbewerbsbedingungen unter den Hauptverkehrsträgern offen. Ihre mutige, folgerichtige Lösung, bei der man keineswegs auf einen gesunden Leistungswettbewerb zu verzichten braucht, sollte nicht länger verzögert werden, wenn sich die aufgetretene Notlage nicht noch versteifen soll, wodurch letzten Endes der gesamte Wirtschaftskörper in Mitleidenschaft gezogen würde.

Chronik der wichtigsten Wirtschaftsereignisse seit 1948

Jahr 1948

1. 3. Errichtung einer „Bank deutscher Länder" in Frankfurt.

2. 4. Das Gesetz über die Marshallplanhilfe tritt in Kraft.

Gemäß Direktive des amerikanischen und britischen Militärgouverneurs wird die zukünftige Gestaltung der Preis- und Lohnpolitik dem Wirtschaftsrat des Vereinigten Wirtschaftsgebietes (VWG) übertragen.

Für die Preispolitik im Export- und Importhandel werden neue Richtlinien herausgegeben, wonach der Wechselkurs der deutschen Mark künftig 30 Cent betragen soll. Abrechnung im Außenhandel in $.

Abkommen über die „Europäische wirtschaftliche Zusammenarbeit" (OEEC) in Paris unterzeichnet.

17. 6. Der Zwei-Zonen-Wirtschaftsrat nimmt ein Gesetz über Leitsätze der Bewirtschaftung und Preispolitik nach der Währungsreform an.

18. 6. Das erste Gesetz zur Neuordnung des deutschen Geldwesens — Währungsgestz Nr. 61 — wird von der amerikanischen, britischen und französischen Militärregierunng für die westlichen Besatzungszonen erlassen.

20. 6. In den drei Westzonen wird die Kopfquote der neuen Währung in Höhe von 40,— DM ausgegeben.

21. 6. Die neue „Deutsche Mark" allein gültiges Zahlungsmittel in den Westzonen.

Die amerikanische und britische Militärregierung veröffentlichen das zweite Gesetz zur Währungsreform, das die Rechte und Pflichten der Bank der deutschen Länder festlegt.

Die Bewirtschaftung für Erzeugnisse des Maschinenbaus, der Elektrotechnik, der Feinmechanik und Optik, der Holzverarbeitung, sowie von Eisen-, Stahl-, Blech- und Metallwaren, Keramik, landwirtschaftlichen Geräten und Landmaschinen wird aufgehoben.

22. 6. Kontrollratsverhandlungen über eine einheitliche Währungsreform für Groß-Berlin werden abgebrochen. Marschall Sokolowsky kündigt für die Ostzone und Berlin eine Währungsreform an, die in der Zeit vom 24. bis 28. Juni durchgeführt werden soll.

Die amerikanische und britische Militärregierung verfügen die Neuordnung der Steuergesetzgebung. Danach wird u. a. die Lohn- und Einkommensteuer um ein Drittel gesenkt.

23. 6. Durch die Westmächte wird die „Deutsche Mark" als die für die Westsektoren Berlins gültige Währung eingeführt.

26. 6. Das abschließende Gesetz zur Währungsreform der westlichen Militärregierungen, das die Umwertung des Geldes, der Bankguthaben und der Schulden aller Art behandelt, wird bekanntgegeben.

28. 6. Errichtung der Luftbrücke nach Berlin durch die westlichen Alliierten.

1. 7. Die Militärgouverneure der westlichen Besatzungszonen unterbreiten den Regierungschefs der elf westdeutschen Länder Vorschläge zur Bildung einer westdeutschen Regierung, zur Revision der Landesgrenzen und zum Erlaß eines Besatzungsstatutes.

14. 7. Das Gesetz über Errichtung von Annahmestellen für Patent-, Gebrauchsmuster- und Warenzeichenmeldung vom 5. Juli in Kraft getreten.

15. 7. Washington gibt bekannt, daß die deutschen Westzonen im ersten Jahr des ERP Zuwendungen im Wert von 533 Millionen Dollar erhalten.

10. 8. Auf der Herreninsel im Chiemsee tritt der Ausschuß zur Ausarbeitung des westdeutschen Verfassungsentwurfes zusammen.

Die Verwaltung für Ernährung und Landwirtschaft beschließt, für das Jahr 1948/49 keinen Anbauplan aufzustellen. Leistungssoll der Länder bleibt bestehen. Die Bewirtschaftung von Holz für das Forstwirtschaftsjahr 1948/49 wird grundsätzlich aufgehoben.

16. 8. Erhöhung der Eisenbahngütertarife um 40 Prozent.

19. 8. Der Wirtschaftsrat verabschiedet das Preistreibereigesetz. Es tritt am 11. 10. in Kraft.

1. 9. Ermäßigung und Neuregelung der Postgebühren.

17. 9. Die amerikanische Militärregierung untersagt ab sofort jede Warenausfuhr nach der sowjetischen Besatzungszone.

21. 9. Auf der Zollkonferenz in Genf haben sich folgende zwölf Staaten vertraglich verpflichtet, den westdeutschen Besatzungszonen die Meistbegünstigungsklausel zuzugestehen: Belgien, Brasilien, Ceylon, Frankreich, Großbritannien, Indien, Kanada, Luxemburg, die Niederlande, Norwegen, Pakistan und die USA.

30. 9. Der Wirtschaftsrat hat das Gesetz über Aufhebung des Lohnstops verabschiedet. Damit wird die Regelung der Löhne der Tarifverhandlung zwischen Arbeitgeber und Arbeitnehmer überlassen.

Die britische und amerikanische Militärregierung haben dem Wirtschaftsrat die Zuständigkeit für die Verbrauchssteuer-Gesetzgebung zuerkannt.

7. 10. Erhöhung der Fleisch- und Brotpreise. Durch das Zweimächte-Kontrollamt genehmigt.

10. 10. Ausgabe von „Jedermann-Ware" wird angekündigt.

15. 10. Auf einer gemeinsamen Arbeitstagung der Leiter der Preisbildungsstellen des Vereinigten Wirtschaftsgebietes und der französischen Zone wird vereinbart, daß alle prinzipiellen Preisentscheidungen in den drei Zonen aufeinander abgestimmt werden sollen.

27. 10. In Washington, London und Paris wird ein Kommuniqué der drei Westmächte über die deutsche Industriedemontage veröffentlicht, das sich auf eine von den USA aufgestellte Liste deutscher Fabrikanlagen gründet, die auf Vorschlag des ERP-Administrators nicht demontiert werden sollen.

3. 11. Die Verwaltung des Vereinigten Wirtschaftsgebietes verkündet die folgenden Gesetze: Gesetz über die Errichtung eines Rechnungshofes für das Vereinigte Wirtschaftsgebiet, Gesetz gegen Kompensation, Gesetz zur Aufhebung des Lohnstopps.

5. 11. Die Verwaltung für das Vereinigte Wirtschaftsgebiet verkündet das „Gesetz über die Kreditanstalt für den Wiederaufbau".

10. 11. Das Zwei-Mächte-Kontrollamt gibt ein Gesetz zur Reorganisation der westdeutschen Kohlen-, Eisen- und Stahlindustrie bekannt. Das Gesetz sieht die Rückführung der deutschen Ruhrindustrie unter deutsche Treuhandschaft vor.

12. 11. Die Gewerkschaften rufen zu einer 24stündigen Arbeitsruhe als Demonstration gegen die steigenden Preise und die Wirtschaftspolitik des Wirtschaftsrates auf.

1. 12. Im Vereinigten Wirtschaftsgebiet tritt das vereinfachte Außenhandelsverfahren der JEIA in Kraft.

5. 12. Der von der Verwaltung für Wirtschaft aufgestellte wirtschaftliche Aufbauplan für Westdeutschland — Longterm-Plan — wird der OEEC in Paris überreicht. Der Plan dient mit zur Aufstellung eines Vierjahresplanes für die ERP-Länder.

14. 12. Die Dreimächtebesprechungen in London über die deutsche Industriedemontage werden abgeschlosen. Der Bericht des Humphrey-Ausschusses sieht eine Streichung von 200 Betrieben von der Demontageliste vor.

Jahr 1949

11. 1. Einführung der Gewerbefreiheit in der amerikanischen Zone.

13. 1. Die JEIA genehmigt den Abschluß von Verträgen deutscher Exporteure mit ausländischen Schiffahrts- und Versicherungsgesellschaften.

15. 1. Unterzeichnung eines Abkommens der drei westlichen Militärregierungen über ein einheitliches Lebensmittelkartensystem und die gemeinsame Planung der landwirtschaftlichen Erzeugung in den drei Westzonen.

22. 1. Die Verwaltung für Wirtschaft hat entschieden, daß 80 vH der Textilwaren, die für den zivilen Sektor zur Verfügung stehen, als „Jedermann-Ware" produziert werden.

6. 2. Die amerikanische und britische Militärregierung untersagen den gesamten Transitverkehr durch das Vereinigte Wirtschaftsgebiet in die sowjetische Besatzungszone.

9. 2. Das Internationale Noternährungskomitee der FAO (Food and Agriculture Organisation) hebt mit sofortiger Wirkung die Bewirtschaftung für Fette und Öle auf. Die wichtigsten Produkte, die der Bewirtschaftung durch das Komitee weiterhin unterliegen, sind Weizen, Reis, Kakao und Stickstoffdüngemittel.

20. 4. Genehmigung des zweiten Gesetzes zur Neuordnung der Steuern durch das Zweimächte-Kontrollamt. Um die Kapitalbildung zu fördern, werden die steuerfreien Abzüge erhöht.

28. 4. Abkommen über die Internationale Ruhrbehörde unterzeichnet.

4. 5. Aufhebung der Textil- und Schuhbewirtschaftung im Vereinigten Wirtschaftsgebiet.

12. 5. Aufhebung der Blockade zwischen den Westzonen und der Sowjetzone.

21. 5. Beginnende Lockerung der Kreditrichtlinien. Erleichterung für den Ankauf von Bankakzepten durch die Landeszentralbanken.

23. 5. Unterzeichnung und Verkündung des Grundgesetzes in Bonn.

27. 5. Der Eisenbahnverkehr zwischen den Westzonen und Berlin wird bis auf weiteres eingestellt. Wechseldiskontsatz von 5 auf 4½ vH, Lombardsatz von 6 auf 5½ vH herabgesetzt.

1. 6. Erleichterung der Kreditrichtlinien im westdeutschen Währungsgebiet: Die Mindestreserven für Sichteinlagen bei den Geldinstituten werden an Bankplätzen von 15 auf 12 vH und an Nichtbankplätzen von 10 auf 9 vH gesenkt.

14. 6. Demontagebeginn in den Kohlewertstoffwerken im Ruhrgebiet, nachdem die Werkangehörigen den Widerstand eingestellt haben. In dem chemischen Werk Bergkamen wird die Demontage unter dem Schutz belgischer Truppen eingeleitet.

17. 6. Eine Untersuchung der Marshallplan-Verwaltung in Frankfurt stellt fest, daß der Wiederaufbau des Kohlenbergbaus in der Doppelzone bis zum Jahre 1953 etwa 480 Millionen Dollar kosten wird.

1. 8. Der amerikanische Hohe Kommissar McCloy gibt den Plan zur Umbildung der amerikanischen Militärregierung bekannt. Danach tritt an die Stelle der amerikanischen Militärregierung (OMGUS) die Hohe Kommission für Deutschland (HICOG = High Commission for Germany). Die Aufgaben der Militärregierung werden durch Beamte des Außenministeriums übernommen.

14. 8. Erste Wahl zum Bundestag der Bundesrepublik Deutschland.

12. 9. Prof. Dr. Theodor Heuß wird in Bonn zum Präsidenten der Bundesrepublik gewählt.

16. 9. Dr. Adenauer (CDU) wird zum Bundeskanzler der Bundesrepublik gewählt.

21. 9. Das Besatzungsstatut tritt in Kraft. Das seit 1947 bestehende Vereinigte Wirtschaftsgebiet gilt als aufgehoben.

28. 9. Bekanntgabe der Abwertung der D-Mark um 20,6 vH auf 23,8 Dollarcents (1 Dollar = 4,20 DM). Der Kurs tritt mit Wirkung vom 19. September in Kraft. Er entspricht der Reichsmark-Dollar-Parität bis zur Dollarabwertung am 1. Februar 1934.

30. 9. Einstellung der Luftbrücke nach Berlin.

13. 10. Gründung des Deutschen Gewerkschaftsbundes.

30. 10. Die Minister von 8 Marshallplan-Staaten beschließen in Paris auf Drängen der Vereinigten Staaten von Amerika ein Programm zur Liberalisierung des westeuropäischen Handels.

15. 12. Unterzeichnung des Abkommens über wirtschaftliche Zusammenarbeit zwischen der Bundesrepublik und den Vereinigten Staaten von Amerika. Westdeutschland wird damit gleichberechtigter Partner am europäischen Wiederaufbauprogramm. Gleichzeitig wird rd. 1 Mrd. DM für die deutsche Wirtschaft aus dem Gegenwertfonds freigegeben. Etwa 600 Mill. DM sind sofort verfügbar.

19. 12. Der Bundestag beschließt die Erhöhung der Treibstoffpreise. Die Verteuerung beträgt bei Benzin 20 Pfg., bei Dieseltreibstoff 15 Pfg. je Liter. Sie soll am 1. Januar in Kraft treten.

Jahr 1950

16. 1. Das Bundesernährungsministerium kündigt die Abschaffung der Lebensmittelkarten für den 1. März 1950 an.

15. 2. Der Bundestagsausschuß für Wohnungsbau beschließt ein Sechs-Jahres-Programm für den Bau von 1,5 Millionen Wohnungen.

1. 3. Abschaffung der Lebensmittelrationierung.

16. 3. Westdeutschland wird in den Internationalen Weizenrat aufgenommen. Es erhält ein Einfuhrkontingent von 66 Mill. Bushel (1,8 Mill. Tonnen) jährlich.

14. 4. Die alliierte Hohe Kommission in Westdeutschland billigt gegen den Einspruch Frankreichs ein Gesetz zur Neuorganisation des Kohlenbergbaus und der Eisen- und Stahlindustrie.

9. 5. Der französische Außenminister Robert Schuman schlägt die Zusammenlegung der gesamten Kohlen- und Stahlindustrie Deutschlands und Frankreichs und auch anderer interessierter Länder (Belgien, Luxemburg, Großbritannien, Italien) vor. Die westdeutsche Bundesregierung stimmt ihm einmütig zu.

14. 6. Der holländische Außenminister Dirk U. Stikker veröffentlicht einen 28 Punkte umfassenden Plan über den Abbau der Handelsschranken und die Reorganisation der europäischen Industrie.

25. 6. Kriegsbeginn in Korea.

7. 7. Der Ministerrat der OEEC billigt den Entwurf für die Errichtung einer europäischen Zahlungsunion (EZU), an der sich die Marshallplan-Länder einschließlich ihrer überseeischen Besitzungen sowie das gesamte Sterlinggebiet beteiligen werden.

10. 7. Beitritt der Bundesrepublik Deutschland zum Europarat.

23. 7. Der Bundestag nimmt ein Gesetz über die Festsetzung von Brotpreisen an, nachdem die Regierung ermächtigt wird, die Preise für Mehl, Brot und Kleingebäck festzusetzen. Das Gesetz hat bis zum 31. Dezember Gültigkeit.

14. 8. Der Schuman-Plan wird von der Beratenden Versammlung des Europarates angenommen.

18. 8. Bundeskanzler Dr. Adenauer spricht sich für die Schaffung einer westdeutschen Verteidigungstruppe im Umfang und in der Stärke der ostdeutschen Volkspolizei aus.

11. 9. Die Demontagen in der britischen Besatzungszone werden eingestellt.

19. 9. Abkommen zur Gründung einer Europäischen Zahlungsunion.

28. 9. Beginn der internationalen Zollkonferenz in Torquay (Südengland).

7. 10. Die Wirtschaftsminister der ERP-Staaten arbeiten einen 23 Punkte umfassenden Plan zur Bekämpfung der Inflationsgefahr in Westeuropa aus.

27. 10. Laut Beschluß des Zentralbankrates der Bank deutscher Länder werden die Diskontsätze wie folgt erhöht: Wechseldiskont der Zentralbanken 6 vH, bisher 4 vH. Lombardsatz der Landeszentralbanken 7 vH, bisher 5 vH. Diskontsatz der Bank deutscher Länder und der Landeszentralbanken für Schatzwechsel 6 vH, bisher 4 vH. Westberlin schließt sich der Diskonterhöhung nicht an.

7. 12. Der Bundestag beschließt die Erhöhung der Kohlenpreise um durchschnittlich 4,50 DM je Tonne und der Eisen- und Stahlpreise um durchschnittlich 28,50 DM je Tonne.

12. 12. Kredit von 120 Millionen Dollar im Rahmen der europäischen Zahlungsunion an die Bundesrepublik Deutschland wird genehmigt.

Jahr 1951

16. 1. Für das Investitionsprogramm der Bundesrepublik Deutschand werden 1,35 Mrd. DM aus dem Gegenwertfonds des Marshallplans bereitgestellt.

24. 1. Gutachten des Wissenschaftlichen Beirats beim Bundeswirtschaftsministerium, das eine bevorzugte Lenkung der Investitionen in die Engpaßbereiche der westdeutschen Wirtschaft fordert.

25. 1. Der Bundestag verabschiedet das Gesetz über Sicherungs- und Überleitungsmaßnahmen auf einzelnen Gebieten der gewerblichen Wirtschaft, das der Regierung weitgehende Vollmachten in der Rohstofflenkung einräumt.

1. 2. Der Bundesrepublik Deutschland wird von der Alliierten Hohen Kommission die Paßhoheit übertragen.

3. 2. Ein vorläufiges Interzonenabkommen der Deut-Bundesrepublik mit der Deutschen Demokratischen Republik (Sowjetzone) wird unterzeichnet.

15. 2. Die Bundesregierung und der Bundestagsausschuß für Auswärtige Angelegenheiten erkennen in einem Schreiben an die Alliierte Hohe Kommission die deutschen Auslandsschulden an.

20. 2. Der wohnungswirtschaftliche Beirat beim Bundesministerium für Wohnungsbau befürwortet in einem Gutachten eine Erhöhung der Altbaumieten um 20 vH.

21. 2. Das Abkommen über einen Güterwagenaustausch zwischen der Hauptverwaltung der Deutschen Bundesbahn und der Generaldirektion der französischen Staatseisenbahnen wird unterzeichnet. Mit Rücksicht auf das westdeutsche Zahlungsdefizit in der Europäischen Zahlungsunion werden die Einfuhrfreilisten vorübergehend außer Kraft gesetzt.

27. 2. Für die Einfuhr von Waren aus den Ländern der Europäischen Zahlungsunion im liberalisierten, im Reihenfolge- und im Fachstellenverfahren werden mit Rücksicht auf die angespannte Zahlungsbilanzlage in der Europäischen Zahlungsunion Devisen bis auf weiteres nicht zugeteilt.

1. 3. Der Zentralbankrat beschließt, das kurzfristige Kreditvolumen der Banken und Sparkassen im Bundesgebiet um mindestens 1 Milliarde DM zu verringern.

2. 3. Die Bundesregierung billigt eine Erhöhung der Getreidepreise (Weizen von 320 auf 400 bis 420 DM, Roggen von 280 auf 380 DM). Damit ist das Getreidepreisgesetz praktisch außer Kraft gesetzt.

6. 3. Erste Revision des Besatzungsstatuts für die Bundesrepublik Deutschland.

9. 3. Die Bundesrepublik Deutschland tritt der Organisation für Ernährung und Landwirtschaft der Vereinten Nationen (FAO) bei.

15. 3. Der Bundestag verabschiedet ein Gesetz zur Erhöhung der Arbeitslosenunterstützung ab 1. April d. J. um 10 vH.

31. 3. Drei Kollektivverträge im Rahmen der Internationalen Zollkonferenz von Torquay durch die Bundesrepublik Deutschland unterzeichnet.

3. 4. Die Alliierte Hochkommission gibt die Produktionserleichterungen für die westdeutsche Industrie bekannt, die an Stelle des Washingtoner Abkommens von April 1949 treten. Die Erleichterungen betreffen vor allem den Schiffbau, die Erzeugung von Aluminium und Buna, von synthetischen Treibstoffen, Fetten und Ölen sowie die Produktion von Kugellagern und Werkzeugmaschinen.

4. 4. Die westdeutsche Industrie erklärt sich bereit, zur Sicherstellung der Investitionsmittel für die Grundstoffindustrien in der Zeit vom 1. Juli 1951 bis zum 30. Juni 1952 eine Milliarde DM aufzubringen.

18. 4. Die Außenminister von Frankreich, Deutschland, Italien und den Benelux-Ländern unterzeichnen in Paris den Schuman-Plan.
Die Alliierte Hochkommission veröffentlicht den endgültigen Plan zur Entflechtung des I. G. Farben-Konzerns. Der Plan sieht die Errichtung von neun selbständigen Gesellschaften vor.

24. 4. Erklärung der französischen Regierung über den Plan einer „Grünen Union" zur gemeinsamen Organisation der wichtigsten europäischen Agrarmärkte.

2. 5. Die Bundesrepublik Deutschland wird als vollberechtigtes Mitglied in den Ministerausschuß des Europarates in Straßburg aufgenommen.

1. 6. Im Mai unterschritt die Bundesrepublik erstmalig ihre normale Kreditquote bei der EZU.

12. 6. Die Bundesrepublik Deutschland wird in die Internationale Arbeitsorganisation (ILO) aufgenommen.

1. 7. Die Erhöhung der Umsatzsteuer von 3 vH auf 4 vH in der Bundesrepublik tritt in Kraft.

4. 7. Am freien Devisenmarkt in Zürich erreicht die D-Mark mit einem Stand von 100 DM = 96,50 sfr erstmalig die amtliche Parität der Mitglieder des Internationalen Währungsfonds, die für 100 DM = 96,05 sfr beträgt.

9. 7. Die Westmächte geben die Beendigung des Kriegszustandes mit Deutschland bekannt. Diesem Vorgehen schließen sich die übrigen Nationen der westlichen Welt an.

17. 7. Die alliierte Hochkommission veröffentlicht vier Memoranden über die Entflechtung des Kohlenbergbaus und der Eisen- und Stahlindustrie. Die Kontrolle über 36 Bergwerksgesellschaften wird aufgehoben.

4. 8. Die Quote der Bundesrepublik bei der EZU von 320 auf 500 Mill. $ erhöht.

30. 8. Die OEEC (Europäische Organisation für wirtschaftliche Zusammenarbeit) in Paris gibt einen Fünfjahresplan bekannt, der eine Steigerung der industriellen und landwirtschaftlichen Produktion um 25 vH vorsieht.

5. 9. Die Bundesregierung wird von der alliierten Hochkommission aufgefordert, eine Abteilung für zivile Luftfahrt einzurichten.

15. 9. Die bisher subventionierten Preise für Margarine werden freigegeben.

20. 9. In Berlin wird das am 6. Juli paraphierte Interzonenhandelsabkommen zwischen der Bundesrepublik und der Sowjetzone unterzeichnet. Frankreichs Handelsminister Pflimlin schlägt auf der Tagung der GATT-Länder einen Abbau der Zollbeschränkungen von 30 vH in Jahresetappen zu je 10 vH vor.

1. 10. Die von der Bundesrepublik Deutschland im Rahmen des „Allgemeinen Zoll- und Handelsabkommen — GATT" gewährten neuen Zolltarife treten in Kraft.

15. 10. Tariferhöhung der Bundesbahn für Personen- und Güterverkehr tritt in Kraft.

10. 12. Die drei westlichen Alliierten erklären sich bereit, die deutschen Nachkriegsschulden in Höhe von rd. 3,2 Mrd. Dollar und 200 Mill. Pfund auf 1,2 Mrd. Dollar und 150 Mill. Pfund zu ermäßigen.

13. 12. Der Bundestag verabschiedet das „Investitionshilfegesetz für die Grundstoffindustrien".

31. 12. Der Liberalisierungsstopp der Bundesregierung wird aufgehoben; ab 1. Januar 1952 tritt die 60prozentige Liberalisierung des Außenhandels wieder in Kraft.

Jahr 1952

11. 1. Ratifizierung des Schumanplanes im Deutschen Bundestag.

1. 2. Der Produktivitätsrat der westdeutschen Industrie tritt zu seiner ersten konstituierenden Sitzung zusammen.

17. 2. Das Gutachten der „drei Weisen" der Atlantikpaktorganisation über den finanziellen deutschen Verteidigungsbeitrag sieht einen Globalbetrag in Höhe von 11,25 Mrd. DM für das NATO-Haushaltsjahr 1952/53 vor.

8. 3. Der Zentralbankrat setzt die Richtsätze für Kreditgeschäfte der Banken und Sparkassen neu fest.

1. 4. Die neue deutsche Freiliste, mit der die Liberalisierung auf 75 vH erweitert wird, tritt in Kraft.

10. 4. Das Bundeswirtschaftsministerium hebt die Preisvorschriften für Schrott auf.

15. 4. Erstmalig erhält die Bundesrepublik auf Grund ihrer Märzabrechnung bei der EZU eine Goldauszahlung von etwa 17 Mill. Dollar.

2. 5. Völlige Freigabe der Preisbildung auf dem Holzmarkt.

10. 6. Der Bundestag verabschiedet das Gesetz zur Aufhebung des Mieterschutzes für Geschäftsräume und gewerbliche benutzte Grundstücke.

25. 7. Der Schumanplan tritt nach Hinterlegung der Ratifizierungsurkunden in Paris in Kraft.

8. 8. Londoner Konferenz zur Regelung der deutschen Auslandsschulden abgeschlossen. Die deutsche Auslandsschuld beträgt demnach insgesamt rund 14 Milliarden DM.

14. 8. Die Bundesrepublik unterzeichnet die Vereinbarung über den Beitritt zur Weltbank und zum internationalen Währungsfonds.

16. 8. Das Lastenausgleichsgesetz erlassen.

21. 8. Die vom Zentralbankrat beschlossene Diskontsenkung um 0,5 vH auf 4¹/₂ vH (Wechseldiskont) tritt in Kraft.

10. 9. Die Außenminister Israels und der Bundesrepublik unterzeichnen in Luxemburg das Abkommen über die Wiedergutmachung, wonach die Bundesrepublik innerhalb von 14 Jahren Waren im Wert von 3,5 Mrd. DM an Israel liefert.

25. 9. Neue Regelung des Statuts der drei alten Großbanken, Deutsche Bank, Dresdner Bank und Commerzbank, durch Gründung von neun Nachfolgebanken.

1. 10. Mietenerhöhung der Altbaumieten um 10 vH tritt in Kraft.

11. 11. Das Betriebsverfassungsgesetz tritt in Kraft.

11. 12. Die erste Bundesanleihe in Höhe von 500 Millionen DM, die mit Steuervorteilen für die fünfprozentige Verzinsung ausgestattet ist, wird zur Zeichnung aufgelegt. Der Ertrag soll zum Ausgleich der Bundesschuld verwendet werden.

17. 12. Das „Erste Gesetz zur Förderung des Kapitalmarktes" tritt in Kraft; danach werden für Zinserträge aus festverzinslichen Wertpapieren Steuererleichterungen gewährt.

Jahr 1953

8. 1. Der Zentralbankrat der Bank Deutscher Länder senkt den Diskont- und Lombardsatz um je ¹/₂ vH auf 4 bzw. 5 vH. Gleichzeitig wird eine Herabsetzung der Mindestreservebestände bei den Landeszentralbanken mit Wirkung vom 1. Februar beschlossen.

2. 2. Der internationale Umrechnungskurs der DM mit 4,20 für den US-Dollar vom Weltwährungsfonds anerkannt.

10. 2. Die Hohe Behörde eröffnet den gemeinsamen Markt für Kohle, Schrott und Eisenerz in den sechs Schumanplan-Ländern. Damit erlischt die Tätigkeit der Internationalen Ruhrbehörde.

4. 3. Der Bundestag verabschiedet ein Gesetz zur Unterbringung der Flüchtlinge aus der Sowjetzone — Flüchtlingsnotleistungsgesetz.

18. 3. Das deutsch-israelische Wiedergutmachungsabkommen wird vom Bundestag mit großer Mehrheit gebilligt.

19. 3. Der Bundestag stimmt nach dritter Lesung der Ratifizierung des Generalvertrages und des EVG-Vertrages zu.

25. 3. Der Bundestag stimmt dem Bundesvertriebenengesetz zu.

26. 3. Die Europäische Zahlungs-Union (EZU) wird um ein weiteres Jahr verlängert.

1. 4. Einführung der verkürzten Schichtzeit (7¹/₂ Std.) im Kohlenbergbau der Bundesrepublik. Die neuen Einfuhrfreilisten — Liberalisierung etwa 90 vH — treten in Kraft.

1. 5. Eröffnung des gemeinsamen Stahlmarktes für die Mitgliedsstaaten des Schumanplanes.

6. 5. Bundestag verabschiedet die „Kleine Steuerreform", die eine durchschnittliche Senkung der Einkommensteuer um 15 vH bringt.

18. 5. Wiederaufnahme der multilateralen Devisenarbitrage zwischen Großbritannien, Frankreich, Holland, Belgien, Schweden, Dänemark, Schweiz und Bundesrepublik.

Verzeichnis der Tabellen

Grundzahlen zur westdeutschen Wirtschaftslage

Wirtschaftsbereich	Einheit	1949	1950	1951	1952	Veränderungen 1952 gegen 1949 in vH
Bruttosozialprodukt in jeweiligen Preisen	Mrd. DM	79,8	90,3	113,5	125,6p	÷ 57
Bruttosozialprodukt in Preisen von 1936	Mrd. DM	47,0	55,0	63,1	67,1p	÷ 43
davon: Privater Verbrauch	Mrd. DM	29,7	34,0	36,8	39,6p	∸ 33
Verbrauch von Staatsleistungen	Mrd. DM	9,0	9,0	9,8	11,0p	÷ 22
Investitionen insgesamt	Mrd. DM	9,0	11,5	14,5	14,3p	∸ 59
Außenbeitrag	Mrd. DM	− 0,7	+ 0,4	+ 2,0	+ 2,2p	
Gesamtumsätze	Mrd. DM	201,8	238,7	303,6	324,8	∸ 61
Bevölkerung	Mill.	46,8	47,5	48,1	48,5	÷ 4
Beschäftigte[1]	Mill.	13,5	13,9	14,6	15,0	÷ 11
Arbeitslose	Mill.	1,26	1,59	1,43	1,38	÷ 10
Masseneinkommen[2]	Mrd. DM	41,2	46,2	53,8	60,6p	∸ 47
Verbrauchsgüterproduktion[3] [4]	1936 = 100	86	113	131	135	÷ 57
Einzelhandelsumsätze	1949 = 100	100	109	121	124	÷ 24
Industrieproduktion[3] [5]	1936 = 100	90	113	135	145	+ 61
Steinkohlenförderung	Mill. t	103,2	110,7	118,9	123,3	÷ 36
Stahlproduktion	Mill. t	9,0	11,8	13,1	15,3	÷ 70
Stromerzeugung	Mrd. kWh	38,0	44,0	51,3	56,2	÷ 48
Investitionsgüterproduktion[3]	1936 = 100	83	114	151	170	÷ 105
Investitionen insgesamt[6]	Mrd. DM	17,1	20,9	29,2	31,4p	÷ 84
Bauinvestitionen	Mrd. DM	6,5	8,4	10,8	12,1p	∸ 86
Bauproduktion[3]	1936 = 100	89	109	128	135	+ 52
Fertiggestellte Wohnungen	1000	104,8[11] [12]	302,0	406,1	437,7	.
Fertiggestellte Wohnräume	1000	350,0[11] [12]	1 019,2	1 370,1	.	.
Aktives Geldvolumen[7]	Mrd. DM	18,8	21,7	26,1	30,2	÷ 61
Steueraufkommen[8]	Mrd. DM	15,3	15,5	20,9	26,2	÷ 71
Grundstoffpreise	1938 = 100	191	207	250	262	∸ 37
Ind. Erzeugerpreise	1938 = 100	185	183	221	225	+ 22
Einzelhandelspreise	1938 = 100	191	172	188	188	− 2
Lebenshaltungskosten[9]	1938 = 100	166	156	168	171	÷ 3
Einfuhr	Mrd. DM	7,8	11,4	14,7	16,2	÷ 108
Ausfuhr	Mrd. DM	4,1	8,4	14,6	16,9	÷ 312
Nahrungsmitteleinfuhr	Mrd. DM	3,6[11]	5,0	5,9	6,1	.
Rohstoffeinfuhr	Mrd. DM	1,9[11]	3,4	5,2	5,6	.
Transportvolumen[3] [10]	1936 = 100	73[11]	78	90	94	.

[1] Arbeiter, Angestellte und Beamte. — [2] Ohne Versorgungsbezüge der Bundesbahn und -post. — [3] Arbeitstäglich. — [4] Ohne Nahrungs- und Genußmittelindustrien. — [5] Ohne Bau. — [6] In jeweiligen Preisen. — [7] Jahresendstände. — [8] Bundes- und Ländersteuern einschl. Notopfer Berlin. — [9] Mittlere Verbrauchergruppe. — [10] Beförderte Güter, ohne Kraftverkehr. — [11] Vereinigtes Wirtschaftsgebiet. — [12] April—Dezember. — p Vorläufig.

Industrielle Produktion
1936 = 100

Hauptgruppen[1]	1948	1949	1950	1951	1952
Gesamte Industrie	63	90	113	135	144
Gesamte Industrie ohne Bau	63	90	113	135	145
Gesamte Industrie ohne Bau und Energie	60	87	111	132	142
Bergbau	81	96	106	117	125
Grundstoff- und Produktionsgüter	57	84	107	126	131
Investitionsgüter	51	83	114	151	170
Verbrauchsgüter	54	86	113	131	135
Nahrungs, und Genußmittel-Industrie	80	99	112	119	127
Verarbeitende Industrie insgesamt	58	86	111	134	143
Energieerzeugung	112	136	154	181	199
Bau		89	109	128	135

[1] Jahresdurchschnitte aus kalendermonatlichen Indexziffern errechnet.

Industriegruppen[1]	1948	1949	1950	1951	1952
Bergbau					
Kohlenbergbau	79	92	99	108	112
Eisenerzbergbau	88	112	135	166	196
Metallerzbergbau	97	120	144	145	142
Kali- u. Steinsalzbergbau	88	111	141	166	183
Erdölgewinnung	143	189	251	307	395
Grundstoff- und Produktionsgüter-Industrie					
Steine und Erden	51	79	95	104	108
Eisen- u. Stahlerzeugung	38	63	82	93	107
Eisen-, Stahl- u. Tempergießerei	44	68	87	112	119
Ziehereien und Kaltwalzwerke	41	62	78	87	97

[1] Jahresdurchschnitte aus kalendermonatlichen Indexziffern errechnet.

Industriegruppen[1]	1948	1949	1950	1951	1952
NE-Leichtmetallhütten	15	58	55	147	199
NE-Schwermetallhütten	40	91	123	127	125
NE-Metallhalbzeug	46	62	86	105	92
Chemische Industrie[2]	70	96	125	150	155
Chemische Fasererzeugung	133	223	266	308	239
Mineralölverarbeitung	32	76	155	201	224
Gummiverarbeitung	82	105	117	130	144
Flachglaserzeugung	93	138	140	171	147
Sägewerke und Holzbearbeitung	72	99	106	113	101
Zellstoff- und Papiererzeugung	52	77	97	112	104
Investitionsgüter					
Stahlbau	39	59	58	68	88
Maschinenbau	56	97	124	165	189
Fahrzeugbau	30	74	126	164	194
Schiffbau	27	36	53	71	92
Elektrotechnik	106	150	198	272	288
Feinmechanik und Optik	53	86	122	163	183
Eisen-, Blech- und Metallwaren[3]	47	63	94	125	134
Verbrauchsgüter					
Feinkeramische Industrie	64	89	102	129	130
Hohlglaserzeugung	94	159	184	232	225
Ledererzeugung	40	63	73	71	74
Schuhindustrie	49	70	78	80	88
Textilindustrie	51	90	119	130	125
Nahrungs- und Genußmittel					
Nahrungsmittel-Industrie	119	131	144	142	149
Brauerei	41	53	68	90	103
Tabakverarbeitung	33	74	83	95	105
Energieerzeugung					
Elektrizitätserzeugung	123	151	172	201	220
Gaserzeugung	79	88	101	120	134

[1] Jahresdurchschnitte aus kalendermonatlichen Indexziffern errechnet. — [2] Einschl. Kohlewertstoffindustrie. — [3] Einschl. Stahlverformung.

Zahlen zur Kohlenwirtschaft

Vorgang	Einheit	1936	1948	1949	1950	1951	1952
Produktion							
Steinkohle, jährlich	Mill. t	117	87	103	111	119	123
Steinkohle, arbeitstäglich	1000 t	384	285	338	364	393	407
Arbeiter insg. im Steinkohlenbergbau	1000	276	404	422	457	449	467
Schichtleistung je Mann unter Tage ..	t	2,11	1,27	1,36	1,40	1,46	1,48
Steinkohlenkoks	Mill. t	30	20	25	27	34	37
Braunkohlenbriketts	Mill. t	11,7	12,9	14,3	14,9	15,9	16,4
Preise							
Steinkohle	1938=100	101	166	207	211	234	272
Braunkohle	1938=100	100	122	147	149	151	151
durchschnittl. Importpreise[1]	DM/t	.	29	35	36	73	69
durchschnittl. Exportpreise[1]	DM/t	.	36	50	50	62	71
Außenhandel							
Ausfuhr	Mill. t	36,4[2]	16,4	21,1	24,1	23,6	23,3
Einfuhr	Mill. t	5,0[2]	3,9	4,5	4,3	9,9	12,2
Exportquote..........................	v H	11,7[3]	.	26,9[4]	27,3	25,9	24,3
Versorgung							
Inlandsabsatz[5]	Mill. t	.	.	57,4	66,3	78,0	84,5p
Haldenbestände bei den Zechen und Gruben[6]	1000 t	.	296	127	77	99	96
Kohlenbestände der Industrie[6]	1000 t SKE	.	.	.	1216	1887	3237
Kohlenbestände der E- und Gaswerke[6]	1000 t SKE	.	.	1044	427	717	1206p
Brennstoffverbrauch der Industrie	MD 1000 t SKE	.	.	4373[7]	4616	5017	4641
Brennstoffverbrauch der Industrie	v H der Steinkohlenförderung	.	.	48,8	50,0	50,6	45,3

[1] Steinkohle einschl. Preßkohle, frei Grenze. — [2] Deutsches Reich. — [3] Steinkohlenbergbau allein 1936: 16,0 %, 1937: 21,7 %. — [4] Bis Juni 1949 ohne franz. Zone. — [5] Steinkohle, Briketts und Koks (einschl. Einfuhr). — [6] Am Jahresende. — [7] 2. Halbjahr. — p Vorläufig.

Zahlen zur Eisen- und Stahlwirtschaft

Vorgang	Einheit	1936	1948	1949	1950	1951	1952
Produktion							
Roheisen jährlich	1000 t	12 581	4 663	7 140	9 473	10 697	12 877
kalendertäglich	,,	34,4	12,7	19,6	25,9	29,3	35,2
Rohstahl[1] jährlich	,,	14 826	5 561	9 156	12 121	13 506	15 806
arbeitstäglich	,,	48,9	18,2	29,8	39,7	44,1	50,6
Walzstahlfertigerzeugnisse jährlich	,,	9 865	3 720	6 339	8 166	9 356	10 698
arbeitstäglich	,,	32,6	12,2	20,6	26,8	30,6	34,3
Gießereierzeugnisse jährlich	,,	3 345[2]	1 079	1 676	2 156	2 764	2 921
arbeitstäglich	,,	11,0[2]	3,5	5,5	7,1	9,1	9,7
Energie- und Rohstoffverbrauch							
Erzverbrauch für die Roheisenerzeugung FE-Gehalt	1000 t	12 078[2]	2 723	3 786	5 423	6 635	8 462
dar.: Auslandserze FE-Gehalt	,,	9 460[2]	1 009	1 561	2 605	3 424	4 692
Schrottverbrauch der Hochofen- und Stahlwerke	,,	5 940	3 104	5 515	7 200	7 062	7 855
Kohlenverbrauch der eisenschaffenden Industrie[3]	,,	19 289[2]	7 739	10 071	12 576	14 166	17 252
dar.: Koks	,,	15 286[2]	5 469	7 258	9 277	10 860	13 614
Versorgung							
Auftragseingang von Walzstahlfertigerzeugnissen	1000 t	.	4 028	5 341	13 920	9 676	10 616
Lieferungen von Walzstahlfertigerzeugnissen	,,	.	3 666	6 192	8 542	9 555	10 910
dar.: in das Bundesgebiet	,,	.	.	.	6 690	7 408	9 117
Auftragsbestand von Walzstahlfertigerzeugnissen[4]	,,	.	2 421	1 779	7 173	7 428	5 136
dar.: Bundesgebiet	,,	.	.	.	6 090	6 561	4 664
Außenhandel							
Einfuhr von Roheisen	1000 t	445[2 5]	0	0	11	32	148
Einfuhr von Walzstahl	,,	421[2 5]	15	50	207	117	845
Ausfuhr von Roheisen	,,	62[2 5]	63	92	474	461	331
Ausfuhr von Walzstahl	,,	1 908[2 5]	158	479	1 615	1 891	1 576
Exportquote der eisenschaffenden Industrie	vH	10,6[6]	.	8,6[7]	16,4	16,9	13,0
Preise							
Roheisen	1938 = 100	.	215[8]	215	223	295	437
Stabstahl	,,	.	193[8]	194	207	255	358
Stabstahl durchschnittl. Importpreis...	DM/t	116[2]	385[9]	400[9]	283	526	540
durchschnittl. Exportpreis ..	,,	110[2]	332[9]	470[9]	375	583	750

[1] Einschließlich Stahlformguß. — [2] Reichsgebiet. — [3] Hochofen-, Stahl- und Walzwerke sowie Schmiedepreß- und Hammerwerke, bis 1949 außerdem Erzbergwerke, Schrottbetriebe, Gesenkschmieden, Gießereien, Ziehereien und Kaltwalzwerke sowie Betriebe der Industrie der feuerfesten Stoffe. — [4] Am 31. Dezember. — [5] 1938. — [6] Einschließlich Ziehereien und Kaltwalzwerke. — [7] 2. Halbjahr. — [8] Mitte Juni. — [9] Vereinigtes Wirtschaftsgebiet.

Elektrizitätsversorgung

Vorgang	Einheit	1948	1949	1950	1951	1952
Stromerzeugung insgesamt	Mrd. kWh	32,6	38,7	44,0	51,4	56,0
davon: Öffentliche Werke	,, ,,	20,4	23,8	26,8	31,5	34,3
Industrie-Kraftwerke	,, ,,	12,2	14,9	17,2	19,9	21,7
Industrie-Kraftwerke	in v H der Gesamterzeugung	37,3	38,4	39,1	38,7	38,8
Stromeinfuhr.......................	Mrd. kWh	1,26	1,15	1,55	2,00	1,89
Stromausfuhr	,, ,,	1,76	1,12	0,67	1,02	0,87
Außenhandelssaldo	,, ,,	− 0,50	+ 0,03	+ 0,88	+ 0,98	+ 1,02
Stromverbrauch insgesamt	Mrd. kWh	.	38,7	44,8	52,2	57,0
Verbrauch der Industrie	,, ,,	.	24,0	29,0	34,3	37,6
Verbrauch der Industrie	in v H	.	62,0	64,8	65,7	66,5
Installierte Leistung der öffentlichen Werke (Stand am Jahresende)	Mrd. W	5,96	6,28	6,90	7,82	8,68

Umsatz der Industrie

Industriegruppen	1949[1]	1950	1951	1952
	in Mill. DM			
B e r g b a u ...	2116	4466	5546	6706
Kohlenbergbau	1881	3879	4822	5864
Salzbergbau und Salinen	112	270	316	338
Fluß-, Schwerspat-, Graphit- und sonstiger Bergbau	6	20	32	30
Torfindustrie	14	29	50	53
Eisenerzbergbau	65	158	206	289
NE-Metallerzbergbau	38	110	120	132
G r u n d s t o f f - u. P r o d u k - t i o n s g ü t e r - I n d u s t r i e	8779	22 499	33 382	36 750
Erdölgewinnung, Mineralölverarbeitung / Braunkohlen- und Torfteerdestillation	345	1019	1626	2038
Hochofen-, Stahl- und Warmwalzwerke / Schmiede-, Hammer-, Preß- und Ziehwerke	1977	5334	7591	8861
Ziehereien und Kaltwalzwerke				2017
Eisen-, Stahl- und Tempergießereien	467	1120	1753	2168
NE-Metallhütten u. Umschmelzwerke	301	937	1584	1522
NE-Metallhalbzeugwerke	259	803	1508	1138
NE-Metallgießereien	58	178	365	326
Chemische Industrie (einschl. Kunstfaser)	2628	6792	9444	9096
Kohlewertstoffindustrie	136	272	410	544
Kautschuk- und Asbestindustrie	457	1111	1614	1631
Sägerei und Holzbearbeitung	613	1372	1867	1936
Holzschliff-, Zellstoff-, Papierindustrie	541	1388	2664	2160
Steine und Erden	997	2173	2956	3313
I n v e s t i t i o n s g ü t e r - i n d u s t r i e	7617	18 256	26 367	31 439
Stahlbau (einschl. Waggonbau)	633	1266	1591	2134
Maschinenbau	2252	5459	7921	10 024
Fahrzeugbau	1350	3352	4492	5524
Schiffbau	125	402	620	1058
Elektroindustrie	1433	3340	5137	5410
Feinmechanische und optische Industrie	282	691	1027	1225
Eisen-, Stahl-, Blech- und Metallwaren	1542	2948	4060	4118
Stahlverformung		798	1519	1946
V e r b r a u c h s g ü t e r - I n d u s t r i e	8774	20 340	26 869	25 282
Textilindustrie	4157	9838	12 838	11 084
Kundenwäschereien u. Färbereien	51	114	132	135
Bekleidungsindustrie	1079	2555	3356	3449
Ledererzeugende Industrie	394	881	941	845
Lederverarbeitende Industrie	154	338	434	457
Schuhindustrie	582	1210	1417	1434
Feinkeramische Industrie	209	503	725	718
Glasindustrie	229	496	692	727
Holzverarbeitende Industrie	709	1618	2227	2261
Papierverarbeitende Industrie	424	1013	1664	1418
Druckerei und Vervielfältigungsindustrie	560	1225	1637	1804
Kunststoffverarbeitende Industrie	106	262	376	440
Spielwarenindustrie[2]	120	287	430	510
N a h r u n g s - u n d G e n u ß - m i t t e l i n d u s t r i e	7364	14 843	17 678	18 882
Lebensmittel	3326	6633	8682	8973
Zucker	583	1212	1342	1058
Molkereien	1078	2058	2079	2438
Brauerei und Mälzerei	576	1297	1613	1933
Spiritus	312	545	666	736
Tabakverarbeitung	1489	3098	3296	3744
I n d u s t r i e i n s g e s a m t ..	34 650	80 404	109842	119059

[1] Nur 2. Halbjahr. — [2] Einschließl. Musikinstrumente, Schmuckwaren, Sportgeräte.

Beschäftigte in der Industrie

Industriegruppen	1949	1950	1951	1952
	in 1000[1]			
B e r g b a u	559	574	594	617
Kohlenbergbau	505	518	531	549
Salzbergbau und Salinen	15	17	19	20
Fluß-, Schwerspat-, Graphit- und sonstiger Bergbau	2	3	3	3
Torfindustrie	8	6	8	9
Eisenerzbergbau	19	19	21	23
NE-Metallerzbergbau	10	11	12	13

[1] Jahresdurchschnitte; nach dem Industriebericht, Betriebe mit 10 und mehr Beschäftigten, einschließlich der tätigen Inhaber, aber ohne Heimarbeiter.

Beschäftigte in der Industrie (Fortsetzung)

Industriegruppen	1949	1950	1951	1952
	in 1000[1]			
G r u n d s t o f f - u. P r o d u k - t i o n s g ü t e r - I n d u s t r i e	1042	1108	1209	1259
Erdölgewinnung, Mineralölverarbeitung[2]	29	25	27	28
Hochofen-, Stahl- und Warmwalzwerke	194	155	167	179
Schmiede-, Hammer-, Preß- und Ziehwerke		19	16	16
Ziehereien und Kaltwalzwerke		42	49	53
Eisen-, Stahl- und Tempergießereien	107	116	138	146
NE-Metallhütten u. Umschmelzwerke	47	19	24	24
NE-Metallhalbzeugwerke		35	40	37
NE-Metallgießereien	14	16	20	20
Chemische Industrie (einschl. Kunstfaser)	268	281	291	311
Kohlewertstoffindustrie	7	4	4	5
Kautschuk- und Asbestindustrie	55	58	63	63
Sägerei und Holzbearbeitung	88	88	92	91
Holzschliff-, Zellstoff-, Papierindustrie	50	55	61	63
Steine und Erden	189	195	217	223
I n v e s t i t i o n s g ü t e r - i n d u s t r i e	1313	1433	1650	1754
Stahlbau (einschl. Waggonbau)	118	118	120	128
Maschinenbau	410	450	522	571
Fahrzeugbau	178	191	212	220
Schiffbau	36	44	51	62
Elektroindustrie	230	253	304	319
Feinmechanische und optische Industrie	74	78	94	103
Eisen-, Stahl-, Blech- und Metallwaren	267	299	262	259
Stahlverformung			85	92
V e r b r a u c h s g ü t e r - I n d u s t r i e	1176	1350	1512	1517
Textilindustrie	441	528	585	567
Kundenwäschereien u. Färbereien	18	20	18	19
Bekleidungsindustrie	161	184	214	223
Ledererzeugende Industrie	28	30	30	29
Lederverarbeitende Industrie	23	24	28	30
Schuhindustrie	73	82	88	90
Feinkeramische Industrie	53	56	65	67
Glasindustrie	37	44	54	56
Holzverarbeitende Industrie	157	167	185	179
Papierverarbeitende Industrie	48	56	63	65
Druckerei und Vervielfältigungsindustrie	89	105	116	120
Kunststoffverarbeitende Industrie	20	21	26	27
Spielwarenindustrie[3]	28	33	40	45
N a h r u n g s - u n d G e n u ß - m i t t e l i n d u s t r i e	325	337	356	375
Lebensmittel	189	177	182	183
Zucker	15	16	17	16
Molkereien	22	25	27	39
Brauerei und Mälzerei	35	40	44	49
Spiritus	9	11	13	15
Tabakverarbeitung	55	68	73	75
I n d u s t r i e i n s g e s a m t ..	4415	4802	5321	5522

[2] Einschließlich Braunkohlen- und Torfteerdestillation. — [3] Einschließlich Musikinstrumente, Schmuckwaren, Sportgeräte usw.

Lohn- und Gehaltssummen der Industrie

Industriegruppen	1949[1]	1950	1951	1952
	in Mill. DM			
B e r g b a u	975	2180	2674	2981
Kohlenbergbau	895	2004	2440	2713
Salzbergbau und Salinen	26	59	76	85
Fluß-, Schwerspat-, Graphit- und sonstiger Bergbau	2	6	10	11
Torfindustrie	9	15	24	28
Eisenerzbergbau	27	59	74	89
NE-Metallerzbergbau	16	37	50	55
G r u n d s t o f f - u. P r o d u k - t i o n s g ü t e r - I n d u s t r i e	1709	3813	4891	5425
Erdölgewinnung, Mineralölverarbeitung[2]	38	75	121	142
Hochofen-, Stahl- und Warmwalzwerke	300	710	946	1119
Schmiede-, Hammer-, Preß- und Ziehwerke	26	50	31	39
Ziehereien und Kaltwalzwerke	41	128	169	209
Eisen-, Stahl- und Tempergießereien	136	311	423	493
NE-Metallhütten u. Umschmelzwerke	31	68	100	108

[1] Nur 2. Halbjahr. — [2] Einschließlich Braunkohlen- und Torfteerdestillation.

Lohn- und Gehaltssummen der Industrie
(Fortsetzung)

Industriegruppen	1949¹	1950	1951	1952
	Monatsdurchschnitte in DM			
NE-Metallhalbzeugwerke	46	116	161	166
NE-Metallgießereien	16	39	51	60
Chemische Industrie (einschl. Kunstfaser)	494	1066	1325	1399
Kohlewertstoffindustrie	7	14	18	21
Kautschuk- und Asbestindustrie	88	193	239	260
Sägerei und Holzbearbeitung	113	234	276	286
Holzschliff-, Zellstoff-, Papierindustrie	86	198	262	266
Steine und Erden	287	611	769	857
Investitionsgüterindustrie	2082	4732	6321	7248
Stahlbau (einschl. Waggonbau)	217	432	512	557
Maschinenbau	667	1540	2076	2557
Fahrzeugbau	287	684	895	935
Schiffbau	59	148	203	288
Elektroindustrie	372	846	1164	1289
Feinmechanische und optische Industrie	102	230	325	378
Eisen-, Stahl-, Blech- und Metallwaren	378	852	868	902
Stahlverformung			278	342
Verbrauchsgüterindustrie	1457	3527	4415	4682
Textilindustrie	510	1390	1734	1736
Kundenwäschereien u. Färbereien	18	41	43	48
Bekleidungsindustrie	158	376	490	538
Ledererzeugende Industrie	51	113	126	133
Lederverarbeitende Industrie	25	55	67	78
Schuhindustrie	94	197	229	258
Feinkeramische Industrie	67	149	210	226
Glasindustrie	59	136	190	204
Holzverarbeitende Industrie	199	434	529	552
Papierverarbeitende Industrie	59	142	180	202
Druckerei und Vervielfältigungsindustrie	160	361	437	491
Kunststoffverarbeitende Industrie	25	59	76	88
Spielwarenindustrie³	32	74	104	128
Nahrungs- und Genußmittelindustrie	466	932	1103	1249
Lebensmittel	.	487	566	606
Zucker	32	59	74	76
Molkereien	.	.	87	145
Brauerei und Mälzerei	67	148	186	227
Spiritus	16	35	46	50
Tabakverarbeitung	53	125	144	145
Industrie insgesamt	6689	15184	19404	21585

¹ Nur 2. Halbjahr. — ³ Einschließlich Musikinstrumente, Schmuckwaren, Sportgeräte usw.

Löhne und Gehälter je 1000 DM Umsatz der Industrie
(Fortsetzung)

Industriegruppen¹	1949¹	1950	1951	1952
	Monatsdurchschnitte in DM			
Investitionsgüterindustrie	.	.	238	228
Stahlbau (einschl. Waggonbau)	303	306	291	246
Maschinenbau	295	281	261	240
Fahrzeugbau	221	208	195	179
Schiffbau	481	404	356	292
Elektroindustrie	263	252	226	240
Feinmechanische und optische Industrie	353	332	303	298
Eisen-, Stahl-, Blech- und Metallwaren	252	245	225	226
Stahlverformung			204	188
Verbrauchsgüterindustrie	.	.	168	190
Textilindustrie	137	143	137	159
Bekleidungsindustrie	150	153	148	162
Ledererzeugende Industrie	123	123	125	142
Lederverarbeitende Industrie	179	180	177	189
Schuhindustrie	166	170	171	188
Feinkeramische Industrie	345	323	297	325
Glasindustrie	258	275	272	289
Holzverarbeitende Industrie	288	278	247	245
Papierverarbeitende Industrie	157	170	171	160
Druckerei und Vervielfältigungsindustrie	315	306	277	282
Kunststoffverarbeitende Industrie	271	241	227	219
Spielwarenindustrie	228	271	245	268
Nahrungs- und Genußmittelindustrie	63	63	62	67
Zucker	54	49	56	69
Brauerei und Mälzerei	122	119	117	120
Spiritus	53	67	71	69
Tabakverarbeitung	36	40	43	42
Industrie insgesamt	.	188	177	181

¹ Nur 2. Halbjahr.

Löhne und Gehälter je 1000 DM Umsatz der Industrie

Industriegruppen	1949¹	1950	1951	1952
	Monatsdurchschnitte in DM			
Bergbau	.	.	469	432
Kohlenbergbau	463	506	489	447
Salzbergbau und Salinen	234	219	236	253
Fluß-, Schwerspat-, Graphit- und sonstiger Bergbau	449	378	355	410
Eisenerzbergbau	468	420	418	353
NE-Metallerzbergbau	426	326	357	380
Grundstoff- u. Produktionsgüter-Industrie	.	.	147	147
Erdölgewinnung, Mineralölverarbeitung	122	86	74	67
Braunkohlen- und Torfteerdestillation				
Hochofen-, Stahl- und Warmwalzwerke	184	162	143	119
Schmiede-, Hammer-, Preß- und Ziehwerke				
Ziehereien und Kaltwalzwerke		151	133	120
Eisen-, Stahl- und Tempergießereien	312	299	266	245
NE-Metallhütten u. Umschmelzwerke	116	83	68	78
NE-Metallhalbzeugwerke	151	154	108	138
NE-Metallgießereien	322	271	169	211
Chemische Industrie (einschl. Kunstfaser)	188	157	143	156
Kohlewertstoffindustrie	118	114	99	102
Kautschuk- und Asbestindustrie	198	184	152	164
Sägerei und Holzbearbeitung	182	172	146	145
Holzschliff-, Zellstoff-, Papierindustrie	147	130	91	118
Steine und Erden	291	292	266	265

Lohnkosten je geleistete Arbeiterstunde in der Industrie

Industriegruppen	1949¹	1950	1951	1952
	Monatsdurchschnitte in DM			
Bergbau	.	.	1,92	2,09
Kohlenbergbau	1,49	1,68	1,96	2,16
Salzbergbau und Salinen	1,33	1,38	1,58	1,67
Fluß-, Schwerspat-, Graphit- und sonstiger Bergbau	1,14	1,17	1,39	1,55
Eisenerzbergbau	1,30	1,37	1,59	1,70
NE-Metallerzbergbau	1,36	1,44	1,71	1,88
Grundstoff- u. Produktionsgüter-Industrie	.	.	1,60	1,72
Erdölgewinnung, Mineralölverarbeitung	1,37	1,37	1,63	1,74
Braunkohlen- und Torfteerdestillation				
Hochofen-, Stahl- und Warmwalzwerke	1,45	1,52	1,81	2,08
Schmiede-, Hammer-, Preß- und Ziehwerke				
Ziehereien und Kaltwalzwerke		1,33	1,53	1,67
Eisen-, Stahl- und Tempergießereien	1,40	1,43	1,67	1,81
NE-Metallhütten u. Umschmelzwerke	1,38	1,44	1,66	1,76
NE-Metallhalbzeugwerke	1,30	1,34	1,55	1,67
NE-Metallgießereien	1,27	1,31	1,51	1,63
Chemische Industrie (einschl. Kunstfaser)	1,33	1,35	1,62	1,69
Kohlewertstoffindustrie	1,37	1,38	1,67	1,73
Kautschuk- und Asbestindustrie	1,47	1,46	1,74	1,80
Sägerei und Holzbearbeitung	1,08	1,10	1,24	1,32
Holzschliff-, Zellstoff-, Papierindustrie	1,21	1,26	1,52	1,56
Steine und Erden	1,25	1,28	1,46	1,56
Investitionsgüterindustrie	.	.	1,49	1,60
Stahlbau (einschl. Waggonbau)	1,35	1,33	1,55	1,65
Maschinenbau	1,29	1,31	1,52	1,63
Fahrzeugbau	1,40	1,45	1,71	1,82
Schiffbau	1,32	1,33	1,57	1,72
Elektroindustrie	1,19	1,22	1,42	1,51
Feinmechanische und optische Industrie	1,15	1,17	1,34	1,44
Eisen-, Stahl-, Blech- und Metallwaren	1,20	1,22	1,37	1,47
Stahlverformung			1,45	1,56

¹ Nur 2. Halbjahr.

Lohnkosten je geleistete Arbeitsstunde in der Industrie
(Fortsetzung)

Industriegruppen	1949[1]	1950	1951	1952
	Monatsdurchschnitte in DM			
Verbrauchsgüter-Industrie	.	.	1,25	1,30
Textilindustrie	1,03	1,08	1,25	1,30
Bekleidungsindustrie	0,89	0,91	1,06	1,07
Ledererzeugende Industrie	1,27	1,31	1,53	1,58
Lederverarbeitende Industrie	1,02	1,01	1,08	1,14
Schuhindustrie	1,10	1,09	1,28	1,31
Feinkeramische Industrie	1,13	1,16	1,36	1,41
Glasindustrie	1,24	1,26	1,42	1,47
Holzverarbeitende Industrie	1,10	1,11	1,23	1,31
Papierverarbeitende Industrie	0,99	1,00	1,13	1,20
Druckerei und Vervielfältigungsindustrie	1,35	1,37	1,50	1,62
Kunststoffverarbeitende Industrie	0,90	1,11	1,26	1,32
Spielwarenindustrie	1,01	1,00	1,13	1,17
Nahrungs- und Genußmittelindustrie	1,02	1,03	1,16	1,25
Zucker	1,11	1,17	1,39	1,55
Brauerei und Mälzerei	1,29	1,30	1,48	1,63
Spiritus	1,08	1,10	1,22	1.27
Tabakverarbeitung	0,81	0,79	0,88	0,92
Industrie insgesamt	.	1,28	1,48	1,58

[1] Nur 2. Halbjahr.

Umsatz je Beschäftigten in der Industrie

Industriegruppen	1949[1]	1950	1951	1952
	Monatsdurchschnitte in DM			
Bergbau	.	.	794	908
Kohlenbergbau	615	625	756	891
Salzbergbau und Salinen	1199	1344	1404	1410
Fluß-, Schwerspat-, Graphit- und sonstiger Bergbau	490	651	813	754
Eisenerzbergbau	582	698	836	1070
NE-Metallerzbergbau	623	844	822	895
Grundstoff- u. Produktionsgüter-Industrie	.	.	2271	2432
Erdölgewinnung, Mineralölverarbeitung	}2374	3368	5024	6026
Braunkohlen- und Torfteerdestillation				
Hochofen-, Stahl- und Warmwalzwerke	}1702	}2070	}2765	}3774
Schmiede-, Hammer-, Preß- und Ziehwerke				
Ziehereien und Kaltwalzwerke		1939	2594	3189
Eisen-, Stahl- und Tempergießereien	721	797	1057	1236
NE-Metallhütten u. Umschmelzwerke	2906	4088	5558	5376
NE-Metallhalbzeugwerke	1490	1899	3178	2542
NE-Metallgießereien	695	898	1543	1347
Chemische Industrie (einschl. Kunstfaser)	1625	2003	2568	2441
Kohlewertstoffindustrie	4796	5416	7692	8712
Kautschuk- und Asbestindustrie	1380	1569	2128	2146
Sägerei und Holzbearbeitung	1186	1302	1690	1767
Holzschliff-, Zellstoff-, Papierindustrie	1725	2085	3634	2832
Steine und Erden	862	920	1128	1230
Investitionsgüter-industrie	.	.	1331	1498
Stahlbau (einschl. Waggonbau)	905	891	1085	1388
Maschinenbau	907	1006	1262	1463
Fahrzeugbau	1283	1457	1786	2095
Schiffbau	585	743	1004	1418
Elektroindustrie	991	1088	1405	1416
Feinmechanische und optische Industrie	647	737	917	996
Eisen-, Stahl-, Blech- und Metallwaren	}952	}1034	1339	1324
Stahlverformung			1492	1782
Verbrauchsgüter-Industrie	.	.	1518	1386
Textilindustrie	1572	1548	1832	1629
Bekleidungsindustrie	1076	1150	1305	1282
Ledererzeugende Industrie	2279	2424	2592	2400
Lederverarbeitende Industrie	1140	1158	1272	1240
Schuhindustrie	1249	1225	1334	1316
Feinkeramische Industrie	658	741	936	894
Glasindustrie	982	944	1075	1083
Holzverarbeitende Industrie	662	792	1006	1051
Papierverarbeitende Industrie	1406	1489	2198	1818
Druckerei und Vervielfältigungsindustrie	932	974	1179	1250
Kunststoffverarbeitende Industrie	900	1018	1195	1338

[1] Nur 2. Halbjahr.

Umsatz je Beschäftigten in der Industrie
(Fortsetzung)

Industriegruppen	1949[1]	1950	1951	1952
	Monatsdurchschnitte in DM			
Spielwarenindustrie	1001	860	1021	1025
Nahrungs- und Genußmittelindustrie	3582	3664	4132	4196
Zucker	5452	6414	6866	6007
Brauerei und Mälzerei	3876	2696	3034	3265
Spiritus	4993	4190	4228	4688
Tabakverarbeitung	4164	3840	3748	3932
Industrie insgesamt	.	1390	1716	1798

[1] Nur 2. Halbjahr.

Exportquoten der Industrie

Industriegruppen	1949[1]	1950	1951	1952
	in vH[2]			
Bergbau	.	.	24,5	23,2
Kohlenbergbau		28,1	25,8	29,9
Salzbergbau und Salinen	20,2	30,2	27,4	29,4
Fluß-, Schwerspat-, Graphit- und sonstiger Bergbau	43,0	47,7	50,8	42,1
Grundstoff- u. Produktionsgüter-Industrie	.	.	11,9	12,2
Erdölgewinnung, Mineralölverarbeitung	}1,0	0,5	1,9	4,4
Braunkohlen- und Torfteerdestillation				
Hochofen-, Stahl- und Warmwalzwerke	}9,1	}16,2	16,9	13,3
Schmiede-, Hammer-, Preß- und Ziehwerke				
Ziehereien und Kaltwalzwerke		20,4	19,4	14,1
Eisen-, Stahl- und Tempergießereien	5,7	8,5	8,2	6,8
NE-Metallhalbzeugwerke	4,9	14,8	30,4	27,2
Chemische Industrie (einschl. Kunstfaser)	6,9	12,2	17,2	14,4
Kohlewertstoffindustrie	3,5	9,0	7,1	7,0
Kautschuk- und Asbestindustrie	1,1	4,4	7,4	6,7
Sägerei und Holzbearbeitung	1,4	1,7	2,9	1,2
Holzschliff-, Zellstoff-, Papierindustrie	2,2	6,2	8,7	4,0
Steine und Erden	4,6	5,8	6,3	6,9
Investitionsgüter-Industrie	.	.	18,4	21,5
Stahlbau (einschl. Waggonbau)	2,3	5,1	8,8	13,3
Maschinenbau	10,7	20,2	26,1	30,7
Fahrzeugbau	3,4	11,2	16,6	17,8
Schiffbau	28,8	19,6	23,4	38,7
Elektroindustrie	4,0	7,7	10,5	13,0
Feinmechanische und optische Industrie	14,3	26,3	32,2	34,7
Eisen-, Stahl-, Blech- und Metallwaren	}5,5	11,7	17,1	16,5
Stahlverformung		8,7	12,1	10,8
Verbrauchsgüter-Industrie	.	.	4,9	5,5
Textilindustrie	3,5	3,7	5,8	6,8
Bekleidungsindustrie	0,2	0,3	0,7	0,8
Ledererzeugende Industrie	0,9	2,3	4,6	7,4
Lederverarbeitende Industrie	1,8	3,9	5,8	7,4
Feinkeramische Industrie	8,9	15,0	18,4	18,9
Glasindustrie	2,3	6,7	12,6	13,5
Holzverarbeitende Industrie	0,6	1,6	2,9	2,8
Papierverarbeitende Industrie	0,5	1,1	1,6	2,0
Druckerei und Vervielfältigungsindustrie	0,7	0,3	0,6	0,7
Kunststoffverarbeitende Industrie	1,1	3,4	8,2	10,0
Spielwarenindustrie	15,6	23,4	34,0	33,0
Nahrungs- und Genußmittelindustrie	0,1	0,2	0,9	0,7
Industrie insgesamt	5,9	8,3	10,6	11,5

[1] Nur 2. Halbjahr. — [2] Auslandsumsatz in vH des Gesamtumsatzes.

Betriebe und Beschäftigte des Handwerks
in den Jahren 1939 und 1949 im Bundesgebiet

Handwerks-gruppen	Anzahl der Betriebe		Veränderung 1949 zu 1939	Anzahl der Beschäftigten		Veränderung 1949 zu 1939	Beschäftigte je Betrieb		Anteil der Betriebe in vH		Anteil der Beschäftigten in vH		Auf 1000 Einwohner entfallen ... Betriebe		Auf 1000 Einwohner entfallen ... Beschäftigte	
	1939	1949		1939	1949		1939	1949	1939	1949	1939	1949	1939	1949	1939	1949
I. Bau	160 684	177 514	+ 10,5	950 955	1 050 746	+ 10,5	5,9	5,9	20,3	20,5	36,4	34,3	4,1	3,8	24,2	22,5
II. Nahrungs-mittel	130 132	116 198	− 10,7	455 566	404 155	− 11,3	3,5	3,5	16,4	13,5	17,5	13,2	3,3	2,5	11,6	8,6
III. Bekleidung	241 866	273 801	+ 13,2	432 774	573 720	+ 32,6	1,8	2,1	30,6	31,7	16,6	18,8	6,2	5,9	11,0	12,3
IV. Eisen- u. Me-tallverarbeitg.	89 422	117 255	+ 31,1	306 037	447 930	+ 46,4	3,4	3,8	11,3	13,6	11,7	14,6	2,3	2,5	7,8	9,6
V. Holzver-arbeitung	100 830	104 723	+ 3,9	272 771	352 612	+ 29,3	2,7	3,4	12,7	12,1	10,5	11,5	2,6	2,2	6,9	7,5
VI. Körperpflege-u. Reinigung	58 658	58 126	− 0,9	162 717	183 490	+ 12,8	2,8	3,2	7,4	6,7	6,2	6,0	1,5	1,2	4,1	3,9
VII. Papier, Kera-mik und Son-stiges[1]	10 487	16 811	.[1]	28 704	47 279	.[1]	2,7	2,8	1,3	1,9	1,1	1,6	0,3	0,4	0,7	1,0
Handwerk insges.	792 079	864 428	+ 9,1	2 609 524	3 059 932	+ 17,3	3,3	3,5	100,0	100,0	100,0	100,0	20,1	18,5	66,3	65,4

[1] Wegen anderer Zusammensetzung der Handwerksgruppe
Vergleich mit 1939 nur bedingt durchführbar.

Bevölkerungszahl 1939: 39 338 000 } Veränderung 1949 zu 1939
Bevölkerungszahl 1949: 46 783 000 } = + 18,9 vH

Bodennutzung

Nutzung	1938	1949	1950	1951	1952
	— Flächen in 1000 ha —				
Landw. Nutzfläche	14 584	14 157	14 126	14 122	14 206
davon: Ackerland	8 492	8 016	7 992	7 975	8 088
Grünland[1]	5 586	5 596	5 574	5 583	5 561
	— Fruchtart in vH der Ackerfläche —				
Getreide	59,9	53,0	55,2	54,8	57,7
Hackfrüchte	23,0	25,3	25,3	25,3	24,6
Futterpflanzen	13,5	17,3	15,5	16,2	14,6
Sonstiges	3,6	4,4	4,0	3,7	3,1

[1] Wiesen und Weiden.

Hektarerträge

Fruchtart[1]	1935/38 JD	1949	1950	1951	1952	1950/52 JD
Getreide	20,4	24,1	23,2	25,6	24,6	24,5
davon: Roggen	18,3	23,4	22,2	23,5	23,0	22,9
Weizen	22,3	26,8	25,8	28,6	27,6	27,4
Gerste	21,2	24,5	24,0	26,2	24,9	25,0
Hafer	20,7	22,9	22,0	25,1	23,5	23,5
Kartoffeln	168,2	185,8	244,9	215,7	208,0	222,9
Zuckerrüben	327,2	283,5	361,6	327,3	307,9	330,9

[1] In dz pro ha.

Viehbestände
(jeweils Dezemberzählung)

Viehart	1935/38 JD	1948	1949	1950	1951	1952
	— 1000 Stück —					
Pferde	1 542	1 618	1 629	1 570	1 455	1 360
Rindvieh	12 114	10 573	10 883	11 149	11 375	11 641
davon Milchkühe[1]	6 600	6 044	6 230	6 358	6 427	6 452
Schweine	12 494	6 758	9 698	11 890	13 603	12 979
davon Zuchtsauen	1 027	830	883	1 113	1 050	1 006
Schafe	1 889	2 492	2 020	1 643	1 666	1 544
Ziegen	1 376	1 428	1 445	1 347	1 302	1 153
Geflügel	54 594	28 231	44 216	51 801	54 271	54 768
	— JD 1935/38 = 100 —					
Pferde	100	104,9	105,6	101,8	94,4	88,2
Rindvieh	100	87,3	89,8	92,0	93,9	96,1
davon Milchkühe[1]	100	91,6	94,4	96,3	97,4	97,8
Schweine	100	54,1	77,6	95,2	108,9	103,9
davon Zuchtsauen	100	80,8	86,0	108,4	102,2	98,0
Schafe	100	131,9	106,9	87,0	88,2	81,7
Ziegen	100	103,8	105,0	97,9	94,6	83,8
Geflügel	100	51,7	81,0	94,9	99,4	100,3

[1] Einschl. Färsen.

Verbrauch der wichtigsten Nahrungsmittel
in kg pro Kopf und Jahr[1] [2]

Art	1935/38 JD	1948/49	1949/50	1950/51	1951/52	1952/53 gesch.
Getreide — Mehlwert —	110,5	123,9	111,4	98,8	98,1	98,0
Kartoffeln	176,0	219,0	199,0	184,0	179,0	177,0
Zucker (Weißzucker)	26,0	19,5	22,9	27,4	24,6	27,0
Frischgemüse	51,9	59,4	42,1	49,3	43,5	.
Frischobst	36,3	21,7	30,2	40,3	44,2	50,0
Fleisch (ohne Schlacht-fette)	51,0	18,1	31,6	36,6	38,0	38,8
Vollmilch (einschl. Sahne)	121,4	67,6	97,4	110,0	113,0	113,0
Eier	7,4	2,5	5,2	7,4	7,4	7,4
Fische	11,8	15,4	12,9	11,8	12,1	11.5
Nahrungsfette insg. (in Reinfett)	22,9	9,5	16,2	20,6	20,6	20,7
davon: Schlachtfette	7,0	2,4	4,7	5,6	5,0	.
Butter	7,4	3,6	4,4	5,1	5,5	5,5
Margarine[3]	8,5	3,5	7,1	9,9	10,1	10,1

[1] Bundesgebiet. — [2] Wirtschaftsjahr 1. 7. bis 30. 6. —
[3] Einschl. Plattenfette und Speiseöle.

Einzelhandelsumsätze
MD 1949 = 100

Zeit	Einzelhandel insgesamt	Nahrungs u. Genußmittel	Textilien u. Bekleidung	Hausrat u. Wohnbedarf	Sonstiges
1949 Januar	81	84	70	90	88
Februar	86	90	78	87	87
März	97	103	91	90	98
April	103	110	100	83	102
Mai	94	95	96	86	96
Juni	91	97	87	78	91
Juli	96	98	93	87	98
August	89	96	76	93	91
September	99	96	97	118	97
Oktober	103	99	111	112	93
November	104	97	117	115	95
Dezember	157	136	183	162	163
1950 Januar	85	86	82	87	84
Februar	85	86	86	85	78
März	98	94	100	103	97
April	99	95	104	98	101
Mai	103	90	121	109	104
Juni	96	88	98	105	110
Juli	110	101	114	132	113
August	108	95	115	137	109
September	116	100	130	157	104
Oktober	109	92	127	147	98
November	116	98	134	150	105
Dezember	179	137	229	218	179
1951 Januar	120	97	150	152	104
Februar	102	91	107	140	97
März	119	110	121	150	122
April	107	96	108	133	122
Mai	110	98	120	134	112
Juni	112	106	110	135	112
Juli	107	100	106	131	112
August	111	106	105	149	111
September	110	102	101	166	110
Oktober	127	108	142	179	115
November	124	108	132	166	122
Dezember	193	150	231	227	223
1952 Januar	108	99	113	132	108
Februar	106	103	103	126	105
März	114	109	107	142	126
April	125	113	131	141	143
Mai	128	112	135	157	138
Juni	104	96	99	137	116
Juli	124	107	135	156	128
August	114	108	105	153	118
September	114	106	107	162	115
Oktober	127	114	138	159	123
November	125	106	142	156	121
Dezember	205	158	246	240	239
1953 Januar	113	106	119	122	117
Februar	102	102	93	113	110
März	121	110	121	148	138
April	125	115	125	141	144

Umsatz u. Wareneingang im westdt. Einzelhandel
Jahresdurchschnitt 1949 = 100

Branche	Umsatz			Wareneingang		
	1950	1951	1952	1950	1951	1952
Lebensmittel	99	109	114	100	108	110
Tabakwaren	78	86	91	75	82	87
Textilien	119	130	130	116	124	113
Schuhe....................	122	118	130	110	113	112
Möbel	152	188	179	149	201	164
Eisenwaren u. Hausrat ...	109	129	137	105	130	129
Glas, Porzellan, Keramik	126	126	136	101	121	120
Drogerien	97	105	117	97	105	112
Leder- u. Galanteriewaren	117	131	139	126	134	141
Papier, Bürobedarf, Schreibwaren	104	126	134	100	124	123
Büromaschinen, -möbel, Org.mittel	120	158	170	122	158	167
Fahrräder	110	113	116	115	113	96
Bücher...................	101	120	136	98	118	133
Einzelhandel insgesamt ..	109	120	125	107	117	115

Personenverkehr und Fremdenverkehr

Zeitraum	Beförderte Personen[1]				Fremdenübernachtungen[2]	
	Schienenverkehr der Dt. Bundesbahn		Kraftomnibusse			
	Mill.	1949=100	Mill.	1949=100	1000	1949=100
1936	668	55	90[3]	20[3]	53 879[4]	337[4]
1949	1 209	100	450[3]	100[3]	16 004	100
1950	1 159	96	538	120	25 765	161
1951	1 127	93	639	142	34 706	217
1952	1 104	91	760	169	40 443	253

[1] Ohne Ortsverk. — [2] Nur Sommerhalbj. — [3] Z. T. geschätzt. [4] 1937.

Umsätze des Lebensmittel- und Textilgroßhandels
MD 1950 = 100

Zeit	Lebensmittelsortiments-Großhandel	Textilwarengroßhandel insgesamt
1951 Januar	118	148
Februar	101	117
März	100	112
April	95	94
Mai	103	82
Juni	107	69
Juli	111	64
August	117	75
September	110	106
Oktober...........	121	144
November	121	124
Dezember.........	116	91
1952 Januar	111	91
Februar	102	81
März	103	92
April	105	79
Mai	109	78
Juni	101	55
Juli	121	78
August	109	75
September	113	122
Oktober...........	116	134
November	108	120
Dezember.........	120	97
1953 Januar	104	87
Februar	100	74
März	113	101

Entwicklung des Laderaums seit 1948

Jahresmitte	Betriebsfähige Güterwagen der Dt. Bundesbahn[1]		Lastkraftwagen		Seeschiffe[2]		Binnenschiffe[3]	
	Anzahl	1949 = 100	Anzahl	1949 =100	1000 BRT	1949 = 100	1000 Tonnen	1949 = 100
1936	362 460	140	158 556	50	3 718	1 239	4 118	138
1948	.	.	.	.	170	57	2 709	91
1949	258 251	100	320 100	100	300	100	2 989	100
1950	262 372	102	358 702	112	460	153	3 048	102
1951	266 262	103	415 208	130	875	292	3 195	107
1952	} 263 000p	} 102p	492 608	154	1 288	429	} 3 295p	} 110p
1953[4]			525 951	164	1 398	466		

[1] Ende des Jahres. — [2] Nach Lloyd's Register; nur Schiffe mit 100 BRT und mehr. — [3] Nur fahrfähige Schiffe; Ende des Jahres. — [4] Am 1. Januar.

Personenfahrzeuge im Eisenbahn- und Kraftverkehr

Jahresmitte	Betriebsfähige Personenwagen der Dt. Bundesbahn[1]		Personenkraftwagen[2]		Kraftomnibusse		Krafträder	
	Anzahl	1949 =100	Anzahl	1949 = 100	Anzahl	1949 = 100	Anzahl	1949 = 100
1936	31 523	155	529 879	149	9 626	97	645 851	105
1948	19 356	95	.	.	.	.	.	.
1949	20 281	100	354 918[4]	100	9 931[4]	100	615 678[4]	100
1950	20 182	100	518 474[4]	146	14 328[4]	144	913 546[4]	148
1951	20 861	103	684 508[4]	193	16 520[4]	166	1 180 675[4]	192
1952	} 20 950	} 103	903 575	255	19 546	197	1 582 118	257
1953[3]			1 009 790	285	20 624	208	1 743 114	283

[1] Ende des Jahres. — [2] Einschließlich Krankenkraftwagen. — [3] Am 1. Januar. — [4] Ohne die aus steuerlichen oder sonstigen Gründen als vorübergehend stillgelegt abgemeldeten Fahrzeuge.

Der Außenhandel nach Warengruppen
Mill. DM

Warengruppen	Einfuhr					Ausfuhr				
	1948	1949	1950	1951	1952	1948	1949	1950	1951	1952
Ernährungswirtschaft: Lebende Tiere	0	17	228	160	151	3	7	22	30	21
Nahrungsmittel tier. Ursprungs	310	588	1277	1047	941	0	2	26	160	114
Nahrungsmittel pfl. Ursprungs	1481	2771	3100	4128	4270	4	34	70	199	137
Genußmittel.............	36	213	408	541	702	41	41	78	100	109
Ernährungswirtschaft insgesamt	1827	3589	5013	5876	6065	49	85	196	489	379
Gewerbliche Wirtschaft: Rohstoffe	731	1917	3368	5249	5635	457	778	1168	1318	1281
Halbwaren	451	1016	1564	2012	2357	543	1099	1576	2110	2544
Fertigwaren.............	154	808	1429	1588	2146	768	1844	5422	10660	12704
dav.: Vorerzeugnisse	91	351	714	848	1175	407	783	1862	3678	3488
Enderzeugnisse....	64	457	714	740	970	362	1061	3560	6982	9216
Gewerbl. Wirtschaft insgesamt	1337	3741	6360	8850	10138	1768	3721	8166	14088	16529
Insgesamt	3164	7330	11374	14726	16203	1817	3806	8362	14577	16908

Anmerkung: Die Außenhandelsstatistik der Bundesrepublik Deutschland stellt den Warenverkehr des Wirtschaftsgebietes der Bundesrepublik Deutschland und der drei Westsektoren Berlins mit dem Ausland und den außerhalb der vier Besatzungszone liegenden Gebieten, die am 31. Dezember 1937 zum Deutschen Reich gehörten, dar. — 1948 und 1949 ohne franz. Zone, 1948 teils in Reichsmark.

Die Ausfuhr nach Waren
Mill. DM

Warenart	1948	1949	1950	1951	1952
Hopfen	38	34	58	54	54
Zellwolle, synthetische Fasern	1	1	43	119	54
Bau- und Nutzholz					
Rundholz	44	0	28	12	8
Schnittholz	60	65	23	27	10
Holzmasse, Zellstoff	—	3	29	76	31
Zement	13	45	65	99	127
Steinkohlen	342	664	799	842	900
Koks	334	505	474	702	859
Roheisen	10	16	71	91	102
Alteisen (Schrott)	47	229	246	123	113
Stickstoffdüngemittel	1	1	102	152	169
Gewebe und Gewirke aus Baumwolle	213	227	156	360	368
Chemisch hergestellte Kunststoffe	2	4	23	80	107
Teerfarbstoffe	24	57	171	292	143
Stahlwalzwerkserzeugnisse	75	287	773	1346	1479
Eisenwaren	56	234	702	1288	1152
Maschinen	100	365	1177	2269	3563
davon:					
Werkzeugmaschinen[1]	23	50	207	404	766
Maschinen f. die Spinnstoff-, Leder-, und Lederwarenindustrie	9	34	169	326	411
Landwirtschaftliche Maschinen	8	35	173	322	408
Kraftmaschinen	12	53	122	253	241
Papier- und Druckmaschinen	10	34	104	190	255
Kraftfahrzeuge	49	101	405	768	983
Elektrotechn. Erzeugnisse	29	96	308	659	1060
Feinmechan. und optische Erzeugnisse	27	56	175	338	404
Pharmazeutische Erzeugnisse	11	26	91	185	171

1 Einschl. Walzwerksanlagen.
Anmerkung: 1948 und 1949 ohne franz. Zone, 1948 teils in Reichsmark.

Die Einfuhr nach Waren
Mill. DM

Warenart	1948	1949	1950	1951	1952
Butter	2	15	210	117	42
Fleisch und Fleischwaren	64	166	274	151	123
Schmalz und Talg	45	78	156	187	131
Eier	26	45	332	290	315
Getreide insgesamt	757	1594	984	1665	1892
davon: Weizen	577	867	626	1051	784
Mais	84	312	196	317	296
Gemüse u. sonst. Küchengewächse	47	73	105	119	178
Obst außer Südfrüchten	61	136	197	175	237
Südfrüchte	76	153	372	311	418
Kakao, roh	0	37	162	201	211
Zucker	65	102	340	422	234
Ölfrüchte z. Ernährung	100	239	256	525	351
Pflanzl. Öle und Fette zur Ernährung	32	92	234	324	323
Kaffee	14	47	132	224	325
Rohtabak	20	147	191	220	255
Wolle u. andere Tierhaare[1]	110	340	711	719	497
Baumwolle[1]	196	496	835	1163	1025
Flachs, Hanf, Jute, Hartfasern	48	140	180	244	221
Felle und Häute[2]	26	142	232	232	244
Holz zu Holzmasse	1	12	28	89	113
Bau- und Nutzholz					
Rundholz	4	14	46	65	186
Schnittholz	8	44	101	160	335
Holzmasse, Zellstoff	50	115	120	374	248
Eisenerz	56	156	164	307	580
Kupfererz	33	34	68	98	161
Kupfer, roh	28	84	162	318	393
Kautschuk	86	128	230	421	314
Steinkohlen	33	76	145	703	818
Erdöl u. Teer, roh	20	101	173	356	413
Technische Fette u. Öle	58	198	355	214	174
Kraftstoffe u. Schmieröle	131	163	108	87	122
Gewebe und Gewirke aus Wolle	1	41	188	180	128
Gewebe und Gewirke aus Baumwolle	7	44	114	83	96
Stahlwalzwerkserzeugnisse	10	37	75	73	447
Maschinen	7	84	177	190	291

1 roh und bearbeitet. 2 nicht zu Pelzwerk
Anm.: 1948 und 1949 ohne franz. Zone, 1948 teils in RM.

Der Außenhandel nach Zahlungsräumen und Ländern
Mill. DM

Zahlungsräume/Länder	Einfuhr					Ausfuhr				
	1948	1949	1950	1951	1952	1948	1949	1950	1951	1952
Zahlungsräume[1]										
Freie Dollarländer	.	.	2442	3491	3089	.	.	1018	1599	1611
Länder der EZU[2]	.	.	8099	9213	10865	.	.	6316	10628	12572
Sonst. Verrechnungsländer	.	.	832	2017	2248	.	.	1004	2320	2696
Zusammen[3]	3164	7330	11374	14726	16203	1817	3806	8362	14577	16908
Länder[4]										
Europäische Länder										
Belgien-Luxemburg	80	418	405	610	942	263	403	677	987	1195
Dänemark	47	153	491	426	481	53	59	353	535	630
Finnland	7	40	91	255	314	20	14	71	274	397
Frankreich	11	91	691	621	606	223	514	614	973	1077
Griechenland	7	31	58	78	121	12	48	136	139	157
Großbritannien	129	182	489	498	525	256	380	361	878	955
Italien	68	318	507	549	643	69	217	486	664	923
Niederlande	122	402	1246	1022	1170	224	368	1164	1456	1345
Norwegen	64	97	217	245	278	27	71	119	247	396
Österreich	32	44	178	237	369	121	229	312	500	627
Saargebiet	35	71	181	185	323	11	79	153	237	232
Schweden	94	295	637	803	927	75	241	531	974	1239
Schweiz	31	205	350	378	462	128	232	492	899	1089
Tschechoslowakei	28	86	105	71	76	18	50	76	87	34
Türkei	27	92	219	352	393	9	49	237	440	571
Ungarn	13	86	102	82	61	7	58	132	73	65
Amerikan. Länder										
Argentinien	72	158	275	420	271	4	7	104	347	332
Brasilien	45	81	87	315	313	6	37	147	471	647
Kanada	40	72	42	216	524	4	20	41	104	94
Ver. St. v. Amerika	1574	2588	1735	2721	2506	102	160	430	989	1044
Asiatische Länder										
Malaya	78	108	232	347	270	4	13	31	102	71
Indien	} 32	68	104	120	125	} 16	42	74	214	227
Pakistan		57	92	197	146		2	39	64	96
Afrikan. Länder										
Ägypten	17	60	99	103	128	5	10	81	125	160
Südafrikan. Union	38	84	129	152	248	18	23	84	178	183
Austral. Länder										
Austral. Bund	43	108	268	354	199	9	38	115	248	163
Neuseeland	22	75	81	113	79	1	3	3	21	19

1 Einkaufsländer bzw. Käuferländer, doch für 1950 und 1951 noch Verbrauchsländer. — 2 Europäische Zahlungsunion. — 3 Einschl. „nicht ermittelte Länder und Eismeergebiete". — 4 Herstellungs- bzw. Verbrauchsländer.
Anmerkung: 1948 und 1949 ohne franz. Zone, 1948 teils in RM.

Interzonenhandel mit dem Währungsgebiet der DM-Ost
in Mill. Verrechnungseinheiten[1]

Erzeugnisgruppe	Bezüge des Bundesgebietes			Erzeugnisgruppe	Lieferungen des Bundesgebietes		
	1950	1951	1952		1950	1951	1952
Bergbauerzeugnisse	21	8	1	Nahrungsmittel	22	20	26
Benzin, Öl, Teer usw.	49	14	7	Bergbauerzeugnisse	6	16	0
Maschinenbau-Erzeugnisse	38	13	8	Eisen und Stahl	85	17	14
Textilien	53	25	22	Chemische Erzeugnisse	60	23	30
Sonstige Erzeugnisse	182	63	42	Sonstige Erzeugnisse	156	72	76
Insgesamt ..	**343**	**123**	**80**	**Insgesamt ..**	**329**	**148**	**146**

[1] Verrechnungseinheiten nach den Verrechnungsabkommen, praktisch 1 VE = 1 DM-West. Lohnveredelungs- und Reparaturverkehr sind in den Zahlen nicht enthalten.

Geld und Kredit[*]
Stand am Monatsende; Mill. DM

Vorgang	1949 Dez.	1950 Juni	1950 Dez.	1951 Juni	1951 Dez.	1952 Juni	1952 Dez.	1953 März
Aktives Geldvolumen ..	18 785	19 833	21 673	22 612	26 052	26 929	30 170	30 422
Bargeldumlauf	7 085	7 440	7 682	7 781	8 801	9 440	10 217	10 377
Sichteinlagen	10 214	10 071	11 250	11 385	12 771	12 150	13 261	12 512
Wirtschaft und Private	6 719	6 821	8 110	8 530	9 788	9 459	10 489	9 803
öffentl.-rechtl. Körperschaften	3 495	3 250	3 140	2 855	2 983	2 691	2 775	2 709
kurzfristige Termindepositen[1]..	1 186	1 871	2 521	3 058	2 550	4 352 ×	4 995 ×	5 520
Wirtschaft und Private	505	906	1 334	1 806	2 057	.	.	3 340 ×
öffentl.-rechtl. Körperschaften	681	965	1 187	1 252	1 493	.	.	2 180 ×
Durch das Zentralbanksystem angelegte öffentl. Einlagen	327	451	220	388	930	987	1 673	2 013
Bei Banken gebildetes Geldkapital	.	8 701	11 012	12 549	15 483	.	22 524	23 861
Spardepositen	3 061	3 826	4 065	4 201	4 984	5 994	7 404	8 197
längerfr. Termindepositen[2]	929	1 258	1 647	1 898	2 142	2 427 ×	2 764 ×	3 216 ×
Bankschuldverschreibungen im Umlauf[3]	.	1 264	1 492	1 694	2 219	2 566	3 040	3 368
Aufgenommene längerfr. Mittel	.	2 353	3 808	4 756	6 138	.	9 316	9 080[6]
Kreditgewährung Kurzfr. Kredite	.	13 124	15 675	15 674	17 896	18 390	20 988	21 582
Wirtschaft und Private	.		13 447	13 367	15 554	16 670	19 007	.
öffentl.-rechtl. Körperschaften	.		2 228	2 281	2 442	1 720	1 981	.
Mittel- u. langfr. Kredite	.	4 676	7 412	9 552	11 696	13 441	16 647	17 220[6]
Wirtschaft und Private	.		6 462	8 307	10 000	11 415	14 091	.
öffentl.-rechtl. Körperschaften	.		950	1 245	1 696	2 026	2 558	.
Wertpapiere und Konsortialbeteiligungen[4]	.	493	610	738	707	930	1 317	1 614
Devisenüberschüsse bzw. -Defizite	.	+ 161	− 471	+ 416	+ 1 592	+ 3 338	+ 4 545	+ 5 125
Auslandsguthaben der Banken insges.[5]	.	1 313	1 429	2 057	2 373	3 580	4 994	.
Auslandsverbindlichkeiten der Banken insgesamt	.	1 152	1 900	1 641	781	242	449	.

[*] Geschäftsbanken, Zentralbanksystem, Kfw, Postsparkassen u. -Scheckämter, Teilzahlungsfinanzierungsinstitute. — [1] Bis 179 Tage Laufzeit. — [2] Laufzeit 180 Tage und mehr. — [3] Netto. — [4] Bis Juni 1951 einschl. Beteiligungen. — [5] Einschl. Goldbestände. — [6] Im Januar 1953 wurden rd. 880 Mill. DM Verwaltungskredite, die bis dahin als durchl. Gelder geführt worden waren, ausgeschaltet. — × geschätzt.

Zahlen zur öffentlichen Finanzwirtschaft
in Mill. DM

Vorgang	DM-Abschnitt d. Rj. 1948	Rj. 1949	Rj. 1950	Rj. 1951	Rj. 1952
Gesamtes Steueraufkommen von Bund, Ländern und Gemeinden einschl. Soforthilfeabgabe	10 496	19 118	20 459	27 858	32 350
darunter: Lohnsteuer	1 364	2 413	1 693	2 960	3 545
Einkommensteuer	1 956	2 416	1 990	2 699	4 263
Körperschaftsteuer	859	1 448	1 532	2 540	2 767
Umsatzsteuer	2 199	3 991	4 925	7 219	8 138
Zölle und Verbrauchsteuern	1 926	4 206	4 636	5 247	5 875
Gewerbesteuern	606	1 087	1 270	2 118	.
Soforthilfeabgabe[1]	—	1 300	1 640	1 571	1 330
Haushaltseinnahmen des Bundes	—	—	14 427[2]	17 454[3]	.
darunter: Bundessteuern und Zölle	—	—	9 850	13 402	.
Ablieferungen der Länder[5]	—	—	917	2 296	.
Haushaltsausgaben des Bundes	—	—	14 685[2]	17 686[3]	.
darunter: Besatzungskosten	—	—	4 646[2]	6 969[3]	.
Soziallasten	—	—	5 056[2]	6 169[3]	.
Haushaltseinnahmen der Länder	11 984	17 513[2]	10 177[2]	12 332[2]	.
darunter: Einnahmen aus Steuern	8 962	14 558	6 510	7 446	.
Haushaltsausgaben der Länder	11 941	17 649[2]	10 736[2]	11 969[2]	.
darunter: Personalausgaben	2 114	3 011[2]	3 308[2]	3 984[2]	.
Investitionsausgaben	.	1 817[2] [4]	2 747[2]	3 372[2]	.
dar.: Wohnungsbau	.	.	1 357[2]	1 682[2]	.

[1] Ab 1. 9. 1952 Vermögensabgabe. — [2] Mit Auslauf. — [3] Ohne Auslauf. — [4] Unvollständige Angaben. — [5] Im Rj. 1950 Interessenquoten, in den Rj. 1951 und 1952 Ablieferungen aus der Einkommen- und Körperschaftsteuer und Nachzahlungen auf die Interessenquote des Rj. 1950.

Arbeits- und Selbständigeneinkommen

Jahre	Arbeitseinkommen		Einkommen aus selbst. Erwerbstätigkeit, Vermietung, Verpachtung, Kapitalvermögen		Anteile des	
					Arbeitseinkommens	Einkommens aus selbst. Erwerbstätigkeit usw.
	brutto[1]	netto[2]	brutto[3]	netto[4]		
	Mrd. DM				am gesamten Nettoeinkommen in v H	
1949	36,1	31,1	27,1	19,5	61	39
1950	39,1	33,7	32,6	23,5	59	41
1951	46,7	39,4	43,5	32,7	55	45
1952p	52,0	43,3	46,4	33,0	57	43

[1] Schätzungen auf Grund der Beitragszahlungen zur Renten- und Arbeitslosenversicherung und der Lohn- und Gehaltssummen in den wichtigsten Wirtschaftsbereichen. [2] Brutto-Arbeitseinkommen vermindert um Lohnsteuer, Kirchensteuer, Notopfer Berlin und Sozialversicherungsbeiträgen der Arbeitnehmer. — [3] Als Rest gebildet: Volkseinkommen (Netto-Sozialprodukt zu Faktorkosten; auf Grund der Sozialproduktsberechnung des Stat. Bundesamts) vermindert um Brutto-Arbeitseinkommen. — [4] Brutto-Einkommen vermindert um Einkommen- und Körperschaftsteuern, Kirchensteuer, Notopfer Berlin, Vermögensteuer, Soforthilfeabgabe und Sozialversicherungsbeiträgen der Arbeitgeber. — p = vorläufig.

Struktur des privaten Verbrauchs[1]

Verbrauch	1936	1949	1950	1951	1952p
Nahrungsmittel	31,4	34,4	32,8	31,6	30,7
Genußmittel	14,1	9,3	9,3	9,6	9,8
Bekleidung	13,4	11,7	14,3	13,3	13,7
Möbel, Hausrat	5,5	5,9	7,2	7,5	7,0
Heizung und Beleuchtung	3,5	3,8	3.9	4,6	5,0
Körper- und Gesundheitspflege	6,2	5,9	6,7	7,6	8,0
Wohnungsnutzung	13,8	14,2	12,6	12,2	11,8
Verkehr	3,9	4,9	4,1	4,5	5,1
Bildung und Unterhaltung	5,3	7,2	6,7	6,8	6,6
Häusliche Dienste	2,2	2,0	1,7	1,7	1,7
Sonstige Dienste u. Dienste der Banken und Versicherungen	0,7	0,7	0,7	0,6	0,6
Privater Verbrauch insges.	100,0	100,0	100,0	100,0	100,0

[1] Nach der Sozialproduktsberechnung des Statistischen Bundesamtes. — Volumen i. Preisen v. 1936. — p Vorläufig.

Abgeleitete Einkommen
Sozialrenten und Unterstützungen[1]

Jahre	Abgeleitete Einkommen[1] Mrd. DM	Abgeleitete Einkommen in vH des Volkseinkommens[2]	Abgeleitete Einkommen in vH des Volkseinkommens einschl. der abgeleiteten Einkommen
1949	10,2	16	14
1950	12,5	17	15
1951	14,5	16	14
1952p	17,2	18	15

[1] Aufwendungen der Invaliden-, Angestellten- und Knappschaftlichen Rentenversicherung, der Kranken- und Unfallversicherung, der Arbeitslosenversicherung und -fürsorge, der Kriegsopferversorgung, Öffentlichen Fürsorge, Soforthilfeunterstützung und Versorgungsbezüge des Bundes und der Länder (ohne Bundesbahn und Bundespost). — [2] Netto-Sozialprodukt zu Faktorkosten. — p Vorläufig.

Wochenverdienste der Industriearbeiter[1] [2]
in Bayern, 1938 = 100

Jahre	männliche Facharbeiter	männliche angelernte Arbeiter	männliche Hilfsarbeiter	weibliche Fach- und angelernte Arbeiterin	weibliche Hilfsarbeiterin
1949	78	84	88	92	104
1950	91	99	101	107	122
1951[3]	96	104	107	113	126
1952	100	108	112	114	129

[1] Ohne Bergbau.
[2] Realverdienste (durchschnittlich) $=$ $\dfrac{\text{Nominale Nettoverdienste}}{\text{Preisindex der Lebenshaltung}}$.
[3] Durchschnitt aus März, Juni und September.

Erzeuger- und Großhandelspreise
1938 = 100

Wirtschaftszweige	Juni 1948	Dez. 1948	Tiefpunkt vor Auswirkung des Koreakonflikts	Höhepunkt nach Auswirkung des Koreakonflikts	März 1953
I n d u s t r i e					
Grundstoffpreise	176	218	199 (Sept. 49)	301 (Juni 52)	292
Erzeugerpreise	168	192	178 (Juni 50)	228 (Dez. 51)	221
dar. Grundstoffe und Halbwaren	163	195	187 (Sept. 49)	253 (Dez. 51)	247
Investitionsgüter	190	195	169 (Aug. 50)	202 (Aug. 52)	199
Verbrauchsgüter	161	185	164 (Mai 50)	211 (Dez. 51)	196
L a n d w i r t s c h a f t					
Grundstoffe	124	154	168 (Juni 50)	217 (Jan. 52)	198
Erzeugerpreise	175	193	170 (Aug. 50)	210 (Jan. 52)	194
Sächliche Betriebsmittel der Landwirtschaft	.	174[1]	160 (Aug. 50)	212 (Febr. 53)	212

[1] Februar 1949.

Investitionsgüterpreise ausgewählter Erzeugnisse
1938 = 100

Industriegruppen	Juni 1948	Dez. 1948	Tiefpunkt vor Auswirkung des Koreakonflikts	Höhepunkt nach Auswirkung des Koreakonflikts	März 1953
Maschinenbau	169	177	166 (Juni 50)	216 (Sept. 52)	215
dar. gewerbl. Arbeitsmaschinen	167	173	167 „	225 (Jan. 53)	224
Ackerschlepper	183	184	149 „	187 (Apr. 52)	184
Landmaschinen	169	183	171 „	245 (Aug. 52)	245
Fahrzeugbau	206	208	188 „	223 (Juni 52)	215
dar. Kraftwagen und Krafträder	228	230	206 (Okt. 50)	235 (Juli 52)	226
Teile und Zubehör	145	146	137 (Juni 50)	185 (Aug. 52)	177
Fahrräder	219	230	215 „	246 (März 51)	235
Stahlbau	178	183	173 „	247 (Nov. 52)	276
Elektrotechnik	182	187	155 „	200 (Febr. 52)	184
Feinmechanik und Optik	175	181	159 „	187 (März 52)	184

Einzelhandelspreise
1938 = 100

Einzelhandelsbranchen	Juni 1948	Dez. 1948	Tiefpunkt vor Auswirkung des Koreakonflikts	Höhepunkt nach Auswirkung des Koreakonflikts	März 1953
N a h r u n g s m i t t e l	184	193	167 (Aug. 50)	192 (Jan. 52)	184
G e w e r b l . E r z e u g n i s s e	189	223	169 „	195 (Nov. 51)	181
dar. Bekleidung und Schuhe	202	259	179 „	210 (Apr. 51)	177
Hausrat	184	200	155 (Sept. 50)	189 (März 52)	181
Sonstiges	170	183	163 (Aug. 50)	188 (Jan. 52)	185

Beschäftigte
Arbeiter, Angestellte und Beamte[1]
Stand jeweils 30. September

Wirtschaftszweige[2]	1938[3]	1948	1949	1950	1951	1952
	in 1 000 Personen					
I. B a u w i r t s c h a f t	1 378	1 296	1 348	1 562	1 583	1 704
Baugewerbe	1 149	1 101	1 140	1 329	1 339	1 439
Baustoffindustrie	229	195	208	233	244	265
II. I n v e s t i t i o n s g ü t e r e r z e u g u n g	1 105	1 187	1 235	1 358	1 507	1 588
Maschinenbau usw.	899	903	936	1 027	1 135	1 220
Elektrotechnik	206	284	299	331	372	368
III. B e r g b a u	474	554	573	582	614	641
IV. V e r b r a u c h s g ü t e r e r z e u g u n g	1 436	1 461	1 617	1 804	1 857	1 913
Textilgewerbe	522	415	530	618	661	658
Bekleidungsgewerbe	365	557	538	593	594	613
Nahrungs- und Genußmittelgewerbe	549	487	549	593	602	642
V. V e r t e i l u n g u n d V e r w a l t u n g	2 093	2 225	2 326	2 485	2 656	2 826
Handel-, Geld-, Bank- und Versicherungswesen	1 197	1 087	1 203	1 357	1 487	1 623
Verwaltung, Bildungswesen, Rechts- und Wirt-schaftsberatung	896	1 138	1 123	1 128	1 169	1 203
VI. V e r k e h r, einschl. Post und Bahn	847	1 136	1 089	1 081	1 099	1 121
VII. P e r s ö n l i c h e D i e n s t l e i s t u n g e n	1 476	1 688	1 545	1 481	1 498	1 500
Häusliche Dienste	808	652	630	605	608	631
Besatzungsdienste	380	590	489	446	450	415
Volks- und Gesundheitspflege	288	446	426	430	440	454
VIII. L a n d - u n d F o r s t w i r t s c h a f t	888	1 439	1 237	1 122	1 062	1 023
IX. S o n s t i g e B e r u f s g r u p p e n	2 550	2 477	2 636	2 820	3 009	3 140
Beschäftigte insgesamt	12 247	13 463	13 604	14 296	14 885	15 456

[1] Abweichungen in der Systematik der Beschäftigungsstatistik mit Ende 1951 sind schätzungsweise berücksichtigt. — [2] Zusammenfassung nach Wirtschaftszweigen gemäß dem vorwiegenden Charakter. — [3] Stand: nach Arbeitsbucherhebung vom 25. 6. 1938.

Struktur des Arbeitslosenbestandes nach Ländern
(Stichtag: Mitte Oktober 1952)

Land	Arbeitslose insgesamt	voll	be-schränkt	nicht od. kaum noch
		arbeitsverwendbar in vH der Arbeitslosen		
Schleswig-Holstein	117 523	64,0	30,4	5,6
Hamburg	90 568	64,2	30,4	5,4
Niedersachsen.............	214 688	55,9	38,7	5,4
Bremen	22 988	68,7	26,9	4,4
Nordrhein-Westfalen	144 721	45,3	43,5	11,2
Hessen	81 071	58,5	31,6	9,9
Rheinland-Pfalz...........	33 978	54,5	37,5	8,0
Baden-Württemberg	54 663	51,9	40,1	8,0
Bayern...................	245 767	65,6	30,2	4,2
Bundesgebiet	1 005 967	58,7	34,8	6,5

Q u e l l e : Bundesministerium für Arbeit, Bonn.

Erwerbslosenquote 1948 bis 1952
(Jahresdurchschnitte)

Land	1948	1949	1950	1951	1952
Schleswig-Holstein	6,5	21,5	25,2	22,9	19,7
Hamburg	3,4	8,0	13,3	13,7	14,4
Niedersachsen.............	4,6	13,2	17,0	15,3	13,9
Bremen	5,0	8,1	10,8	12,3	11,8
Nordrhein-Westfalen	3,2	3,9	4,8	3,9	4,2
Hessen	4,0	7,6	9,6	8,0	7,6
Rheinland-Pfalz...........	1,0	4,3	8,2	7,2	6,3
Baden-Württemberg	2,0	3,3	4,3	3,5	3,4
Bayern	7,3	12,5	13,9	12,2	12,0
Bundesgebiet	4,2	8,3	10,3	9,0	8,4

Erwerbstätige und Heimatvertriebene

Wirtschaftsteil	Erwerbs-tätige[3] insges.	davon Heimatvertriebene	
		absolut	in vH
Land- u. forstwirtschaftliche Be-triebe[1]	5 852 154[4]	294 566	5,0
Nicht landw. Arbeitsstätten[2]	15 046 381	1 880 206	12,5
Alle Erwerbstätigen	20 898 535	2 174 772	10,4

[1] Lt. landw. Betriebszählung v. 22. 5. 1949. — [2] Lt. Arbeits-stättenzählung v. 13. 9. 1950. — [3] Selbständige, mithelfende Familienangehörige u. ständige Arbeitnehmer, ohne Arbeitslose. — [4] 1950 schätzungsweise 120 000 Pers. weniger; Anteil der Heimatvertriebenen nicht bekannt.

Printed by Libri Plureos GmbH
in Hamburg, Germany